Die urbane Leere

 *research 3*

Judith M. Lehner

Die urbane Leere

Neue disziplinäre Perspektiven auf Transformationsprozesse in Europa und Lateinamerika

jovis *research 3*

Inhalt

A Zur Relevanz der Leere   8

B Disziplinäre Perspektivenerweiterung   16
    B.1 Räumliche Perspektiven und Handlungslogiken von   17
    Architektur und Städtebau
        B.1.1 Multiple Perspektiven auf den Raum und das   19
        Raumverständnis der Disziplinen Architektur und
        Städtebau
        B.1.2 Disziplinäre Handlungslogiken: Instrumente und   23
        Methoden
    B.2 Vom Wandel disziplinärer Perspektiven   28
    B.3 Perspektivenerweiterung an den Bruchstellen der   30
    Stadtentwicklung

C Disziplinäre Perspektiven auf die Brache in Europa und   34
Lateinamerika: von der einfachen Fläche zum relationalen Raum

    C.1 Brache als zweidimensionales Feld   36
    C.2 Brache als dreidimensionale Ruine   37
        C.2.1 Definitionsversuche   38
        C.2.2 Ordnungsmuster der Brache: Kategorien & Typen   41
        C.2.3 Umgangsstrategien mit Brachen   46
        C.2.4 Zeit- und Raumverständnis der Ruine   52
    C.3 Brache als relationale Leere   54
        C.3.1 Begriffserweiterungen   55
        C.3.2 Perspektiven auf und Konzepte für die Leere   63
        C.3.3 Taktiken im Umgang mit der Leere   70
    C.4 Urbane Leere und raum-zeitliche Komplexität   79

D Wie erweitert die Leere Perspektiven?   84
    D.1 Aspekte der Leere   85
    D.2 Wege zur disziplinären Perspektivenerweiterung   91
        D.2.1 Eine Grounded Theory der urbanen Leere   93
        D.2.2 Erheben und dokumentieren   95
        D.2.3 Analysieren und auswerten   98
        D.2.4 Interpretieren und transferieren   100
    D.3 Reflexionen über die Forschung in einem anderen   101
    kulturellen Umfeld

E Empirische Leere: Widersprüche und Möglichkeiten im   106
Transformationsprozess von Brachen

E.1 Drei Annäherungen an die Komplexität der urbanen Leere   108
als Perspektivenerweiterungen

     E.1.1 Bruchstellen im Transformationsprozess –   108
     Perspektive(n) 1

         (1) Die Entstehung der Leere in Buenos Aires: 109
         Friedhof der Fabriken

         (2) Möglichkeitsräume der Mühle und der Fabrik   119

         (3) Brüche in sozialen Welten   128

     E.1.2 Vielfältigkeit am Ort der urbanen Leere –   130
     Perspektive(n) 2

         (1) Das Spannungsfeld zwischen Fremd- und   131
         Selbstregulation

         (2) Taktiken der Lückengestaltung   137

         (3) Laientum und Expertise in der komplexen   141
         Selbstverwaltung

         (4) Ankommen in der Nachbarschaft und   145
         Verabschiedung der Stadt

         (5) Widersprüche zwischen Kontinuität und   159
         Veränderung

     E.1.3 Struktur der Leere(n) – Perspektive(n) 3   181

         (1) Materielle Leere   182

         (2) Leere in Strukturen   184

         (3) Leere der Interaktion   186

         (4) Leere in Zeichen und Symbolen   187

         (5) Zeitliche Lücke   189

     E.2 Eine RaumZeit-Karte der Leere(n)   192

F Urbane Leere(n) in Lateinamerika im multidisziplinären Blickfeld   194
und ihre Relevanz für europäische Praktiken

     F.1 Von der Spezifik der urbanen Leere(n) in Lateinamerika zum   197
     Erkenntnistransfer in europäische Praktiken

     F.2 Erweiterte Perspektiven auf disziplinäre Handlungsfelder   203

     F.3 Ausblick und Zukunftsperspektiven   209

Endnoten   214
Literaturverzeichnis   222
Abbildungsverzeichnis   230

A
Zur Relevanz der Leere

»Wofür (...) möchtest du ein leeres Haus? Das Haus muss voll mit Inhalt sein, mit denkenden Menschen.«[1]

Die rhetorische Frage, die eine Interviewpartnerin stellte, als wir uns über die Transformation einer leerstehenden Getreidemühle im Zentrum von Buenos Aires, Argentinien, unterhielten, brachte für mich viele meiner Überlegungen zur urbanen Brache und zur Rolle der Architektur in der Raumproduktion auf den Punkt. Wer sind jene denkenden Menschen, die ein Haus mit Inhalt füllen? Architekturschaffende? Oder nicht viel eher die Wohnenden, die Kinder, die Lehrenden, die Besuchenden, die Arbeitenden und Andere?

Während meiner langjährigen Architekturpraxis bemerkte ich die zeitlichen und räumlichen Begrenzungen innerhalb derer in den Planungsdisziplinen Architektur und Städtebau Lösungen für Herausforderungen der Stadtentwicklung angesetzt werden. Komplexe Veränderungen der sozial-räumlichen Struktur können mit den gängigen Methoden der Disziplinen (wie zum Beispiel der Erstellung von Masterplänen) nur schwer erfasst werden, weshalb die Lösungsvorschläge oftmals unzulänglich bleiben (vgl. Dell 2014, Othengrafen 2014). Der Mangel an Beiträgen, welche der Komplexität von Stadtentwicklungsprozessen gerecht werden, zeigt, dass es notwendig ist, über die Inhalte und Reichweite professionellen Handelns innerhalb der Planungsdisziplinen zu reflektieren (vgl. Altrock/Huning/Peters 2004, Breckner 2006 u. a.).

Dagegen lernte ich bei meinen Aufenthalten in Lateinamerika im urbanen Kontext eine Vielzahl von Lösungsansätzen kennen, die selbstorganisiert im Alltag entwickelt werden. So nützen zum Beispiel kollektiv organisierte Stadtbewohnerinnen und -bewohner in Buenos Aires, Argentinien, räumliche, institutionelle und ökonomische Schlupflöcher, um mit wenigen Ressourcen den urbanen Alltag zu erleichtern und Wohnraum, Arbeitsplätze oder andere soziale Infrastrukturen zu schaffen. Diese Praktiken sind zeitintensiv und geprägt von Prekarität, wobei die mit ihnen einhergehenden Anstrengungen oftmals nur eine kurze Überbrückung zwischen Phasen des Ressourcenmangels bewirken. Es handelt sich bei diesen Aktivitäten nicht um rein informelle, sondern um in einer komplexen Wechselwirkung zu staatlichen Strukturen entstandene Handlungsweisen, die sich außerhalb routinierter Handlungslogiken entwickeln. Diese Handlungsweisen passen sich an die dynamischen Strukturen im urbanen Raum an, werden aber dennoch innerhalb der Disziplinen Architektur und Städtebau als widersprüchlich zu den routinierten Abläufen der Raumproduktion angesehen. Sie genauer zu untersuchen, erscheint mir deshalb besonders für jene Disziplinen als interessant.

Dieses Buch nimmt meine eigenen Erfahrungen der Vielfältigkeit von Praktiken der Raumproduktion, die sich in urbanen Räumen mit unterschiedlichen kulturellen Kontexten manifestieren, zum Ausgang. Welche urbanen Räume in diesem Zusammenhang von den Planungsdisziplinen als relevant gesehen werden hängt eher von den Perspektiven und dem Raumverständnis der Disziplinen selbst als von den Sichtweisen der Stadtbewohnerinnen und -bewohner ab.

»Woran es dagegen fehlt, ist das Interesse an den für die Bewohner dieser Lebensräume tatsächlich relevanten Räumen. Es fehlt am Interesse für die Einschätzungen der Bewohner selbst darüber, welchen Einfluss die räumliche Infrastruktur ihres Viertels auf ihre Lebenssituation hat. Auch für den Exklusionsbereich gilt es dagegen stark zu machen, dass Räume nicht einfach Gegebenheiten sind, die dem Sozialen gewissermaßen vorgelagert sind, sondern diese als soziale Phänomene zu betrachten, die im Handeln und Erleben von Akteuren, also durch soziale Praxis, erst entstehen« (Schroer 2009, 363).

In diesem Buch wird das hier konstatierte fehlende Interesse an den aus Sicht der Stadtbewohnerinnen relevanten Räumen zum Anlass genommen, um den Möglichkeiten und Widersprüchen in der Raumproduktion nachzugehen, die aus einer Vielfältigkeit von Perspektiven und Handlungsweisen resultieren. Die Frage nach den relevanten Räumen impliziert eine Reflexion disziplinärer Herangehensweisen, welche dazu beitragen soll, mittels einer »Irritation des eigenen Relevanzsystems (...) zum Verstehen fremden Sinns« zu gelangen (Kruse 2015, 71).

Auf der Suche nach einem irritierenden Objekt

Die Relationen zwischen urbanen Handlungsweisen und physischer Struktur der Stadt spannen ein breites Feld auf, welches ich mir als Teilnehmerin des Promotionskollegs Urbane Metamorphosen an der HafenCity Universität Hamburg (HCU) Dank der unterschiedlichen disziplinären Perspektiven meiner Kolleginnen und Kollegen in Diskussionen und Vorträgen erschließen konnte. In den Diskussionen wurde deutlich, wie »[e]inzelwissenschaftliche Zugänge zum Gegenstand Raum (...) in der Gegenwart den Erkenntnishorizont und damit auch das Spektrum der Fragestellungen [begrenzen], unter denen Raum theoretisch und empirisch untersucht wird« (Breckner/Sturm 1997, 216).

Ausgehend von der Überzeugung, dass eine multiperspektivische Betrachtung des Gegenstands Raum notwendig ist, begann ich die vorliegende Arbeit mit dem Vorhaben einer disziplinären Perspektivenerweiterung der Disziplinen Architektur- und Städtebau. Eine Anknüpfung an ein multidisziplinäres Blickfeld erschien mir insofern wesentlich, als dass »die Komplexität des Städtischen durch spezialisiertes Wissen nicht angemessen berücksichtigt werden kann« (Eckardt 2014, 6 f.) und »die notwendigen Spielräume für soziale, geschichtliche, materiale und ideelle Kontextualisierungen der immer komplexer werdenden Gestaltungsaufgaben« (Breckner/Sturm 1997, 216) in der Planung und Architektur begrenzt sind. Gabriele Sturm plädiert in diesem Zusammenhang für eine Erweiterung disziplinärer Denkmodelle, sodass »Mehrdeutigkeit, prozeßhafte Veränderung, Asymmetrien, chaotische Ordnungen, homologe Strukturen etc.« (Sturm 2000, 206 f.) zugelassen werden und das Interpretations- und Handlungspotential der Menschen berücksichtigt werden kann.

Für die Initiierung einer Perspektivenerweiterung innerhalb der Architektur- und Städtebaudisziplin greift die vorliegende Arbeit die Ideen Ludwik Flecks

(2012) zu Denkkollektiven sowie von Fritz und Laura Perls und Paul Goodman zur Gestalttherapie auf (vgl. Perls/Hefferline/Goodman 2006). Diese Autorin und Autoren beschäftigten sich in ihren Fachgebieten der Medizin und Psychologie unter anderem mit Veränderungsprozessen sowie mit der Wahrnehmung von Widersprüchlichkeiten. Wissensfortschritt ist nach Ludwik Fleck (2012) die kollektive Weiterentwicklung des Denkstils, z. B. einer Disziplin, durch Ergänzung, Erweiterung oder Umwandlung. Dem eigenen Denkstil widersprechende Phänomene und für unser Relevanzsystem irritierende Elemente müssen erkannt oder erforscht werden, denn »... was wir als Unmöglichkeit empfinden, ist nur Inkongruenz mit dem gewohnten Denkstil« (ebd., 66).

Welches Objekt ist nun, indem es Annahmen innerhalb der Disziplinen Architektur und Städtebau widerspricht, geeignet, um deren Weiterentwicklung als Denkkollektiv zu fördern? Wesentlich für meine Suche nach einem Forschungsobjekt war die Situierung in einem Spannungsfeld zwischen architektonischen und städtebaulichen Routinen und alltäglicher, selbstorganisierter Raumproduktion. Die Vielfältigkeit von Handlungsweisen im Spannungsfeld der Raumproduktion kann in Verbindung zu jenem abstrakten Raum betrachtet werden, der von Fritz Perls als fruchtbare Leere beschrieben wird (vgl. Frambach 2006). In dieser fruchtbaren Leere werden Gegensätze integriert, Möglichkeiten wahrnehmbar und kreative Handlungen ermöglicht (vgl. ebd.). Die fruchtbare Leere gilt somit als ein Raum, an dem Polaritäten zusammenfallen und Widersprüchliches aufeinandertrifft.

Auf der Suche nach einem materiellen Pendant zum Phänomen der fruchtbaren Leere in der Psychologie identifizierte ich in der Stadtforschung den Möglichkeitsraum (vgl. Wolfrum 2007, 2013), den Zwischenraum (vgl. Brighenti 2013), den Spielraum (vgl. Lefaivre 2002), das *terrain vague* (vgl. Solà-Morales 2009) und die Bruchstelle in Form der urbanen Brache. Die Auseinandersetzung mit der urbanen Brache als vernachlässigtem Raum und die »Aufmerksamkeit für Bruchlinien und Ränder, für Übergänge und Rückseiten« (Davy 2007, 6) verspricht im Hinblick auf eine Erweiterung der Perspektiven eine Bereicherung für die Disziplinen Architektur- und Städtebau. Besonders Irritationen des disziplinären Relevanzsystems werden an den Bruchlinien der Stadtentwicklung als Herausforderungen für (architektonische und städtebauliche) Handlungsweisen sichtbar, zum Beispiel an stillgelegten Fabrikarealen, großflächig leerstehenden Wohnungen oder ungenutzten Flächen in Erdgeschoßzonen. Solche sogenannten urbanen Brachen bergen vielfältige Transformationsmöglichkeiten, indem sie von unterschiedlichen Akteurinnen[2] angeeignet und im Alltag genutzt werden.

In der urbanen Brache treffen somit sowohl die Praktiken von Planungsinstitutionen im Umgang mit der urbanen Bodenbewirtschaftung als auch die selbstorganisierten Praktiken der Aneignung durch andere Akteurinnen aufeinander. Als sichtbares Symptom eines Transformationsprozesses sind Brachen ein Produkt der Wandlungsprozesse und Unterbrechungen in der Stadtentwicklung (vgl. Dissmann 2011). Die urbane Brache verbindet als Ort Widersprüche und Möglichkeiten innerhalb der Raumproduktion und ist deshalb für die vorliegende Arbeit besonders interessant.

Das Themenfeld urbane Brache wurde auf die dort stattfindenden Situationen der Transformation eingegrenzt, in denen Praktiken entwickelt werden, die zu einer gebrauchstauglichen Gestaltung des urbanen Alltags führen. Wie eingangs festgestellt, entstehen Praktiken der Raumgestaltung immer öfter in Prozessen alltäglicher Selbstorganisation und ergänzen beziehungsweise konterkarieren dadurch die in den Planungsdisziplinen entwickelten Raumkonzepte. Aus diesem Grund war die Beobachtung und Untersuchung von Phänomenen, die an der Schnittstelle von Alltagspraktiken und Handlungsweisen der Planungsdisziplinen kreative Lösungsansätze aufzeigen, für das hier präsentierte Forschungsvorhaben von höchster Relevanz.

Das eingegrenzte Themenfeld ließ sich insbesondere an Orten erforschen, welche aufgrund von Krisen durch einen hohen Grad an Selbstorganisation an der Schnittstelle zur institutionellen Planung gekennzeichnet sind. Diese Praktik der Stadtproduktion, welche in der Stadtforschung auch als Selbstverwaltung bezeichnet wird, ist eng mit der Veränderung der urbanen Räume verknüpft. Besonders in Lateinamerika finden sich kollektive Bewegungen, die beginnen, »ihre Räume (…) in Alternativen zu transformieren« (Zibechi 2011, 152) und Selbstverwaltung (span. *autogestión*) als ein Thema zu sehen, »das Kämpfe, Gedanken und Projekte im gegenwärtigen lateinamerikanischen Moment vereint« (Barbagallo/Rodriguez 2012, 169). Die Transformation des Territoriums in Verbindung mit den Phänomenen von Selbstorganisation und -verwaltung an der Schnittstelle zur Stadtproduktion durch die Planungsdisziplinen in Lateinamerika ist der Grund für die Wahl des Untersuchungsortes Buenos Aires in Argentinien.

Die lateinamerikanische Stadt Buenos Aires ist geprägt durch die ökonomische und soziale Krise im Jahr 2001. Der Umgang mit Krisen und die damit verbundene alltägliche Raumproduktion und Selbstorganisation sind Themen, die in Europa seit der Finanzkrise im Jahr 2008 wieder ins Blickfeld gerückt sind. Die Wahl eines lateinamerikanischen Forschungsortes und das Verlassen des gewohnten europäischen Kontextes der Disziplinen der Architektur und des Städtebaus ermöglichte eine »Entverselbstständlichung« (Kruse 2015, 72) der Sicht auf urbane Brachen. Indem die Ergebnisse der Forschung über die urbane Brache in Buenos Aires in Relation zu Annahmen innerhalb der europäischen Architektur- und Städtebaudisziplin gesetzt wurden, konnten lokale Spezifika der Raumproduktion entschlüsselt werden, die zu einer Perspektivenerweiterung in den Disziplinen beitragen können.

Die vielfältigen Handlungsmuster in urbanen Brachen zu ergründen war das Ziel der vorliegenden Forschung. In diesem Zusammenhang war es wesentlich, eine monodisziplinäre Fokussierung auf den materiellen Raum zu vermeiden. Für dessen Erforschung wurden theoretische Konzepte des relationalen Raumes übernommen, welche es ermöglichten, die Komplexität von Transformationsprozessen in ihrer Einbettung in den gesamtgesellschaftlichen Raum und als dynamisches Phänomen (vgl. Läpple 1991) zu betrachten. Somit handelt dieses Buch nicht nur von der physischen Brache, sondern vielmehr von der urbanen Leere als mehrdimensionales, raum-zeitliches Transformationsphänomen. Dem Buch liegt die Frage zugrunde, wie sich in der urbanen Leere widersprüchliche Handlungslogiken in einem räumlichen Transformationsprozess manifestieren.

Die empirische Erkundung der urbanen Leere mit Fokus auf die gewählte Fragestellung fand in drei Forschungsaufenthalten zwischen 2012 und 2014 in Buenos Aires, Argentinien statt. Fragen danach, wer, wie, wann, mit wem und warum bestimmte Handlungsweisen in der urbanen Leere unter spezifischen Umständen entwickelt und umsetzt, wurden in Bezug zu den Handlungsweisen der Disziplinen Architektur und Städtebau sowie zum urbanen und gesellschaftlichen Kontext dieses Geschehens gestellt: Wann taucht die urbane Leere auf und wie wird sie von wem aufgegriffen? Wo und wie ergeben sich bei alltäglichen und planerischen Aktivitäten im Umgang mit der physischen Form der urbanen Leere im Laufe eines Transformationsprozesses Widersprüche und Möglichkeiten? Warum treffen mit dem Wandel der urbanen Leere eine Vielzahl an Handlungsweisen und Möglichkeiten der Aneignung aufeinander?

Zum Aufbau des Buches

Zur Beantwortung der Frage(n) und im Hinblick auf den Zweck der vorliegenden Arbeit, eine Perspektivenerweiterung innerhalb der Planungsdisziplinen zu generieren, werden in diesem Buch in fünf weiteren Kapiteln unterschiedliche Aspekte der urbanen Leere an der Schnittstelle zu den Disziplinen Architektur- und Städtebau präsentiert.

▷KAPITEL B behandelt die Sichtweisen, Begrifflichkeiten und Praktiken des Denkkollektivs der Planungsdisziplinen. Dabei erläutere ich deren disziplinäres Raumverständnis sowie die erkennbaren Handlungslogiken, um Herausforderungen für die Disziplinen in Anbetracht komplexer Stadtentwicklungsprozesse zu benennen. Ich stelle die Theorien von Ludwik Fleck (2012) sowie von Fritz und Laura Perls und Paul Goodman (2006) vor, um Möglichkeiten der disziplinären Perspektivenerweiterung an den Bruchstellen der Stadtentwicklung in Form der urbanen Brache aufzuzeigen.

In ▷KAPITEL C bildet die Zusammenschau von lateinamerikanischer und europäischer Fachliteratur das Denkkollektiv der Disziplinen Architektur und Städtebau in Bezug auf die vielfältigen Lesarten der urbanen Brache ab. Als Resultat der Recherche in der Fachliteratur wird der relationale Begriff der urbanen Leere in die Arbeit eingeführt.

▷KAPITEL D zeigt Wege zur Erforschung der urbanen Leere im Hinblick auf die bezweckte Perspektivenerweiterung auf. Die Basis bilden dabei relationale Raumkonzepte sowie das Assemblage-Konzept und die Akteur-Netzwerk-Theorie. Weiters wird im Rahmen der Erläuterung des methodologischen Zugangs die Forschungsidee vorgestellt, um anschließend die Strategien und Methoden kurz zu erläutern. Eine kritische Reflexion des Forschens in einem anderen kulturellen Kontext verdeutlicht am Ende des Kapitels die persönliche Perspektivenerweiterung in drei Forschungsphasen[3].

▷KAPITEL E widmet sich den zwei untersuchten Orten in Buenos Aires, Argentinien, einer leerstehenden Getreidemühle und einer ehemaligen Textilfabrik. Die dichten Beschreibungen zur Transformation der beiden Orte fokussieren jeweils unterschiedliche Aspekte der urbanen Leere und zeichnen deren Entstehung, den Wandel und deren Strukturierung nach. Mittels einer RaumZeit-Karte und Fotodokumenten werden die Beschreibungen der Transformationsprozesse in Relation zu den Ergebnissen einer diagrammatischen Wissensproduktion (vgl. Heßler/Mersch 2009) gesetzt.

Als Ergebnis entstand ein Konzept der urbanen Leere(n)[4] anhand von fünf raumzeitlichen Dimensionen, das im ▷ABSCHLUSSKAPITEL F hinsichtlich eines möglichen Erkenntnistransfers zwischen lateinamerikanischen und europäischen Spezifika geprüft wird. Ziel dieses Arbeitsschrittes war es, Möglichkeiten für eine Perspektivenerweiterung innerhalb der Disziplinen Architektur und Städtebau anhand der identifizierten Widersprüche in den Sicht- und Handlungsweisen der beiden Disziplinen offenzulegen. Ein Ausblick erschließt mögliche Zukunftsperspektiven für die Erforschung der urbanen Leere(n) in einem transkulturellen und -disziplinären Kontext.

B

Disziplinäre Perspektivenerweiterung

Dieses Kapitel widmet sich aufgrund mangelnder adäquater Beiträge der Planungs-disziplinen zu komplexen Stadtentwicklungsprozessen der notwendigen Reflexion von Inhalten und Reichweiten des professionellen Handelns in Architektur und Städtebau (vgl. u.a. Altrock/Huning/Peters 2004, Breckner 2006). Es wird im ersten Teil dargelegt, wie diese Disziplinen mit ihren Sichtweisen und Sprachbildern zu räumlichen Phänomenen, aber auch mit ihren Methoden und Instrumenten an Grenzen stoßen, wenn Lösungen für komplexe Transformationsprozesse entwickelt und umgesetzt werden sollen (vgl. Othengrafen 2014). Durch die Erläuterung von disziplinären Sichtweisen auf Raum und die Beschreibung der Entwurfsprozesse im Städtebau und in der Architektur werden die Widersprüche und Herausforderungen in der Praxis an der Schnittstelle zur alltäglichen Raumproduktion sichtbar. Für das Verständnis aktueller urbaner Phänomene und deren Transformation sowie um nach-haltige Methoden und Instrumente entwickeln zu können, ist vor dem Hintergrund gesellschaftlicher Bedingungen zunächst eine Erweiterung eigener disziplinärer Sichtweisen notwendig. In diesem Sinn wird im zweiten Teil des Kapitels die Theorie Ludwik Flecks (2012) als Ausgangspunkt für die Möglichkeit einer Perspektivener-weiterung der Disziplinen Architektur und Städtebau ausführlich vorgestellt. Das Kapitel schließt, unter Einbezug einer Beschreibung des Forschungsortes Buenos Aires, mit der Identifikation der Brache als Forschungsobjekt, welches die Möglich-keit für disziplinäre Perspektivenerweiterungen bietet.

B.1 Räumliche Perspektiven und Handlungslogiken von Architektur und Städtebau

Aktuelle urbane Transformationsphänomene lassen nicht nur »althergebrachte Theo-riefundamente bröckeln« (Dell 2014, 11), sondern vertiefen auch in der Praxis die Krise der Planungsdisziplinen in Bezug auf die eigenen Methoden sowie die Selbstwahrneh-mung. Eine Auseinandersetzung mit den Eigendefinitionen und der Differenzierung der Planungsdisziplinen bildet den Ausgangspunkt für die Reflexion disziplinärer Handlungs- und Sichtweisen auf das Phänomen Raum. Als raumgestaltende und -produzierende Disziplinen ist eine Grenzziehung zwischen Architektur, Städtebau und Stadtplanung besonders im Hinblick auf eine Differenzierung von theoretischer Refle-xion und praktischer Arbeit im Kontext der Stadt nur schwer möglich. Im Folgenden werden zunächst die Gründe für die Schwierigkeiten einer Grenzziehung zwischen den Disziplinen erläutert, bevor im Anschluss auf die Sichtweisen und Handlungslogiken innerhalb der Disziplinen Architektur und Städtebau eingegangen wird.

Besonders in der beruflichen Alltagspraxis ist es für Planende und Architektur-schaffende schwierig, die Handlungs- und Sichtweisen auf die eigene Profession zu beschreiben. Protagonistinnen anderer Disziplinen, wie der Kunstgeschichte und der Philosophie (u. a. August Schmarsow, Heinrich Wölfflin, Philippe Boudon oder Gernot Böhme), haben sich einer theoretischen Definition auf Basis der Raumerfahrung angenähert und die architektonische Tätigkeit zum Beispiel als »Raumgestaltung« und »raumhaftes Denken« beschrieben (Gerber 2017, 13). Innerhalb der Architekturdisziplin selbst ist der inhärente und wesentliche Aspekt der Raumproduktion theoretisch kaum aufgearbeitet und als solcher in die Praxis übernommen worden. Dieses fehlende »›Raumwissen‹, im Sinne einer Schärfung des Verständnisses um die Raumproduktion, seiner Voraussetzungen und seiner Folgen für den Betrachter und Benutzer (…) erklärt die bedingte ›Unfähigkeit‹ der Architekten, ein teilbares und mitteilbares Selbstverständnis aufzubauen« (Gerber 2017, 14).

Mit ihrer Erfassung der Raumproduktion als Performanz versucht Sophie Wolfrum (2015) eine theoretische Abgrenzung der Architektur zur Kunst und Planung zu vollziehen.

> »The unique performative character of architecture emphasizes the components of spatial experience, perception, and behavior, which are an essential part of architectural reality. Thus architecture disposes of a repertoire of specific architectural means and structures, which only become a reality during a cultural event, in a use situation, through movement, and being part of it while it is being perceived. It is this performative aspect that distinguishes architecture from the fine arts on the one hand, and from systematic planning on the other« (Wolfrum 2015, 15).

Die Abgrenzungen zwischen Architektur, Städtebau und Stadtplanung sind nicht zuletzt aufgrund der historischen Entwicklung und stetigen Veränderung der Disziplinen seit dem 19. Jahrhundert im Hinblick auf die Praxis ein schwieriges Unterfangen, auch wenn zum Beispiel im deutschsprachigen Kontext theoretisch von einer Dichotomie gesprochen wird. »Gerade die Dichotomie Städtebau vs. Stadtplanung scheint die Geschichte der Beziehung des Architekten zur Umgestaltung der Stadt zu bestimmen« (Gerber 2017, 14). Besonders im deutschsprachigen Europa wird eine klare Unterscheidung vollzogen, indem dem Städtebau die (ästhetische) Anordnung von Baukörpern mit ihrer räumlichen Qualität und Wirkung als Aufgabe zugeschrieben wird, während die Planung sich mit deren Steuerung im Zusammenhang mit politischen, ökonomischen und sozialen Aspekten auseinandersetzt (vgl. Eckardt 2014, Gerber 2017). Im lateinamerikanischen Diskurs werden anstatt einer Dichotomie dem Städtebau (span. *diseño urbano*) das Objekt und der Stadtplanung (arg. span. *planeamiento urbano*) der Prozess zugeordnet, während der Begriff Urbanismus (span. *urbanismo*) den Zugang zum Phänomen Stadt beschreibt (vgl. Munizaga 2014).

Gerade die historische Betrachtung zeigt, wie die Fokussierung auf jeweils eine der drei Sichtweisen der Stadt als Objekt, Prozess oder Kontext immer auch eine Änderung in den (Selbst-)Definitionen der Disziplinen mit sich brachte. Die zeitgenössische Sicht der Stadt als heterogenes und sich in stetiger Transformation befindliches Phänomen produziert damit auch Brüche im Selbstverständnis jener noch vorherrschenden Art des Städtebaus, die sich auf die Anordnung von statischen Objekten fokussiert. Städte, so Eisinger, »entwickeln sich nicht nach den Partituren, die Architekten ihnen komponieren« (Eisinger 2005, 9). Rem Koolhaas (1995) kritisiert im selben Ton die angestrebte Ordnung durch die Planung sowie den Glauben an die Omnipotenz des Städtebaus und der Architektur (vgl. Kurath 2017). Damit wird das fehlende Verständnis für die Verflechtungen von Architektur beziehungsweise Städtebau und Gesellschaft angesprochen, welche bereits eingangs im Zusammenhang mit dem Begriff der Raumproduktion adressiert wurden. Angelus Eisinger (2005) spricht in diesem Zusammenhang von einem blinden Fleck, welcher sich daraus ergibt, dass Architektinnen und Planerinnen den Entwurfsprozess als abgekoppelt von der alltäglichen Raumproduktion sehen.

>»Gesellschaft ist nicht erst dann Teil des Bauens, wenn Architekten sie in Theoriekonvolute und Manifeste miteinbeziehen, sie webt sich vielmehr in alle Phasen ihres Arbeitens ein. Jedes Bauen an städtischer Gesellschaft beginnt bei der Übersetzung der Stadt der Diskurse in das Medium der Zeichnung. (...) Es sind die dem Entwurf nachfolgenden Schritte, die viel zum schwierigen Verhältnis der Stadt der Architekten zu den städtischen Wirklichkeiten beigetragen haben« (Eisinger 2005, 9–10).

Die Krise der Disziplinen Architektur und Städtebau spiegelt sich somit deutlich in ihren Herangehensweisen und ihrer Raumauffassung wider, weshalb »konkrete Untersuchungen der Pathologie architektonischer und städtebaulicher Denk- und Arbeitsweisen, die zu dem schwierigen Verhältnis von Stadt und Architektur beitragen« (Eisinger 2005, 14) notwendig sind.

Trotz der engen Verflechtung und angesprochenen kontinuierlichen Wandlung von disziplinären Zuordnungen wird in dieser Arbeit nicht zuletzt aufgrund meiner Ausbildung als Architektin der Fokus auf die Disziplinen Architektur und Städtebau gelegt, um mit einem überschaubaren Bezugspunkt für andere disziplinäre Perspektiven arbeiten zu können.

B.1.1 Multiple Perspektiven auf den Raum und das Raumverständnis der Disziplinen Architektur und Städtebau

>»Die Schwierigkeit, vom Spezifischen der Architektur, dem Raum, zu sprechen, erklärt auch die Schwierigkeit, über Architektur im Allgemeinen zu sprechen« (Gerber 2017, 14).

Das Verständnis der eigenen Disziplin als raumgestaltende Disziplin ist in der Architektur und im Städtebau eng mit der Sichtweise auf und der Art der Reflexion über den Raum verbunden (vgl. Schmarsow zit. nach Dünne/Günzel 2006). Eine Raumvergessenheit kann der Architektur zwar nicht vorgeworfen werden, aber doch eine gewisse Raumignoranz. Oftmals wenig reflektiert, wird in der Praxis in erster Linie noch vom physischen Raum gesprochen, auch wenn derzeit vermehrt relativistische oder relationale Raumkonzepte der Geographie sowie der Kultur- und Sozialwissenschaften in fachlichen Diskursen aufgegriffen werden.

Heute gründen viele Konzepte zum Raum in der Architektur auf einer theoretischen oder auch praktischen Übertragung von phänomenologischen, kulturgeographischen und soziologischen Zugängen (vgl. Schröder 2008). Die inhaltliche Zersplitterung und die wissenschaftliche Spezifizierung des Raumbegriffes führen, so Uwe Schröder (2008), die Architektur in der zweiten Hälfte des 20. Jahrhunderts in eine Krise. Theoretische Konzepte des Raumes aus anderen Disziplinen werden als Herausforderung anstatt als Erweiterung für den architektonischen Raum gesehen (vgl. ebd.). So rekurriert die Architektur, nach einer Zeit, in der diskursiv sowie praktisch versucht wurde, das vorherrschende Raumkonzept aufzulösen, »mit Blick auf die phänomenologische Eigenständigkeit der von ihr hervorgebrachten Räume (...) gegenwärtig (wieder) auf eine absolute Raumauffassung« (ebd., 69). Dabei fungiert der Raum als abgeschlossener, statischer Behälter, in dem sich (im Gebäude oder auch im Stadtraum) oder vor dem sich (Raum als Hintergrundfolie von) Gesellschaft abspielt.

»Trotz der vernetzten Dynamik einer Gesellschaft im Wandel wird somit die Architekturdisziplin von einem Raumdenken bestimmt, das sich nach wie vor unbeirrt auf die jahrtausendealten Prinzipien von Euklid und Vitruv gründet« (Hilger 2011, 13). Diese Sichtweise beeinflusst auch die Beziehung von Architektur und Gesellschaft und führt zu einem Verständnis der Architektur, in dem diese als losgelöst von Gesellschaft gedacht wird (vgl. ebd.). Die Strukturierung von sozialen Handlungen durch architektonische Räume und deren Beschaffenheit, Symbolik und materielle Präsenz werden ebenso wenig anerkannt wie die Tatsache, dass architektonische Räume, bevor sie sich physisch manifestieren können, eine soziale Herstellungsleistung brauchen (vgl. ebd.).

Auch in Bezug auf Zeit kann die Architektur mit ihren linearen Anordnungen nicht die Ordnungsstrukturen bieten, die für das Verständnis prozessualer und simultaner Dynamiken notwendig wären (vgl. ebd.). Die Fixierung auf das physische Endergebnis eines architektonischen Prozesses[1] unterstützt diese Herangehensweise. Aktuelle gesellschaftliche Wandlungsprozesse können somit durch das Konzept des Behälterraumes nur unzureichend abgebildet werden.

Exkurs: relationaler Raum und raum-zeitliche Entstehungsprozesse

Mit dem Ausgangspunkt der erläuterten Probleme entstand in den Sozial- und Geisteswissenschaften durch den sogenannten *spatial turn* eine Sichtweise von Raum, welche die Beziehungen zwischen den Gegenständen als *(An)Ordnungen* (vgl. Löw 2001) von Lebewesen und sozialen Gütern und als sich wechselseitig bedingend versteht. Mit diesem relationalen Raumkonzept werden physisch-materielle und soziale Räume zusammengedacht, was sich in der Schreibweise von *(An)Ordnung,* welche Ordnung (im Sinne der Strukturdimension, der Ordnung von Räumen) und Anordnung (im Sinne der Handlungsdimension, der Räume als Ergebnis eines Prozesses des Anordnens) vereint, ausdrückt (vgl. Löw/ Sturm 2005).

Relationale Raumkonzepte sowie die Konzepte der Assemblage und der Akteur-Netzwerk-Theorie (ANT) helfen im Zusammenhang der Stadtforschung die Betrachtung der Beziehung zwischen den Dingen um das Element der Zeit zu erweitern, indem der Prozess des Entstehens von Raum in den Mittelpunkt rückt (vgl. Farías/Bender 2010, McFarlane 2011a, b). Zeitgenössische Forschungen, die die Idee der Bedingtheit von Raum und Zeit in den raumbezogenen Disziplinen weiterentwickeln, fokussieren speziell auf die Entstehung von Raum als Prozess und dessen konstante Veränderung (vgl. Amin/Thrift 2002, Crang/Thrift 2000, Massey 2005, May/Thrift 2001, Sturm 2000).

Diese Betrachtungsweise setzt voraus, dass Zeit nicht als eine rein serielle Fortschreibung betrachtet wird, sondern als eine Serie zeitlicher Verknüpfungen (Amin/Thrift 2002, 27–28). Bei der Entstehung von und Handlung im Raum müssen sowohl Zeit als auch Raum als heterogene (dynamische) Elemente verstanden werden (vgl. Massey 2005). Raum wird von Doreen Massey als Sphäre von Möglichkeiten und koexistierender Heterogenität, die sich permanent in Entstehung befindet, beschrieben (vgl. ebd.). Das Entstehen von Raum ist dabei diskontinuierlich, in dem Sinne, dass es ein »Entstehen von Kontinuität gibt, jedoch keine Kontinuität des Entstehens« (Whitehead zit. nach Amin/Thrift 2002, 28, Übersetzung JL).

Kritikerinnen und Kritiker des relationalen Raumzeitkonzeptes warnen vor einem Raumvoluntarismus, der sich nur auf die Dynamik der Räume konzentriert und dabei übersieht, dass Räume sowohl dynamisch und offen als auch statisch und verschlossen sein können (vgl. Schroer 2009, Yiftachel 2009). In diesem Zusammenhang ist die Artikulierung dessen, in welchen spezifischen Situationen Raum von wem und in welcher Weise wahrgenommen und gestaltet wird, wichtig.[2] Besonders Forschende, die im Sinne des Assemblage-Konzeptes und der ANT (vgl. Deleuze/Guattari 1992, Latour 2005, Law 2006) arbeiten, zeigen sich davon überzeugt, dass Raum und Zeit in konkreten Situationen und an spezifischen Orten auf vielfältige Weisen zusammengesetzt sein können und von lokalen Akteurinnen als Raum-Zeit-Dynamiken geformt werden (vgl. Farías/Bender 2010). Nachdem mit den relationalen Raum- und Zeitkonzepten sowohl Raum als auch Zeit in Beziehung und nicht mehr als Substanzen beziehungsweise neutrale Behälter gesellschaftlicher Verhältnisse betrachtet werden, entfallen auch rein geographische Lesarten (vgl. Prigge 1986).

Diese Gedankenlinien verdeutlichen die Relevanz einer Verbindung von Raumkonzepten mit Gesellschaftstheorien, wie von Dieter Läpple in folgendem Zitat erfasst: »Wenn aber ›Raum‹ und ›Zeit‹ in den gesellschaftlichen und natürlichen Veränderungsprozessen so unmittelbar miteinander verknüpft sind, dann müsste das Raumproblem gleichermaßen ein konstitutives Moment jeglicher Form menschlicher Vergesellschaftung und dementsprechend auch Bestandteil einer Gesellschaftstheorie sein« (Läpple 1991, 162). Durch die Verknüpfung des relationalen Raumzeitkonzepts mit einem gesellschaftstheoretischen Ansatz entwickelt Dieter Läpple (1991) die Idee des *gesellschaftlichen Raums*. Der gesellschaftliche Raum entsteht durch den gesellschaftlichen Herstellungs-, Verwendungs- und Aneignungszusammenhang seines materiellen Substrats. Mit diesem Ansatz steht Dieter Läpple in der Tradition Henri Lefebvres, der mit seiner Theorie des Raumes in den 1970er Jahren das binäre Schema von sozialem und physischem Raum durchbricht und Raum als ein Produkt im Alltag stattfindender gesellschaftlicher Prozesse definiert (vgl. Lefebvre 1992). »Der Wandel sozialer Verhältnisse transformiert erneut die Anordnung von Räumen und Zeiten und materialisiert sich in der Neuformierung des gesellschaftlichen Raumes...« (Prigge 1987, 12). Der gesellschaftliche Charakter des Raumes entfaltet sich erst durch die Menschen, die den Raum nutzen, in ihm leben und ihn reproduzieren (vgl. Läpple 1991). »Der *gesamtgesellschaftliche Raum* ergibt sich somit als eine *komplexe und widerspruchsvolle Konfiguration* ökonomischer, sozialer, kultureller und politischer Funktionsräume, die zwar ihre jeweils spezifische Entwick- lungsdynamik haben, zugleich jedoch in einem gegenseitigen Beziehungs- und Spannungsverhältnis stehen« (Läpple 1991, 199)[3].

Die Anerkennung der Beziehungs- und Spannungsverhältnisse von Raum führt auch zu einer veränderten Sichtweise auf die Stadt. Diese tritt dann nicht mehr als Einheit, sondern in ihrer Diversität und Vielfältigkeit auf. Das in der Stadtforschung vielzitierte Urbane ist eine Qualität, die durch multiple Zusammensetzungsprozesse entsteht, und nicht von vornherein in Straßen, Gebäuden, Menschen, Stadtplänen etc. existiert (vgl. Farías 2010). Mittels der Konzepte der Assemblage und ANT wird Stadt als ein multiples, vielfältiges Objekt erkennbar, das offen ist für Möglichkeiten (aber auch Verschließungen) (vgl. Amin/Thrift 2002, Farías 2010). Die Stadt ist nach den Konzepten der Assemblage und ANT weder ein rein materielles Gebilde, noch rein sozial konstru- iert, sondern entsteht auf vielfältige Weise durch Netzwerke von Körpern, Materialien, Technologien, Symbolen und Menschen (vgl. Farías/Bender 2010, McFarlane 2011b).

In der Architektur- und Städtebaupraxis führt das Behälterkonzept zu Räumen, die keinen Bezug zu lokalen Spezifika und Notwendigkeiten des gesellschaftlichen Alltags herstellen. Beispiele dafür sind »neue« leere Räume wie der Büroleerstand in Global Cities oder die leeren sozialen Wohnblocks in der Peripherie lateinamerika- nischer Städte. In der Baupraxis (wie auch in der Theorie) teilen Spezialistinnen den Raum unter sich auf und agieren bezüglich ihrer Raumfragmente, anstatt den Raum und die Beziehungen der Fragmente ins Zentrum zu stellen (vgl. Löw/Sturm 2005).

Die Erforschung des relationalen, im Entstehen befindlichen Raumes stellt die Disziplinen Architektur und Städtebau vor die Herausforderung, sich, anstatt Konzepte statischer Behälterräume zu tradieren, dynamischen Prozessen der Raum- produktion zu öffnen und auch sich selbst als Teil dieser zu verstehen. Denn »[e]s ist tatsächlich die Architektur, in der sich das Politische (oder das Ökonomische oder das Religiöse) erst eine von Vielen teilbare, weil anschauliche, wahrnehmbare Form gibt, die diesen sozialen Verhältnissen nicht nachrangig oder äußerlich ist, sondern sie im Moment der Hervorbringung zugleich konstituiert« (Delitz 2011, 23).

Während sich die wenigen Raumtheorien in der Architektur in erster Linie aus der Perspektive der Erfahrung entwickelten, gibt es in der Geschichte der Architektur beinahe keine Theorien der Produktion von Raum (vgl. Gerber 2017). Auf dieser Tatsache gründet in den Disziplinen Architektur und Städtebau das Fehlen des Verständnisses eigener Handlungsweisen im Entwerfen und Produzieren von Räumen.

Die Produktion von Räumen beinhaltet in der Architekturdisziplin die Handlungen des Entwerfens sowie des Bauens. Dabei kann das Entwerfen als eine Tätigkeit beschrieben werden, die sich über eine bestimmte Art der Produktion definiert (vgl. Schurk 2017).

> »Denn die auf einen Entwurf gerichtete Praxis und Lehre der Architektur stellt nicht Erkenntnis und Wissen, nicht Wahrheit und Wiederholbarkeit ins Zentrum, sondern bemüht sich um die Konzentration und Synthese genau des Wissens, das gebraucht wird, um ein spezifisches Ergebnis zu erreichen. Im architektonischen Entwurf werden immer schon unterschiedlichste Wissensbereiche zusammengeführt und verdichtet, um konkrete zeitliche und räumliche Bedingungen für unterschiedliche gesellschaftliche Vorgänge und Abläufe zu schaffen« (Hauser/Weber 2015, 9).

Beim Entwerfen beziehungsweise Design »blicken wir in der Regel auf ein heterogenes und widersprüchliches Feld aus Fragen, Antworten, Gedanken, Akteuren, Orten und Materialien« (Schurk 2017, 27). Architektonische Aufgaben beziehungsweise Probleme sind damit »nie klar formuliert, präzise umgrenzt und widerspruchsfrei« (Franck zit. nach Kurath 2017, 5). Auf diese Ausgangssituationen gehen Entwerfende mit einem Denkprozess ein, der als »multifacetted and multileveled« (Cross 2007, 34) beschrieben werden kann und lösungs- anstatt problemorientiert ist. Auf dem Weg vom ersten Entwurfsgedanken zur Realisierung ergeben sich Widersprüche zwischen dem Entwurfsobjekt und dem real entstehenden Objekt. Innerhalb der Disziplin wird versucht, mittels der Vorstellung von rationalen, linearen Bauabläufen diese Komplexität zu ordnen und strategisch mithilfe von Plänen und Diagrammen Ereignisse und ihre Auswirkungen vorwegzunehmen. Der Ablauf des Entwurfsprozesses ist jedoch nicht linear, z. B. von einem größeren Maßstab hin zum Detail, sondern zeichnet sich durch ein Springen zwischen unterschiedlichen Maßstabsebenen, Lösungsansätzen und Reflexionsphasen aus (vgl. Cross 2007). Beobachtungen von Phasen der Aufgabenklärung, Konzeptsuche und Konzeptfixierung während dem Entwurfsprozess zeigen, dass sich die Phasen nicht nacheinander gereiht linear vollziehen, sondern »multifacetted« und parallel ablaufen (Cross 2007, 70).

Im Gegensatz zu diesen Erkenntnissen aus dem Entwurfsprozess werden von Architekturschaffenden lineare Entwurfsabläufe aber auch Bauabwicklungen suggeriert, die jedoch zur alltäglichen Architekturpraxis beziehungsweise zur Komplexität der Raumproduktion im Widerspruch stehen. So werden in der Architekturpraxis Bauzeitenpläne und -diagramme zur Ordnung und Vereinfachung der Komplexität erstellt, welche einen idealtypischen Ablauf der Entstehung von Gebäuden vorgeben. Im Städtebau sollen Etappierungen und Bebauungsabfolgen den Planungs- und Errichtungsablauf ordnen (siehe kompositorischer Städtebau im nächsten Abschnitt). Im Gegensatz zu diesen idealtypischen linearen Abfolgen werden aber auch während des Bauprozesses ständig Veränderungen vorgenommen und neue Akteurinnen sichtbar.

Konkrete alternative Ansätze finden sich u. a. in dem von Stefan Kurath (2017) beschriebenen konzeptionellen Städtebau, im Konzept des *Performative Urbanism* (vgl. Wolfrum 2015) sowie in der Architekturausbildung mit 1:1-Bauten oder Design-Build-Studios (vgl. Fattinger 2011, Kniess 2015, Kniess/Pohl 2014, Oppenheimer Dean/Hursley 2004). Sophie Wolfrum beschreibt das Konzept des *Performative Urbanism* wie folgt:

> »Performative Urbanism aims to bring together architecture as the art of articulating space and the performative character of architecture with the changing attitude in planning towards governance, moderation of conflicts, and open processes. With architecture understood as a performative cultural technology par excellence, we may rely on performativity while experiencing architecture. Or is there beyond that the need to change design practice decisively?« (Wolfrum 2015, 15 f.).

Stefan Kurath (2017) beschreibt am Beispiel zweier unterschiedlicher Zugänge zum Städtebau die derzeit auftretende Diskrepanz in den Sichtweisen innerhalb der Disziplin. Er definiert zum einen den konzeptionellen Städtebau, welcher sich durch einen offenen Prozess und das Fehlen einer definitiven Form auszeichnet. Dieser Zugang sieht auch eine Inklusion unterschiedlicher Akteurinnen in die Autorinnenschaft im Laufe des Prozesses vor und versucht mögliche Entwicklungslinien offen zu halten, um auf Veränderungen reagieren zu können. Konzeptioneller Städtebau versucht die physisch-materiellen Realitäten mit ihren sozialen, ökonomischen und ökologischen Dimensionen zu verknüpfen (vgl. Eisinger/Kurath zit. nach Kurath 2017, 55). Zum anderen beschreibt Stefan Kurath (2017) den kompositorischen Städtebau, welcher sich auf das Konzipieren eines Nebeneinanders von Objekten fokussiert und dessen Autorinnenschaft bei der Masterplanerin und dem ausgewählten Architekturteam liegt. Der kompositorische Städtebau ist für die erfolgreiche Umsetzung des Entwurfs auf eine möglichst kurze Zeitspanne und eine überschaubare, definierte Anzahl an Akteurinnen angewiesen. Ansonsten können unvorhergesehene gesellschaftliche Entwicklungen die Umsetzung der städtebaulichen Komposition verhindern oder in einer nur bruchstückhaften Ausführung enden (vgl. Kurath 2017).

An der Schnittstelle von Architekturroutinen und Alltagspraktiken

Diese bruchstückhaften Ausführungen werden von der Disziplin als Diskontinuität in einer vermeintlich linearen Umsetzung von städtebaulichen Kompositionen gesehen.

> »Die mit dem urbanen Wissen traditionell sich auseinandersetzenden Städtebauer, Architekten und Planer kommen in wachsendem Maße zur Erkenntnis, dass sie mit ihrer eigenen Praxis eine Art Blindfeld geschaffen haben, das sie jetzt selbst mühsam entwirren, entziffern, ideologiekritisch hinterfragen müssen. Ferner entwickelt sich die alltägliche Praxis urbaner Raumproduktionsweise zur Wissensform der Zeit – jeder Mensch ist heute ein Raumprodu-

zent, der bewusst oder unbewusst, willentlich oder unwillentlich, mit seiner spezifischen Lebensweise – als Experte des Alltags – die Form des Urbanen miterzeugt.« (Dell 2014, 12)

Aus dem Zitat von Christopher Dell lässt sich herauslesen, dass die Disziplinen Architektur und Städtebau, um gegenüber den dynamischen Veränderungsprozessen von Städten und den komplexen Beziehungen heterogener Gruppen von Raumproduzentinnen nicht weiter blind zu bleiben, einer Perspektivenerweiterung bedürfen. Im Zuge einer solchen Erweiterung des Blickfeldes ist es notwendig, sich ein Bewusstsein darüber zu erarbeiten, wie Stadt entsteht. In der Praxis schreiben die Autorin und Autoren Lisa Buttenberg, Klaus Overmeyer und Guido Spars (2014) von »koproduktiver und nutzergetragener Stadt- und Projektentwicklung«, wo es nicht mehr um temporäre Raumpionierinnen geht, sondern um »Initiatoren und Träger urbaner Prozesse« (Buttenberg/Overmeyer/Spars 2014, 5).

Mit dieser Sichtweise rücken Expertinnen des Alltags, wie auch das theoretisch schwer erfassbare urbane Alltagsleben in das Blickfeld. »Everyday life is not simply the name that is given to a reality readily available for scrutiny; it is also the name for aspects of life that lie hidden« (Highmore 2002, 1). Ein Theoretiker zum Alltagsleben war Michel de Certeau, der versuchte »neue Wege zu erfinden, die die Kreativität des Alltags ans Licht bringen (und sie dabei gleichzeitig hervorrufen)« (Highmore 2002, 63, Übersetzung JL). Michel de Certeaus Analyse fokussierte dabei auf konkrete Alltagspraktiken und brachte mit seiner Kritik eine Spezifität in die Theorien des Alltags seiner Vorgänger, z. B. in jene von Henri Lefebvre (vgl. Gardiner 2000).

Zur Analyse von Schnittstellen zwischen Architekturpraktiken und der alltäglichen Produktion von Raum bietet diese Herangehensweise besondere Anknüpfungspunkte, da Michel de Certeau disziplinäre Prozeduren der Wissensproduktion kritisch hinterfragt:

> »Vielleicht verfallen die Städte zugleich mit den Prozeduren, die sie organisiert haben. Aber man muß unseren Analysen mißtrauen. (...) [Man könnte] einen anderen Weg einschlagen: man könnte die einzigartigen und vielfältigen, mikrobenhaften Praktiken untersuchen, die ein urbanistisches System hervorbringen oder unterdrücken muss und die seinen Untergang überleben (...)« (de Certeau 1988, 186).

Im Folgenden wird Michel de Certeaus Unterscheidung zwischen strategischen und taktischen Handlungen näher ausgeführt, um eine Benennung unterschiedlicher Handlungslogiken in den alltäglichen Praktiken und in der Architekturpraxis zu erleichtern. In seinem Buch *Kunst des Handelns* (1988) erforscht Michel de Certeau innerhalb der Systeme der vorherrschenden sozialen und politischen Ordnung verdeckte Handlungsmodelle. Taktische Aneignung von Raum erfolgt dabei in Handlungsweisen von Individuen, die sich unsichtbar innerhalb eines staatlichen Systems beziehungsweise der Verwaltung und der Planung entfalten (vgl. ebd.). Dabei werden Strategien als Handlungsweisen im »technokratisch ausgebauten, vollgeschriebenen und funktionalisierten Raum« (ebd., 15) bezeichnet, während Taktiken als kreative Alltagspraktiken beschrieben werden.

> »Als ›Strategie‹ bezeichne ich eine Berechnung von Kräfteverhältnissen, die in dem Augenblick möglich wird, wo ein mit Macht und Willenskraft ausgestatte-

tes Subjekt (ein Eigentümer, ein Unternehmen, eine Stadt, eine wissenschaftliche Institution) von einer ›Umgebung‹ abgelöst werden kann. Sie setzt einen Ort voraus, der als etwas Eigenes umschrieben werden kann und der somit als Basis für die Organisierung seiner Beziehungen zu einer bestimmten Außenwelt (Konkurrenten, Gegner, ein Klientel, Forschungs-›Ziel‹ oder ›-Gegenstand‹) dienen kann. Die politische, ökonomische und wissenschaftliche Rationalität hat sich auf der Grundlage dieses strategischen Modells gebildet« (ebd., 23).
Die Strategie setzt also einen eigenen Ort voraus, womit nach Michel de Certeau das Eigene als Sieg des Ortes über die Zeit gilt. Jede Strategie grenzt das Umfeld vom eigenen Bereich der Macht und des Willens ab (vgl. ebd.).

> »Als ›Taktik‹ bezeichne ich demgegenüber ein Kalkül, das nicht mit etwas Eigenem rechnen kann und somit auch nicht mit einer Grenze, die das Andere als eine sichtbare Totalität abtrennt. Die Taktik hat nur den Ort des Anderen. (...) Sie verfügt über keine Basis, wo sie ihre Gewinne kapitalisieren, ihre Expansionen vorbereiten und sich Unabhängigkeit gegenüber den Umständen bewahren kann« (ebd., 23).

Taktiken sind somit Kooperation und Wettbewerb zugleich und eng mit dem Moment als Möglichkeit des Handelns und damit mit dem Element der Zeit verknüpft.
Strategien und Taktiken verweisen auf verschiedene Optionen im Bereich des Handelns. So setzen Strategien auf den Widerstand, den die Etablierung eines Ortes dem Verschleiß im Zeitverlauf entgegenhalten kann (de Certeau 1988). Im Gegenzug machen Taktiken geschickt Gebrauch von der Zeit und den Gelegenheiten, die sie bietet. Während die Strategie ein Sieg des Ortes über die Zeit ist, definiert sich die Taktik über ihre Abhängigkeit von der Zeit, da sie selbst keinen Ort besitzt (vgl. ebd.). Die Taktik muss aus Ereignissen günstige Gelegenheiten machen und ist deshalb von ihnen abhängig (vgl. ebd.).
Mit seiner Unterscheidung von Strategien und Taktiken bietet Michel de Certeau eine Einteilung von Handlungsweisen in staatliche, institutionelle Systeme sowie Konsumierende oder Nutzerinnen. Strategien und Taktiken unterscheiden sich dadurch voneinander, dass es Handlungen an Orten gibt, die die Strategien produzieren, aufrastern und aufzwingen, während die Taktiken diese Orte alltäglich gebrauchen, manipulieren und umfunktionieren (vgl. ebd.). Michel de Certeau konzentriert sich in seinen Untersuchungen nun auf die Produktion[4] der alltäglichen Handlungsweisen und ihre »Kombinationsmöglichkeiten, Vorgehensweisen, Hilfsmittel, Wirkungen und Möglichkeiten« (ebd., 15).
In Bezug auf die Stadtthematik schreibt Michel de Certeau die Handlungsweise der Strategien der Verwaltung und Stadtplanung zu. Diese haben, so de Certeau, ein spezifisches Konzept von Stadt, welches gekennzeichnet ist von der Zielvorstellung einer rationalen Organisation festumrissener Einheiten (vgl. ebd.). Michel de Certeau kritisiert diese Art der Stadtplanung, die viel mehr die Pluralität der Handlungsweisen unterstützen und diesem »Pluralitätsgedanken Wirksamkeit« verleihen sollte (ebd., 183), wie es auch der konzeptionelle Städtebau nach Stefan Kuraths Vorstellung propagiert. Die Verhaftung einer bestimmten Art der Stadtplanung beziehungsweise des kompositorischen Städtebaus an einem Bild der Stadt als Einheit wird durch strategische Praktiken der Vereinheitlichung von vielfältigen Aspekten der Stadt

ebenso evident, wie durch das Beharren auf Kontinuität und linearer Entwicklung. Das Problem der Disziplinen Architektur und Städtebau spiegelt sich in einem »Kontinuitätsparadigma in der Stadt- und Regionalforschung« wider (Läpple zit. nach Prigge 1987, 59). Am Beispiel der Stadtthematik werden somit die unterschiedlichen Handlungslogiken und Sichtweisen deutlich, die Michel de Certeau mit seiner Differenzierung von Strategien und Taktiken beschreibt.

Als Beispiel der Differenzierung von Strategien und Taktiken können hier auch Untersuchungen zur Thematik von rasantem Stadtwachstum angeführt werden, wo die Dichotomie von informellen Praktiken der benachteiligten Bevölkerung und formellen Strategien der Staaten beziehungsweise supra-nationalen Organisationen zur Problemlösung aufgegriffen wurde. Auch in lateinamerikanischen Befreiungstheorien, die sich mit Raum und Territorium beschäftigen, werden die Taktiken von sozialen Bewegungen, die von den ärmeren Bevölkerungsschichten ausgehen und sich in den »Rissen und Spalten der Herrschaftsräume« (Zibechi 2011, 145) manifestieren, als alternative Räume zum herrschenden System gesehen. Die erschaffenen Territorien der Kollektive und sozialen Bewegungen werden hier als Räume der Differenz bezeichnet, die sich von der Stadt des Kapitals unterscheiden (vgl. Zibechi 2011), worin sich ein ähnlich dualistisches Denken von Strategien und Taktiken wie bei de Certeau zeigt. Das Interesse für diese Räume der Differenz findet sich seit den 1960er Jahren im Diskurs von Planerinnen, die Leistungen von vernakulärer Architektur, Selbstbau und Selbstorganisation hervorgehoben haben (vgl. Habraken 2000, Rudofsky 1964, Turner 1976).

De Certeau plädiert jedoch für eine differenzierte Betrachtung der Interrelationen zwischen Strategien und Taktiken, die die »unsystematischen und pluralistischen Qualitäten von Kultur« einbeziehen (Gardiner 2000, 165), da eine eindeutige Einteilung von Handlungsweisen in Strategien und Taktiken nicht möglich ist. So werden beispielsweise von staatlichen Planungsinstitutionen und privatwirtschaftlichen Akteurinnen vermehrt Praktiken genutzt, deren Erscheinungsformen zunächst Taktiken ähneln, oder selbstorganisierte Prozesse sozialer Bewegungen vom Staat kooptiert. Des Weiteren stimmen die Resultate taktischer Handlungsweisen von Kollektiven oder sozialen Bewegungen oftmals nicht mit den Zielen der Selbstbestimmung und der Schaffung offener Räume überein, sondern verkehren sich in ihr Gegenteil. Der Stadtforscher Neil Brenner schreibt zu dieser Thematik folgendes:

»The relation between tactical and neoliberal forms of urbanism is thus considerably more complex, contentious, and confusing than is generally acknowledged (...)«, und weiter, »(...) it cannot be simply assumed that because of their operational logics or normative-political orientations, tactical interventions will, in fact, counteract neoliberal urbanism« (Brenner 2015, o. S.).

»Alltag ist nicht mehr nur kolonisierter Sektor des gesellschaftlichen Lebens, und das erstens, weil er keinen abgeschlossenen Sektor mehr konstituiert und zweitens, weil sich Instrumentalisierung von Raum selbst subtiler zeigt« (Dell 2014, 28). Zum einen erleichtert die dichotome Einteilung von Strategie und Taktik die Zuordnung und Organisation von empirischem Material in wissenschaftlichen Untersuchungen wie der Stadtforschung, zum anderen wird sie in dem Moment lebendig und für die Stadtforschung produktiv, in der die Beziehungen und Überlappungen zwischen den beiden Handlungsweisen untersucht werden.

Die angesprochenen Überlappungen und Beziehungen zwischen jenen Architektur-routinen, die von strategischen Handlungsweisen geprägt sind, und alltäglichen Taktiken der Raumproduktion erzeugen innerhalb der Disziplin eine Krise einer-seits des disziplinären Selbstverständnisses und andererseits der Methoden und Handlungsweisen. »Nur wer sich mit den Wirkungskräften, Abhängigkeiten und der eigenen Rolle als Architekt oder Architektin befasst, kann wirksamen Städtebau betreiben, vermag Allianzen mit anderen Akteuren einzugehen, um damit die Reali-sierungschancen der eigenen, städtebaulichen Ziele zu verbessern« (Kurath 2017, 46). Jörg Seifert fordert in diesem Zusammenhang die »Fähigkeit zu Perspektivwechseln« (2012, 41), welche bei der Entwicklung einer neuen städtebaulichen Kreativität be-hilflich sein soll. Ansonsten wird durch die disziplinäre Sichtweise der Stadt als ein-heitliches, rational planbares System ein Scheitern produziert, »weil sich die Krisen der Stadt schneller erweisen als die Planung selbst« (Dell 2014, 33 f.). Die Disziplinen Architektur und Städtebau nehmen sich damit selbst »die Möglichkeit, überhaupt an städtische Wirklichkeit heranzukommen und sich den ihr inhärenten Fragen zu stellen« (Dell 2014, 34). Als Folge wird die Diskrepanz zwischen architektonischen oder städtebaulichen Entwürfen und tatsächlich realisierten Projekten sowie den An-forderungen einer heterogenen, komplexen und ungleichzeitigen Stadtentwicklung immer seltener überbrückt (vgl. Kurath 2017). Umso wichtiger erscheint es, dass sich Architektur und Städtebau in Anbetracht der eigenen disziplinären Krisen und des gesellschaftlichen Wandels mit anderen, neuen Perspektiven auseinandersetzen, um innerhalb der Disziplinen einen Wandel zu ermöglichen.

B.2 Vom Wandel disziplinärer Perspektiven

»Er [der Entwerfer] verändert den Gegenstand zwar unter dem Einfluss seiner eigenen Theorie, allerdings ist er dabei nicht souverän, sondern in gewisser Weise ›in den Gegenstand verstrickt‹« (Flusser zit. nach Schurk 2017, 33).

Es stellt sich die Frage, wie es möglich ist, sich als Architektin diese Verstricktheit mit dem Gegenstand bewusst zu machen, um eine Perspektivenerweiterung hervorzu-rufen. Diese Forschungsarbeit greift für die Initiierung eines Wandels innerhalb der Disziplinen die Ideen Ludwik Flecks zu Denkkollektiven und Fritz und Laura Perls' und Paul Goodmans Gestalttherapie auf. Sowohl der Mediziner Ludwik Fleck als auch die Psychotherapeutin und -therapeuten Fritz und Laura Perls und Paul Goodman beschäftigten sich in ihren jeweiligen Fachgebieten mit Veränderungsprozessen als auch mit der Wahrnehmung von Widersprüchlichkeiten. Da deren Konzepte ideengebend für die methodologische Konzeption der in diesem Buch vorgestellten Forschungsarbeit waren, werden sie im Folgenden kurz erläutert.

Die Notwendigkeit einer Perspektivenerweiterung auf urbane Phänomene bedeutet nach Ludwik Fleck die Erweiterung des »gerichteten Wahrnehmens, mit entsprechendem gedanklichen und sachlichen Verarbeiten des Wahrgenommenen« (Fleck 2012, 130). In seinem Buch *Entstehung und Entwicklung einer wissenschaftlichen Tatsache* erkundet Ludwik Fleck[5] die wissenschaftliche Tätigkeit in Bezug auf die Sicht- und Handlungsweisen von Forschenden vor dem Hintergrund gesellschaftlicher Bedingungen. Er stellt dabei fest, dass Erkenntnisse zum Großteil aus Erlerntem, nicht aus Erkanntem bestehen. Somit ist das Neue immer durch bisher Gelerntes vorgeprägt, wobei bereits Formuliertes im Folgenden auf die aufbauenden Konzeptionen einwirkt (vgl. Fleck 2012). Diese Prägung im Verfassen nennt Ludwik Fleck Denkstil, welchen er wiederum einem jeweiligen Denkkollektiv zuordnet. Das Konzept des Denkkollektivs ermöglicht ein Verständnis davon, wie sich wissenschaftliche Ideen im Laufe der Zeit verändern.[6] Nach Ludwik Fleck können die Disziplinen Architektur und Städtebau als ein Denkkollektiv im Sinne einer sozialen Einheit von Wissenschaftlerinnen bezeichnet werden.

Aufbauend auf den Theorien Ludwik Flecks lässt sich die Schwierigkeit erklären, die die Planungsdisziplinen haben, scheinbar widersprüchliche urbane Phänomene und Arten der Raumproduktion zu erkennen und die komplexen Herausforderungen gesellschaftlicher Transformationsprozesse zu erfassen, um auf sie zu reagieren. Aufgrund des engen disziplinären Rahmens aus eigenen Begrifflichkeiten und routinierten Handlungslogiken (z.B. lineare Entwicklungsschemata, Masterpläne des kompositorischen Städtebaus im Sinne des »Kontinuitätsparadigmas« (Läpple zit. nach Prigge 1987, 59)) ergibt sich ein limitiertes Gestaltsehen (vgl. Fleck 2012). Aus der Erfahrung entwickeltes Gestaltsehen verhindert, dass zum Denkstil Widersprüchliches erkannt wird.

Diese Gedanken lassen sich mit dem Konzept des Figur-Grund Prozesses[7] aus der von Fritz und Laura Perls entwickelten Gestalttherapie verbinden, welcher als ein Prozess der Gestaltbildung und Gestaltwerdung zu verstehen ist (vgl. Perls/ Hefferline/Goodman 2006). In einem dynamischen Prozess von Ungleichgewichten entsteht die Figur (Gestalt) als der Fokus des Interesses (an einem Objekt, Muster oder einer Handlungsweise) aus dem Grund als Hintergrund in Form von Erfahrungen, und umgekehrt (vgl. Gremmler-Fuhr 2001). Durch die bewusste Wahrnehmung dieses Prozesses erfolgt eine Auseinandersetzung mit den damit verbundenen Bedeutungen. In diesem Sinne, und auch vergleichbar mit Ludwik Flecks Gestaltsehen, formt die Architektin Figuren auf dem Grund ihrer Erfahrungen und Theorien, um zu einer Entwurfslösung zu kommen. In Bezug auf die Raumproduktion sahen der Gestalttherapeut Paul Goodman und sein Bruder Percival Goodman, der Architekt war, bereits 1948 die dynamische Verbindung zwischen gebauter Umwelt und menschlichem Handeln als Figur-Grund Prozess. »The background of the physical plant and the foreground of human activity are profoundly and intimately dependent on one another« (Goodman/Goodman 1960, 3).

Wissensfortschritt als angestrebter Wandel durch Ergänzung, Erweiterung oder Umwandlung (vgl. Fleck 2012) wird auch in der Gestalttherapie thematisiert, wobei die Veränderung nicht durch Zwang, Überzeugung, Einsicht oder Interpretation passiert. Vielmehr muss in der *paradoxen Theorie der Veränderung* eine Auseinandersetzung mit der Person beziehungsweise Organisation erfolgen, um Figuren beziehungsweise Gestalt und größere Komplexitäten wahrnehmen zu können (vgl. Beisser 1997, Perls/Hefferline/Goodman 2006). In diesem Sinn ergänzen sich die Ideen Ludwik Flecks mit jenen der Gestalttherapie. Durch Vorstellungswelten aus dem Alltag können Objekte und Objektbereiche identifiziert werden, welche den Denkzwang lockern und Bedeutungsmöglichkeiten sichtbar machen um dem eigenen Denkstil widersprechende beziehungsweise irritierende Phänomene und Elemente zu erkennen und zu erforschen (vgl. Fleck 2012). Denn das, »was wir als Unmöglichkeit empfinden, ist nur Inkongruenz mit dem gewohnten Denkstil« (ebd., 66).

B.3 Perspektivenerweiterung an den Bruchstellen der Stadtentwicklung

»Durch die weitgehende Nichtbeachtung von Widersprüchlichkeiten, Komplexität und unterschiedlichen Rationalitäten in Planungsprozessen entstehen oftmals, als stadtplanerische Dilemma, vorhersehbare Krisen« (Othengrafen 2014, 377).

Folglich wurde für die in diesem Buch vorgestellte Forschungsarbeit ein Forschungsobjekt gesucht, welches innerhalb der Disziplinen Architektur und Städtebau als widersprüchlich zu bestehenden Annahmen beziehungsweise als Irritation wahrgenommen wird. Ein wesentlicher Aspekt der Suche war, ein Objekt zu finden, welches sich nicht klar den architektonischen und städtebaulichen Routinen zuordnen lässt, sondern an der Schnittstelle zur alltäglichen Raumproduktion die Widersprüche innerhalb des Urbanen widerspiegelt. »Für Urbanisten ist Ordnung die Regel, während Wandel, Verfall oder kreative Momente die Ausnahme bilden. Die Dialektik des Urbanen zeigt aber ein anderes Bild (…)« (Dell 2014, 261). Ein Kriterium für die Auswahl des Forschungsobjektes war somit dessen Situierung in einem Spannungsfeld von Wandlungen, welche »das Gewebe der Gesellschaft durchziehen (…) zunächst in kleinen, dann immer breiteren Sektoren« (Elias 1997, 402).

Ein weiteres Auswahlkriterium für das Forschungsobjekt waren vorhandene kreative Momente, »an denen sich Produktionsbeziehungen bzw. -bedingungen von Raum verändern« (Dell 2014, 28). Im Zusammenhang mit der Gestalttherapie entsteht hier eine Parallele zum schöpferischen Aspekt, der von Fritz Perls in Anlehnung an Salomo Friedlaenders *Indifferenz* als fruchtbare Leere beschrieben wird (vgl. Frambach 2006). In dieser fruchtbaren Leere werden Polaritäten integriert, Möglichkeiten wahrnehmbar und kreative Handlungen abseits bekannter Bedeutungen (bzw. des Gestaltsehens) ermöglicht (vgl. ebd.). Die fruchtbare Leere kann somit als ein Raum gesehen werden, an dem Polaritäten zusammenfallen und Widersprüchliches aufeinandertrifft.

In der Stadtforschung wird das Phänomen der fruchtbaren Leere im physischen Raum verortet und zum Beispiel als Möglichkeitsraum, Zwischenraum, Spielraum oder Bruchstelle beschrieben. »The richest and most creative forms of living occur, then, in the ›zone of indetermination‹ which the human subject has the potential to occupy (...)« (Crary zit. nach May/Thrift 2001, 22). Ash Amin und Nigel Thrift stellen mit ihrer *zone of indetermination* eine klare Verbindung zwischen Michel de Certeaus Ausführungen zu Strategien und Taktiken und jenen Räumen her, die übrig gelassen oder vernachlässigt werden. »Thus de Certeaus' tactics and little stratagrams (...) can be seen as a demonstration of the non-additive and experimental nature of the city, which means there are always spaces and times left over and spaces and times which are neglected« (Amin/Thrift 2002, 92). Die Auseinandersetzung mit diesen vernachlässigten Räumen und die »Aufmerksamkeit für Bruchlinien und Ränder, für Übergänge und Rückseiten« (Davy 2007, 6) verspricht im Hinblick auf eine Erweiterung der Perspektiven eine Bereicherung für die Disziplinen Architektur und Städtebau.

Demzufolge werden besonders an Bruchlinien der Stadtentwicklung, zum Beispiel an stillgelegten Fabrikarealen, großflächig leerstehenden Wohnungen oder ungenutzten Erdgeschoßlokalen, die Herausforderungen für (architektonische und städtebauliche) Handlungsweisen sichtbar. Diese sogenannten Brachen bergen die Möglichkeit, von unterschiedlichen Akteurinnen angeeignet und im Alltag genutzt zu werden. In der urbanen Brache treffen somit sowohl die limitierten Strategien von Planungsinstitutionen im Umgang mit ökonomischen Krisen der urbanen Bodenbewirtschaftung als auch das Potential zur Aneignung durch andere Akteurinnen aufeinander. Brachen sind ein sichtbares Symptom sowie ein Produkt von Transformationsprozessen und Unterbrechungen in einer kontinuierlichen Stadtentwicklung. Die urbane Brache als Ort, der die »Dialektik des Urbanen« widerspiegelt, Wandlungen sichtbar macht und kreative Momente auslösen kann (vgl. Dell 2014), bildet somit das Forschungsobjekt für diese Arbeit.

Zu Beginn des Forschungsprozesses zeigten sich in einer ersten Auseinandersetzung weltweite Unterschiede in der Intensität von Wandlungsprozessen und in der Kontinuität der Entwicklungen von urbanen Brachen. Auffallend dabei ist, dass Diskontinuitäten im Urbanen in mitteleuropäischen Städten nicht so zahlreich auftreten wie zum Beispiel in lateinamerikanischen Groß- oder Megastädten. In Letzteren lassen sich die Auswirkungen von wirtschaftlichen und politischen Krisen deutlich an den Leerstellen im städtischen Gewebe und anhand der Diskontinuität der Stadtentwicklung erkennen. Während sich Europa erst langsam an wiederkehrende Krisen und Diskontinuitäten in der Stadtentwicklung gewöhnt, gehören diese zum Alltag in lateinamerikanischen Ländern, wie zum Beispiel in Argentinien (vgl. McGuirk 2014).

Der Umgang mit Krisen und die damit verbundene alltägliche Raumproduktion und Selbstorganisation von Menschen sind Themen, die in Europa seit der Finanzkrise im Jahr 2008 wieder ins Blickfeld gerückt sind. Die lateinamerikanische Stadt Buenos Aires ist geprägt durch die historische Entwicklung von Argentinien mit seiner ökonomischen und sozialen Krise im Jahr 2001 sowie durch die Parallelen zur andauernden wirtschaftlichen Krise, weltweit und im Speziellen in Europa. Krisen zwingen Planende mehr oder weniger ressourcenschonende Handlungsweisen auf unterschiedlichsten Gebieten zu entdecken und zu erforschen, um zukunftsfähige handlungs- und gestaltungsorientierte Ergebnisse zu fördern. Auch wenn ein gerad-liniger Vergleich der beiden Kontinente Südamerika und Europa und damit deren jeweilige Krisen[8] nicht zielführend ist, so wird in diesem Buch versucht, das Phäno-men der Brache in Buenos Aires als Forschungsort aus einer *Verstehensperspektive* (vgl. Lindner 2004) zu analysieren, um eine Erweiterung professioneller Denkstile (vgl. Fleck 2012) über Brachen zu generieren.

Buenos Aires dient unter anderem deshalb als außereuropäischer Forschungs-ort, da die Brachen der Stadt aufgrund zahlreicher (wirtschaftlicher) Krisen von All-tagspraktiken der Bevölkerung geprägt sind. Denn das Themenfeld der Brache lässt sich insbesondere an Orten erforschen, welche aufgrund von Krisen durch einen hohen Grad an Selbstorganisation an der Schnittstelle zur institutionellen Planung gekennzeichnet sind.[9] Diese Art der Stadtproduktion durch Selbstorganisation und in weiterer Folge Selbstverwaltung ist eng mit der Veränderung der urbanen Räume verknüpft. »Kollektive Bewegungen beginnen ihre Räume (…) in Alternativen zu trans-formieren« (Zibechi 2011, 152). Die Transformation des Territoriums in Verbindung mit dem Phänomen von Selbstorganisation an der Schnittstelle zur Stadtproduktion durch die Planungsdisziplinen dient als Ausgangspunkt der vorgestellten Forschung.

Indem die Forschungsergebnisse über die Transformation der Brache in Bue-nos Aires in Relation zu den Begrifflichkeiten und Routinen des Denkkollektivs der Disziplinen Architektur und Städtebau gesetzt werden, können lokale Spezifika der Raumproduktion entschlüsselt werden, die zu einer Erweiterung der disziplinären Denkstile beitragen können. Durch die Wahl des Forschungsortes in der südlichen He-misphäre müssen weitere Perspektiven in den Forschungsprozess integriert werden, welche in einem Bezug zu lokalen Handlungsweisen und Narrativen stehen.[10] Im fol-genden Kapitel findet zunächst eine Auseinandersetzung mit dem derzeitigen Stand der Fachliteratur zur Brache im Zusammenhang mit den Disziplinen Architektur und Städtebau statt. Damit erfolgt eine umfassende Charakterisierung des Denkkollektivs der beiden Disziplinen in Bezug auf das Phänomen der Brache, welches den Aus-gangspunkt für die angestrebte Erweiterung der disziplinären Perspektiven darstellt.

C

Disziplinäre Perspektiven auf die Brache in Europa und Lateinamerika: von der einfachen Fläche zum relationalen Raum

Es gibt eine Vielzahl von Begriffen, die das Phänomen der Brache behandeln, wie beispielsweise Brachfallen, Leerstehen oder Ungenutztsein, und die in der Fachliteratur je nach Schwerpunkt und Fokus unterschiedlich verwendet werden. Die folgende Auseinandersetzung mit dem derzeitigen Forschungsstand zur Brache stellt die verwendeten Begriffe, deren Anwendung und Zusammenhänge zu Architektur und Städtebau mit Fokus auf die geographischen Regionen Europas (im Besonderen auf jenen des deutschsprachigen Mitteleuropas) und Lateinamerikas in das Zentrum.[1] Ziel dieses Kapitels ist, parallel zur Herausarbeitung der Forschungslücke, des Erkenntnisinteresses und der Erkenntnisziele, eine umfassende Charakterisierung des Denkkollektivs der Disziplinen Architektur und Städtebau in Bezug auf das Phänomen der Brache.

Der Forschungsstand wird zur Strukturierung in drei Abschnitte gegliedert, deren Benennung als Feld, Ruine und Leere der Charakterisierung der besprochenen Literatur dient. Diese Abfolge repräsentiert keine chronologische Ordnung der Entwicklung des Brachenbegriffes. Es handelt sich vielmehr um parallel existierende Interpretationen, die als ein Strukturierungsversuch der Thematik der Brache unter Berücksichtigung unterschiedlicher Komplexitätsgrade des Phänomens zu verstehen sind. Die Einteilung der drei Abschnitte bezieht sich auf die Komplexität von unterschiedlichen Raum-Zeit-Verständnissen, welche sich vom ersten bis zum dritten Kapitel steigern.

In jedem Unterkapitel werden drei Punkte behandelt: erstens eine semantische Untersuchung des Brachen-Begriffs, zweitens die Zuordnung von Sichtweisen und Handlungsweisen in Architektur und Städtebau (mit Strategien und Taktiken) rund um die urbane Brache, sowie drittens die Raum-Zeit-Dimension (Kontinuität, Zyklen, Bruch).

Zunächst untersuche ich den ursprünglichen Begriff der Brache in der deutschen und spanischen Sprache. Der Begriff wird aus der Felderwirtschaft abgeleitet, wobei das Feld über einen gewissen Zeitraum nicht bewirtschaftet wurde, um die Fruchtbarkeit des Bodens zu gewährleisten. Die landwirtschaftliche Brache als zweidimensionale Fläche mit dem kontinuierlichen Zyklus des Bestellens zeichnet sich durch eine geringe räumliche und zeitliche Komplexität aus.

Mit der Gebrauchserweiterung des Begriffes Brache für Industrieruinen, aufgelassene Fabriken, ungenutzte Stadtareale etc. entsteht in den vorgestellten Forschungsarbeiten eine eigene raum-zeitliche, funktionale Definition, die hier als Ruine bezeichnet auf die technisch-geographischen, materiellen Aspekte der Brache eingeht. Diese dreidimensional gedachte Form der Brache stellt einen Bruch mit vorherigen Nutzungen – im Sinne einer gesteigerten räumlichen und zeitlichen Komplexität – und damit ein Problem für die Disziplinen Architektur und Städtebau dar.

Um auf die komplexen Zusammenhänge der Entstehung und Reaktivierung von Brachen einzugehen, wird im letzten Abschnitt der Begriff der *urbanen Leere* eingeführt. Das Verständnis des Raums der Brache geht in der hier diskutierten Literatur über die euklidische Definition von Raum hinaus und fokussiert unter anderem auch auf symbolische und kulturelle Inhalte von leeren Räumen (vgl. Fausto-Brito 2005, 20 ff.) und deren Potenziale als Möglichkeitsraum (vgl. Fischer et al. 2003, Wolfrum 2013). Diese Perspektivenvielfalt in der Lesart der Leere wurde nicht zuletzt durch architekturfremde Denkkollektive, wie die der Literatur oder der bildenden Kunst, angeregt.

Die Brache erhält neue Dimensionen und entwickelt sich hin zur Leere als einem relationalen Prozess der Transformation. Mit der Sichtweise der Brache als relationale Leere zeichnen sich Perspektivwechsel und damit auch neue Handlungsweisen in den Disziplinen Architektur und Städtebau ab. Die in diesem Buch präsentierte Arbeit fokussiert dabei auf die relationale urbane Leere und nimmt die Sichtweisen der Disziplinen Architektur und Städtebau auf die urbane Leere zum Ausgangspunkt des Erkenntnisinteresses. Die Aufarbeitung des Literaturstandes zur Thematik mit den Parallelen und Spezifika in Europa und Lateinamerika ermöglicht schlussendlich eine Darstellung der Denkmuster und daraus abgeleiteter Handlungsweisen rund um die Brache innerhalb der Disziplinen Architektur und Städtebau.

C.1 Brache als zweidimensionales Feld

Die Entstehung des Wortes Brache ist mit der Landwirtschaft und Feldbestellung verbunden. Im Folgenden wird diese Wortherkunft erörtert, wobei aufgrund des Forschungsschwerpunktes die Begriffe sowohl im Deutschen als auch im Spanischen erklärt werden. In beiden Sprachen ist die Brache in ihrem etymologischen Wortsinn abstrahiert eine zweidimensionale Fläche, deren vorgesehene Nutzung über einen (absehbaren) Zeitraum nicht erfolgt.

Im Deutschen leitet sich Brache vom Terminus »unbestellter Acker« sowie der mittelhochdeutschen Wendung »in Brache liegen« ab und wird im neuhochdeutschen als »brachliegen« oder »ungenutzt bleiben« beschrieben (vgl. Auberle 2001). Es existiert eine Verbindung »zu der unter morsch behandelten Grundlage, so dass von ›morsch werdendes Land‹ auszugehen wäre« (Kluge 2002, 101). Der Begriff ist eng verknüpft mit der Ruhezeit in der Dreifelderwirtschaft, wo das Feld während einer Periode des Bewirtschaftungszyklus zur Regeneration nicht bestellt wird (vgl. Krünitz 2013).

Das spanische Wort *barbecho* ist heute noch gleichbedeutend mit dem ursprünglichen Wortsinn vom deutschsprachigen Wort Brache. Es wird ausschließlich in Zusammenhang mit dem Aussetzen des Bewirtschaftungszyklus von Feldern verwendet und geht auf das lateinische Wort *vervactum* zurück. Es setzt sich aus *ver/veris* für »Jahreszeit/Frühling« und *actum/agere* für »gemacht« zusammen und entspricht in der deutschen Übersetzung der Phrase »die Erde im Frühling pflügen« (vgl. Kluge 2002). Zudem existiert das spanische Wort *baldío*, das ebenso mit dem deutschen Wort Brache übersetzt wird und im Gegensatz zu *barbecho* auch dessen Bedeutungserweiterung trägt. Seine Wortherkunft ist in diesem Fall im Arabischen zu finden, wobei die Wortwurzel *balyd* als »vergeblich«, »langweilig« oder »ohne Wert« (span. *vano*, *aburrido*, *sin valor*) übersetzt wird (vgl. DRAE 2001). Dabei bezieht sich *baldío* in erster Linie auf das Land und den Boden, die nicht wie vorgesehen vollständig genutzt beziehungsweise kultiviert werden (vgl. Fausto-Brito 2005, 21 f.).

Der Kontext der Natur ist wesentlich bei der ursprünglichen Bedeutung des deutschen Begriffes Brache. Hier ist ein physisch-räumlicher Bezug durch das Feld und den Acker mit einer Verortung *am Land* gegeben. Der physische Raum besteht hier in Form eines Feldes, das sich als zweidimensionale Fläche über die Erdoberfläche spannt.

Ein weiteres Bedeutungselement in der Definition der Brache ist die Zeit, die durch den Rhythmus der Jahreszeiten sowie durch das Bestellen und Nicht-Bestellen des Ackers einen klaren Takt aufweist. Es kann hier von den Jahreszeiten als natürlichen Taktgeberinnen gesprochen werden (vgl. Henckel 2004). Für die Bestellung und das Brachliegen des Feldes gibt es eine lineare Abfolge vorhersehbarer Zyklen, die sich wiederholen und damit die zeitliche Determinierung der Abläufe im Umgang mit der Brache bestimmen (vgl. Koll-Schretzenmayr 2000).

Heute führt der Bruch mit der linearen Abfolge des Bestellens und Brachliegens von Böden vermehrt zur Entstehung degenerierter Böden. Wenn Regenerationszyklen zum Beispiel in Gebieten mit ungünstigen ökologischen Rahmenbedingungen oder mit intensiven und industrialisierten Erzeugungssystemen nicht eingehalten werden, kommt es zur Bodendegradation (vgl. Albrecht/Engel 2009). Das Abnehmen der Bodenfruchtbarkeit, welches unter anderem durch die Zufuhr von synthetischen Düngern oder Pestiziden erfolgt, führt weltweit zu stark degradierten Böden. Dabei kommt es vermehrt zu agrarischen Landschaften, die so vollständig verödet sind, wie wir es heute eigentlich von einer anderen Brachenform, der Industriebrache als verödeter Produktionslandschaft, kennen.

C.2 Brache als dreidimensionale Ruine

Lange Zeit war es nur das Feld, das brachliegen konnte. Während der Begriff Brache im deutschsprachigen Raum früher das eindeutige gedankliche Bild eines brachliegenden Ackers zeichnete, ist er heute durch eine diversifizierte Verwendung und Anwendung gekennzeichnet. Die ursprüngliche Bedeutung des Begriffs im Kontext der Landwirtschaft erfuhr also eine Erweiterung. Brachen sind heute nicht mehr nur zweidimensionale Agrarflächen, sondern können von Natur überwucherte Industrieareale, leerstehende Häuser, Baulücken zwischen Feuermauern, Ruinen in der Landschaft, als Garage genutzte Kinosäle und vieles mehr sein. Der physische Raum ist anhand der heutigen Gebrauchsweise des Begriffs Brache nur noch schwer zu definieren und zu kategorisieren. Es kann sich bei Brachen sowohl um großmaßstäbliche Flächen ohne Bebauung als auch um ungenutzte, kleine Gebäudestrukturen handeln. Ein verwandter Begriff, der im Zusammenhang mit solchen Brachenlandschaften in der Fachliteratur fällt, ist Ruine.

Der Titel dieses Kapitelabschnittes soll die vorherrschende Sicht der Disziplinen Architektur und Städtebau auf die Brache als ein in erster Linie materielles und territoriales Problem, das durch einen Strukturwandel entsteht, widerspiegeln. Im Folgenden werden Definitionen, Kategorisierungen und Strategien des Umgangs der Planungsdisziplinen mit Brachen erläutert, welcher in erster Linie problemzentriert ist. Damit gehen beispielsweise physisch-geografische Beschreibungen, Funktions-kategorien und Strategien, wie jene von Abriss und Vermeidungstaktik, einher.

Die Ruine gilt in den Planungsdisziplinen als ein zu vermeidendes, negativ konnotiertes Element in der Landschaft. Es gibt jedoch auch die romantisierende Sicht auf Ruinen, beispielsweise auf Ruinen der Antike, die sich in einer Umsetzung antiker Baustile in Musealisierungs- und Landschaftsparkstrategien für Industrie-areale ausdrückt (vgl. Genske/Hauser 2003, Vöckler 2009). In diesem Kapitelabschnitt werden Perspektiven diskutiert, denen die Ruine als etwas gilt, das in Schuss gebracht werden muss sowie als euklidisch-konstruierter, dreidimensionaler Behälter, der mit Funktionen gefüllt wird.

Der Kapitelabschnitt über die Ruine lehnt sich an Kategorien von Adriana Fausto-Brito (2005, 20) zu leeren Räumen (span. *espacios vacantes*) an, welche die »Inhalte vom geografisch-technischen Typ«, physischen Konditionen, geografischen Positionen sowie die technischen, legalen, ökonomischen und ökologischen Aspekte von urbanen Brachen berücksichtigen.

C.2.1 Definitionsversuche

Brachen in Form von verlassenen, vormals genutzten Flächen und Gebäuden waren lange Zeit kein expliziter Forschungs- und Planungsgegenstand. Das Phänomen der Brache, welches uns heute im urbanen Kontext vermehrt begegnet, tritt historisch zu unterschiedlichen Zeiten und an verschiedenen Orten auf. So gibt es in der Fach-literatur eine Vielzahl von Definitionen der Brache, welche sich an die jeweils lokal vorherrschenden Situationen im rechtlichen und stadtplanerischen Kontext sowie die mit der Brache verbundenen gesellschaftlichen Konditionen anlehnen. Die De-finitionen veränderten sich über die Jahrzehnte hinweg und zeigen den jeweilig vorherrschenden Schwerpunkt der Stadt- und Regionalentwicklung. So wird das Brachenphänomen beispielsweise in Europa in erster Linie auf den Wandel der Pro-duktions- und Industriearten zurückgeführt, während in der lateinamerikanischen Literatur die Politik der Bodennutzung als maßgebender Faktor aufscheint.

Mathias Güthling (2009) gibt einen Überblick über die seit den 1980er Jahren im Städtebau existierenden Definitionen zur Brache im deutschsprachigen Raum, wo die Entwicklung des Phänomens stark an die Transformation von Produktion und Handel geknüpft ist, und stellt fest, dass es innerhalb der Disziplin keine einheitliche Definition der Brache gibt. Hartmut Dieterich (1984) ist der Erste, der in den 1980er Jahren die damals verbreiteten Definitionen zusammenfasste. Brachen werden dort beispielsweise beschrieben als »ungenutzte, funktionslose Flächen, von denen sich Investoren, Eigentümer oder Nutzer vorübergehend oder endgültig zurückgezogen ha-ben« (Wegener zit. nach Dieterich 1984, 978) oder als »Flächen, die aufgrund ihrer Lage, ihrer natürlichen Bedingungen oder wegen ihrer ehemaligen Nutzungen nicht mehr wirtschaftlich genutzt werden können« (Estermann zit. nach Dransfeld et al. 2002, 13).

Es handelt sich hier um Zustandsbeschreibungen mit Mutmaßungen zu Gründen der Entstehung von Brachen, wobei keine Zeitdimension und auch kein Handlungsbedarf in die Definitionen integriert sind. Etwas später wird Letzteres innerhalb der Städtebaudisziplin jedoch gefordert, wie im folgenden Zitat von Rainer Kahnert (1988) deutlich wird.

>»Als Brachflächen werden [...] aufgegebene Betriebsgrundstücke verstanden, die bisher keiner optimalen neuen Nutzung zugeführt wurden und betriebliche Reserveflächen, die von den Unternehmen nicht mehr benötigt werden. Brachflächen entstehen in der Regel als Folge des wirtschaftlichen Strukturwandels bei gleichzeitig geringer wirtschaftlicher Dynamik, so dass die üblicherweise auf ein freiwerdendes Grundstück drängenden Nachfolgenutzungen nicht vorhanden sind. Um eine erneute Nutzung zu erreichen, ist daher im Allgemeinen städtebaulicher Handlungsbedarf gegeben.« (Kahnert 1988 zit. nach Dransfeld et al. 2002, 13)

Schließlich wird auch auf die Zeitdimension der Brache eingegangen, als Bärbel Winkler et al. eine Fläche beschreiben, die

>»im planerischen oder städtebaulichen Sinne eine Brache [ist], wenn sie nach Aufgabe der vorhergehenden Nutzung über einen längeren Zeitraum ungenutzt und – unter ökonomischen Gesichtspunkten – funktionslos geworden ist, für die sich aus unterschiedlichen Gründen keine Folgenutzung über den Markt findet und für die folglich aus städtebaulichen Gründen Handlungsbedarf gegeben ist« (Winkler et.al. zit. nach Dransfeld et al. 2002, 13).

Eine weitere Differenzierung in der Definition von Brachflächen entwickelt Martina Koll-Schretzenmayr (2000). Sie versteht unter den spezifischen Industrie- und Gewerbebrachen ein Areal,

>»auf welchem ehemals industriell-gewerblich genutzte Flächen freigesetzt werden oder bereits freigesetzt wurden, dessen industriell-gewerbliche Flächen mitgenutzt werden oder von wirtschaftlich wenig potenten Nutzern zeitlich begrenzt übernommen wurden. Die Industrie- und Gewerbebrache wird dabei nicht auf die einzelnen betroffenen Parzellen beschränkt, sondern großflächig zusammengefaßt, sofern Flächen mit Arealen mit den oben beschriebenen Eigenschaften in einem räumlichen und planerischen Zusammenhang stehen. Dabei können auch bisher nicht für die gewerbliche Produktion genutzte Flächen (beispielsweise industriell-gewerbliche Reserveflächen oder Wohnquartiere) einbezogen werden, sofern deren Zustand und Nutzung gegenwärtig oder künftig von den freigefallenen oder untergenutzten Flächen beeinflußt wird.« (Koll-Schretzenmayr 2000, 19)

Die Betrachtung der Definitionen über den Verlauf von zwei Jahrzehnten verdeutlicht den Wandel in der Sicht auf Brachen und die differenziertere Auseinandersetzung aufgrund des vermehrten Auftauchens von Industriebrachen. Letzteres führte auch zur Entwicklung neuer Begriffe. Wie bereits angesprochen erfuhr so der ursprünglich von der Landwirtschaft kommende Brachen-Begriff, mit dem brachliegende physische Strukturen bezeichnet wurden, eine Erweiterung.

Aber auch in Bezug auf die Landwirtschaft entstand ein neuer Begriff. Die *Sozialbrache* beschreibt das Phänomen von nicht bestellten Äckern, das auf den (sozialen und wirtschaftlichen) Strukturwandel in der Landwirtschaft zurückzuführen ist (vgl. Freund 1993, Hartke 1956). Einer der Gründe für die vermehrten Sozialbrachen ab den 1950er Jahren im deutschsprachigen, landwirtschaftlichen Raum ist die Veränderung der Erwerbstätigkeit der Bäuerinnen von Vollzeit hin zur Nebenerwerbstätigkeit sowie die Spekulation mit Widmungsänderungen in Bauland (vgl. ebd.). Das Phänomen der Sozialbrache wurde in der Disziplin der Sozialgeographie in der zweiten Hälfte des 20. Jahrhunderts intensiv erforscht, wobei der Begriff trotz des heute anhaltenden Phänomens von agrarischem Brachland (in anderen Konstellationen) kaum mehr verwendet wird (vgl. ebd.).

Die Entwicklung des Brachenbegriffes erfolgte in anderen Sprachen nicht immer, wie im Deutschen, aus der Umdeutung eines bestehenden Begriffes. Erst mit der bewussten Wahrnehmung von Brachen als einem möglichen Teil von Strategien im Umgang mit Umweltbelangen wurde in den 1990er Jahren der englische Begriff *brownfield* als Gegensatz zu *green field*, der unbebauten Fläche (vgl. Hollander/Kirkwood/Gold 2010), erfunden. In den USA, wo der Begriff entstand, ist er mit verunreinigten, kontaminierten ehemaligen Industrie- oder Gewerbeflächen konnotiert. In Europa werden *brownfields* nicht per se durch Verunreinigung und Kontaminierung definiert.

In Großbritannien befasste man sich schon sehr früh mit dem Brachenphänomen, was mit der Vorreiterrolle des Landes in der Industrialisierung und dem Abbau der Produktion bereits in der Nachkriegszeit zu tun hat (vgl. Hauser 2001). Die in Großbritannien gängige Bezeichnung von *brownfields* als *Previously Developed Land* (PDL) beinhaltet das Charakteristikum von Brachen als vormals genutzter Boden (vgl. Ferber et al. 2006).

Die Definitionen des Begriffs *brownfield* weisen innerhalb der Europäischen Union starke lokale Unterschiede auf. Das EU-Programm CABERNET[2] definiert *brownfields* mit dem Ziel der Vereinheitlichung als »sites that have been affected by the former uses of the site and surrounding land; [they] are derelict and underused; have real or perceived contamination problems; are mainly in developed urban areas; and may require intervention to bring them back to beneficial use« (ebd., 23).

In Lateinamerika tauchen Definitionen der Brache in der Fachliteratur verstärkt ab den 1970er und 1980er Jahren im Zusammenhang mit ungerechter Bodenverteilung, urbaner Zersiedelung und diskontinuierlichem Wachstum auf. Dabei wird die Brache (span. *baldío*) als der leere Zwischenraum innerhalb des urbanen Geflechts definiert und unter anderem als leerer Boden (span. *suelo vacante* oder *tierra vacante*) bezeichnet. Dieser ergibt sich aufgrund von Bodenspekulationen mit privatem Land (vgl. Trivelli 1982). Besonders in Brasilien finden in dieser Zeit zunehmend Diskussionen und wissenschaftliche Auseinandersetzungen statt, in denen die urbane Leere (portug. *vazios urbanos*) als physisches Resultat des Mangels an Grund und Boden verstanden wird (vgl. Furtado/Leal de Oliveira 2002). Die Nationale Bischofskonferenz von Brasilien (CNBB) beschreibt 1982 urbane Leerräume als zu Spekulationszwecken zurückgehaltene Parzellen und Grundstücke. Fernanda Furtado und Fabricio Leal de Oliveira beklagen am Begriff *vazios urbanos* die Reduktion des Brachenbegriffs auf die

Dimension des Mangels und damit die Hervorhebung des Aspekts der Leistbarkeit von urbanem Boden (vgl. ebd.).

Die urbane Brache galt in Lateinamerika, trotz ihrer Definition und Benennung auf der Basis ungerechter Bodenverteilung (im Besonderen in Brasilien), lange nicht als eigenes Forschungsthema (vgl. Clichevsky 2007b). Die erste Untersuchung des Phänomens in Lateinamerika erfolgte Ende der 1990er Jahre im Rahmen einer großangelegten Studie des Lincoln Institute of Land Policy, welche in der von Nora Clichevsky (2002) herausgegebenen Publikation *Tierra Vacante en Ciudades Latinoamericanas. Situación Actual y Propuestas para su Utilización*[3] veröffentlicht wurde. Nora Clichevsky beschreibt in der Studie urbane Leerräume (span. *vacíos urbanos*) als das Resultat des Grund- und Bodenmarktes, der Formen wie die privaten Akteurinnen handeln und der Politik der öffentlichen Hand. Die Herausgeberin benennt all jene ungenutzten Grundstücke und Areale in öffentlichem oder privatem Besitz als *tierra vacante*, die sich innerhalb der urbanen Agglomeration befinden und für unterschiedliche Zwecke (Wohnen, Industrie, Handel, etc.) verwendet werden könnten (vgl. Clichevsky 2002).

Adriana de Araujo Larangeira (2004) thematisiert die Schwierigkeit einer einheitlichen Definition von Brachen für ganz Lateinamerika und plädiert dafür, die häufig gebrauchten Begriffe *tierra vacante* und *baldío* nicht auf großflächige, unbebaute Areale zu reduzieren, sondern unterschiedliche Formen der Brache in Bezug auf Größe, Situierung und Art miteinzubeziehen. In Bezug auf die Funktionslosigkeit von Brachen meinten die mexikanische Architektin Adriana Fausto-Brito und der Urbanist Jesús Rábago, dass »Phasen von ökonomischer Instabilität oder Krise, unklare Eigentumsverhältnisse, kaum oder keine Regulierung von Landverteilung durch staatliche Institutionen, als auch die Eigenlogik der Verortung von Produktion« deaktivierte Leerräume erzeugen (Fausto-Brito/Rábago 2001, 5, Übersetzung JL).

C.2.2 Ordnungsmuster der Brache: Kategorien & Typen

Die oben beschriebenen, unterschiedlichen Definitionen der Brache legen eine Annäherung an das Phänomen über die Beschreibung von Charakteristika nahe. Dennoch stellt sich eine Typisierung oder Kategorisierung der Brache als schwierige Aufgabe heraus. Die unterschiedlichen Ausgangspunkte von Forschungen in Lateinamerika und Europa führen zu einem je anders gesetzten Fokus auf das Phänomen. Beschreibungen der Charakteristika von Brachen unterscheiden sich außerdem aufgrund von persönlichen Erfahrungen, dem eigenen Wissen über das Thema und Ausbildung und Profession (vgl. Fausto-Brito 2005). Ebenso sind der wissenschaftliche Fokus, welcher zu bestimmten Prioritäten in der Analyse führt, der geschichtlich-geografische Kontext, in dem die Forschung stattfindet, und das Interesse und der Verwertungszusammenhang der Studie ausschlaggebend (vgl. ebd.). Im Folgenden werden die Ordnungsversuche diverser Autorinnen zur Kategorisierung und Charakterisierung der Brache erläutert.

Eine Auflistung der Charakteristika von Brachen, welche die nachfolgenden Kategorisierungen bereits im Großen und Ganzen abzudecken vermag, bietet jene von Adriana de Araujo Larangeira (2004). Durch ihre Aufzählung wird die Diversität der Beziehungen der Brache zu unterschiedlichen Forschungsfeldern und Disziplinen deutlich. Brachen können nach Adriana de Araujo Larangeira (ebd., 7) charakterisiert werden durch:

1. die Quantität beziehungsweise ihr Verhältnis zur Gesamtfläche der Stadt,
2. die Größe der Flächen,
3. den Zustand (rechtlicher Status, Dichte- und Bebauungsgrad, rechtliche Einschränkungen für die Entwicklung, ökologische Aspekte und Kontaminierungsgrad),
4. die Lage/Situierung (zentrumsnah oder peripher),
5. die Eigentumsformen (öffentliches oder privates Eigentum),
6. den Zeitraum, seit wann die Brache existiert,
7. die aktuelle Nutzung (falls vorhanden),
8. die Flächenwidmung/Zweckbindung sowie
9. den Zustand der Brache in Bezug auf Reaktivierungsmöglichkeiten.

Diese Auflistung dient als Ausgangspunkt für die Gliederung der folgenden Abschnitte, da viele der angeführten Autoren und Autorinnen eine oder mehrere der genannten Charakteristika in ihre Kategorisierung aufnehmen und miteinander kombinieren (Clichevsky 2002, 2007b). Im Folgenden werden die unterschiedlichen Kategorisierungen der Brache den 9 Punkten von Adriana de Araujo Larangeira zugeordnet.

Die Punkte 1 und 2, welche die physisch-räumlichen Eigenschaften von Brachen benennen, werden von Claude Chaline in seinem Buch *La regeneration urbaine* (1999), in dem er sich mit der Situation der Brachen im europäischen Kontext auseinandersetzt, zur Definitionsfindung verwendet. Claude Chaline fasst die Brache als räumlich-funktionales Phänomen. Um die Brache anhand der Dimension der Fläche zu definieren zieht er ihre Quantität beziehungsweise ihr Verhältnis zur Gesamtfläche der Stadt und die Größe der Brachenflächen in Betracht. Die Auswirkungen von großen Industriebrachen und kleinen Brachen sind, so Chaline (1999), völlig unterschiedlich.

Im lateinamerikanischen Kontext vertieft Adriana Fausto-Brito (2005) die Darstellung der Brache über ihre physisch-räumlichen Eigenschaften, indem sie über die Charakteristik der Flächengröße hinausgeht. Sie untersucht die Morphologie einer Stadt nicht spezifisch anhand der Brachen, sondern anhand von leeren Räumen. Dabei identifiziert sie vier Typen: Lücken (span. *huecos*), Perforierung (span. *perforaciones*), Zwischenräume (span. *intersticios*) und Abstände (span. *intervalos*).

Lücken werden von Texturen gebildet, die Volumen bilden und in Beziehung zur gebauten Masse stehen. Es ist die Abwesenheit des Inhalts in der Hülle, die mit dem Begriff Lücke bezeichnet wird. Konkret handelt es sich dabei um konsolidierte Areale im Verfall (historische Zentren und ehemalige Industriezonen), wie verlassene Wohngebäude, verfallene Bauten, Gebäude, die in den Obergeschoßen leer stehen, Lagerhallen oder obsolete Industriebauten. Unter dem Begriff Perforierung versteht Adriana Fausto-Brito Freiflächen und brachgefallene Parzellen, die verstreut in urbanen Gebieten liegen und für zukünftige Urbanisierung reserviert sind, weshalb sie keine Bebauung aufweisen. Diese Perforierungen sind laut Adriana Fausto-Brito mindestens so groß wie die kleinste zulässige Parzellengröße, die in Lateinamerika meist rechtlich festgelegt ist.[4] Zwischenräume weisen eine weitaus größere Dimensionierung auf und werden als urbane Fragmente beschrieben, die aus unterschiedlichen Gründen (Umweltfaktoren, Eigentumsfragen, legalen Aspekten, Spekulation, …) in der Expansion der Stadt »übersprungen« wurden. Als Räume, die die Kontinuität der urbanen Textur unterbrechen, werden Abstände bezeichnet. Abstände sind Räume im Wandel von agrarisch genutztem Raum hin zu urbanisierten Arealen. Sie befinden sich nicht im urbanen Gebiet, sind jedoch funktional über die Infrastruktur mit ihm verbunden (vgl. Fausto-Brito 2005).

Nora Clichevsky (2002) erstellt eine Typologie der Brachen in Argentinien u. a. über eine Größenkennzahl. Dabei ergeben sich drei Typen: Typ 1 von bis zu 300m², welche bereits seit den 1950er Jahren für die Arbeiterschaft zum Bau ihrer eigenen Häuser vorgesehen waren, Typ 2 von über 300m² für die Mittelschicht und Typ 3 in Form von Parzellen zwischen 500 und 1000m² in speziellen Wohnsiedlungen beziehungsweise Gated Communities (ebd., 63).[5]

Adriana Fausto-Brito spricht in ihrer Kategorisierung leerer Räume bereits Gründe für das Brachliegen von Raum und dessen Nutzungsmöglichkeiten an, die sich auch in Punkt 3 des Kriterienkataloges von Adriana de Araujo Larangeira finden. Der hier angesprochene Status von formellen/informellen Nutzungen und Eigentumsverhältnissen ist besonders im Hinblick auf die informelle Raumproduktion in Lateinamerika relevant, hat aber auch im europäischen Kontext in Bezug auf Nutzungen, die sich außerhalb der institutionellen Routinen befinden, Bedeutung. Die Entstehung von Brachen im Kontext von informellen/formellen Eigentumsverhältnissen und im Zusammenhang mit der Thematik des Wohnungsdefizits, der Segregationstendenzen und der ungleichen Landverteilung sind besonders für Lateinamerika spezifisch. Die ökologischen Aspekte, die im europäischen Kontext als eigenständiger Punkt abgehandelt werden, kommen besonders im Zusammenhang mit dem Leitbild der nachhaltigen Entwicklung zum Tragen. Der dortige Einfluss des Nachhaltigkeitsparadigmas findet sich besonders bei der Strategiefindung zur Reaktivierung von Brachen und wird im Unterkapitel *Strategien* anhand der Programme der Europäischen Union CLARINET, CABERNET und RESCUE nachfolgend diskutiert (vgl. Franz 2008).

Die Punkte 4 und 5, Lage und Situierung sowie Besitzformen, werden in einem weiteren Versuch zur Schärfung der Definition der Brache von Claude Chaline (1999) thematisiert. Er betont die Wichtigkeit der Natur und der Qualität des Ortes, an dem sich die Brache befindet. In diesem Fall ist seiner Meinung nach der Grad der »Ent-Territorialisierung«, der fehlenden Verankerung der Brache in ihrer unmittelbaren Umgebung, ausschlaggebend. Nora Clichevsky (2002) thematisiert Leerflächen, die aufgrund von Spekulation in Privatbesitz sind, als einen Aspekt des Problems der Grund- und Bodenthematik in Lateinamerika und arbeitet in ihren Studien die Wichtigkeit einer öffentlichen Bodenpolitik heraus.

Den Einfluss von geografischen Kriterien, die bei der Definition von Brachentypen eine Rolle spielen, zeigt folgende in der Schweiz erstellte Brachentypologie auf. Hier werden unter Betrachtung der baulichen Struktur, für die Schweiz als Produktionsstandort spezifische Typen festgestellt: Gewerbe- und Manufakturbauten mit Wasserkraftanlagen, Geschoßbauten der Textilindustrie, Maschinenfabrikhallen, Kraftwerke, Silos und andere Spezialbauten (vgl. Bärtschi 2008). Diese Aufzählung zeigt außerdem eine funktionale Zuschreibung von Brachen aufgrund ihrer vorhergehenden Nutzung, wie sie weiter unten auch von Claude Chaline (1999) dargelegt wird.

In der Definition von Brachen kommt die Dimension der Zeit aus Punkt 6 als wesentliches Merkmal hinzu. Es stellt sich die Frage, wie lange eine Fläche oder ein Gebäude ungenutzt sein muss, um als Brache zu gelten. Eine allgemeingültige Angabe zur Dauer ist jedoch schwer zu finden. Das Auftauchen des Zeitaspekts weist darauf hin, dass es sich hier um ein wesentliches Element im Umgang mit Brachen handelt, da länger deaktivierte Areale als schwieriger und hoffnungsloser für eine Wiedereingliederung in die urbane Dynamik gesehen werden. Die Definition der Brache über die zeitliche Dimension als Zeitspanne, in der das Areal un- oder untergenutzt bleibt, steht laut Adriana de Araujo Larangeira (2004) in einem Zusammenhang mit den Gründen des Ungenutztseins und dem Potenzial der zukünftigen Nutzung. In Deutschland wird als Brache ein Gebäude oder ein Areal angesehen, das mindestens ein Jahr weder gewerblich noch für Wohnzwecke genutzt wurde, das jedoch nicht explizit aufgegeben wurde, sondern für das Baurecht und die Erschließung weiterhin vorhanden sind, und für das eine Wiedernutzung abgewartet oder angestrebt wird (vgl. Dissmann 2011).

Susanne Hauser (2001) stellt fest, dass es keinen allgemein gültigen Zeitpunkt gibt, ab wann eine Brache als solche bezeichnet wird. Für ihre Forschungen wählt sie jedoch explizit Brachen aus, deren Konversionsbeginn deutlich länger dauerte als übliche Planungsverfahren, und die zuvor eine Phase der Verwahrlosung und des Liegengelassenwerdens von mindestens fünf Jahren aus unterschiedlichen Gründen, wie ungeklärte Eigentumsverhältnisse, Haftungsfragen, Geldmangel, kommunale Zwistigkeiten, Ratlosigkeit der Besitzenden und Verwaltungen, durchgemacht hatten.

Eine Definition, die in ihrer Abstraktheit keinen lokalen Beschränkungen unterliegt und den zeitlichen Aspekt miteinschließt, gibt Adriana Fausto-Brito (2005), indem sie die diversen Begriffe zum Brachenphänomen als eine unfreiwillige, unumgängliche Unterbrechung von Regelmäßigkeiten beschreibt, also als einen Aktivitätsstopp in einer kontinuierlichen Entwicklung.

Dass es sich dabei nicht um einen völligen Stopp von Aktivitäten handeln muss, deutet Adriana de Araujo Larangeira an, indem sie den Punkt 7 als Eigenschaften zur aktuellen Nutzung (falls vorhanden) einführt. So können auf Brachen durchaus Nutzungen in vermindertem Umfang stattfinden, wenn zum Beispiel die Produktion nur noch auf einem Teilbereich der Flächen erfolgt oder das Areal als Lager oder Parkplatz genutzt wird. Gleichzeitig ist die Brache jedoch gekennzeichnet durch das Ende jeglicher Investition und damit auch durch den absehbaren Verlust des Gebrauchswerts beziehungsweise sogar des Tauschwertes (vgl. Chaline 1999).

Auf Punkt 8, Flächenwidmung und Zweckbindung, geht Boris Sieverts (2003) ein, indem er undefinierte Räume als »all jene Räume, die im Flächennutzungsplan entweder keine Widmung erhalten haben oder deren offizielle Widmung nicht in ihrer Gestalt ablesbar ist« bezeichnet (ebd., 206). Boris Sieverts spricht zwei Charakteristika für die Definition von Brachen an: Maßstäblichkeit und die Flächenwidmung als Ausdruck von normativen Regulatorien (vgl. ebd.).

Mit Punkt 8 ist auch die funktionale Beschreibung von Brachen verknüpft. Für Claude Chaline ist die frühere Nutzung einer Brache ein ausschlaggebendes Element, um zu einer Typisierung zu kommen. Er benennt verschiedene Brachentypen nach ihrer Funktion (Chaline 1999, 19ff). So ergibt sich folgende Einteilung:

- Industriebrachen, die sowohl punktuelle Gebäude als auch großräumliche Regionen sein können. Diese werden weiter unterteilt in Gebäude des 19. Jahrhunderts, die nicht mehr aktiv genutzt werden; beispielsweise Fabriken aus der Lebensmittelindustrie, wie Schokoladenfabriken, und Kohlefabriken mit ihrer zugehörigen Infrastruktur;
- einzelne urbane Leerstellen, die durch das Einstellen der Produktion entstehen (beispielsweise Autofabriken, Stahlwerke, Tabakfabriken oder Schlachthöfe);
- Hafenbrachen (inklusive Lagerflächen, Hafenbecken, Fabriken, etc.);
- Militäranlagen;
- Eisenbahnflächen (im Sinne nicht genutzter Gleisanlagen mit den jeweils dazugehörigen Gebäuden); sowie
- diverse aufgegebene Flächen und Gebäude (»Zahnlücken«): Flughäfen, Straßenbahnremisen, Lager der Agrar- und Lebensmittelwirtschaft, Geschäftslokale, Bürogebäude, Wohngebäude, die nicht erhalten wurden, Tourismusbrachen, die sich als Folge des Wandels der Moden ergeben können, »Spekulationsbrachen« etc.

Rückblickend erlaubt Claude Chalines Aufzählung von Brachentypen den Schluss, dass sich das, was als Brache wahrgenommen wird, im Zeitverlauf verändert und heute Gebäude- oder Flächentypen als Brachen gelten können, die zu einem früheren Zeitpunkt noch nicht als solche gesehen wurden. Damit wird deutlich, dass das Bild, das von Brachen gezeichnet wird, ein sich ständig wandelndes ist.

Auch Martina Koll-Schretzenmayr (2000) erstellt eine Typisierung von Brachen anhand ihrer vorherigen Funktion und nennt folgende Kategorien: industrielle Großbrache, gewerbliche Kleinbrache, Leerstände der öffentlichen Infrastruktur, militärische Konversionsflächen und erodierende Gewerbegebiete respektive Gemengelagen.

Claus-Christian Wiegandt (2003) stellt explizit den Einfluss von Akteurinnen und den Ortsbezug in den Vordergrund und geht somit auf Punkt 9, Zustand der Brache in Bezug auf Reaktivierungsmöglichkeiten, ein. Er definiert zwei Typen von Brachen, indem er sie anhand von Standortentscheidungen der Privatwirtschaft (Gewerbe und Industrie) in Bezug auf den ökonomischen Strukturwandel, sowie Standortentscheidungen öffentlicher Institutionen unterscheidet.

Eine Kategorisierung nach Reaktivierungsmöglichkeiten erfolgt auch durch das Deutsche Ministerium für Raumordnung, Bauwesen und Städtebau (BMRBS), welches eine Typisierung nach Handlungsbedarf vorschlägt. Dabei gibt es die Kategorien »Fläche guter Verwendbarkeit (Selbstläufer)«, »Fläche mittlerer Verwendbarkeit mit Planungsbedarf«, »Fläche mittlerer Verwendbarkeit mit Förderbedarf«, »Fläche mäßiger Verwendbarkeit mit Planungs- und Förderbedarf« und »Problemfläche ohne Handlungsmöglichkeit (Der Lahme)« (zit. nach Koll-Schretzenmayr 2000, 35).

Der letzte Punkt der Typisierung von Brachen leitet von den Reaktivierungsmöglich-keiten über zu den Möglichkeiten des Umgangs mit Brachen. Anhand der beschriebe-nen Definitionsversuche zeigt sich bereits, dass innerhalb der Planungsdisziplinen nicht immer von einer Notwendigkeit des Eingreifens in die Entwicklung von Brachen ausgegangen wurde. Die Art und Weise, wie auf das Auftreten von Brachen reagiert wurde, ist durch einen Wandel im Laufe der Zeit gekennzeichnet. Auch sind die Hand-lungsweisen in Bezug auf Brachen innerhalb von Europa nicht einheitlich, sondern entwickelten sich zu unterschiedlichen Zeiten und an unterschiedlichen Orten in je spezifischer Weise. Die unterschiedlichen Praktiken sind generell keinem linearen Entwicklungsmuster unterworfen und so befindet sich auch keine der jemals ent-wickelten Praktiken vollständig außer Gebrauch (vgl. Hauser 2003).

In Deutschland war es beispielsweise der Niedergang der Textil- und Schwer-industrie in der Zeit von 1958–1967, der große Flächen des Ruhrgebiets brachliegen ließ. Zu dieser Zeit ergriff man jedoch in der Planung noch keine explizit auf Brachen gerichtete Maßnahmen, sondern wies die Flächen in der Hoffnung auf baldige Re-aktivierung weiterhin als Industrie- und Gewerbegebiet aus (vgl. Hauser 2001).

Erst das massive Auftreten von brachliegenden Flächen in den 1970er Jahren, forcierte die planerische Auseinandersetzung mit der Brache in Verbindung mit der Umweltthematik in Bezug auf Altlasten und kontaminierte Böden. Es entstanden Pläne und Strategien, die auf die spezifische bauliche, ökonomische, ökologische und soziale Umstrukturierung der Industrie eingingen (vgl. Hauser 2001). Dabei wurde das Nutzungsspektrum von Industrie und Gewerbe um Bildungs-, Kultur- und Frei-zeiteinrichtungen erweitert (ebd.).

Susanne Hauser (2003, 7 ff.) beschreibt vier Phasen im Umgang mit Industrie-brachen. In der ersten Phase, die Susanne Hauser als »modern« bezeichnet, wird die Brache von Gebäuden und Überresten geräumt, damit sie als neuer Produktions-standort oder für andere Zwecke im Sinne einer geplanten Stadtentwicklung dienen kann. In der zweiten Phase wird das Gelände nicht mehr für die Stadtentwicklung gebraucht und kann auch nicht innerhalb einer üblichen Phase von drei bis vier Jahren neu genutzt werden. In dieser Phase werden Bürgerinitiativen, Ökologin-nen und Investorinnen aktiv. In der dritten Phase steigt die Anzahl von Brachen. Es ergeben sich laut Susanne Hauser zwei Möglichkeiten: »Hoffnung jenseits des Erwartbaren und Revitalisierung für neue Zwecke mit deutlicher Unterstützung durch die öffentliche Hand« (ebd., 8). In dieser Phase entsteht eine Wertschätzung der Überreste der früheren Produktion. Die vierte Phase ist gekennzeichnet von der Suche nach Methoden der preiswerten und minimalen Intervention, welche die Attraktivität der Areale und somit die Entwicklung neuer Aktivitäten vor Ort unterstützen sollen.

Zunächst wurde also über die Vermeidung von Industriebrachen diskutiert (Winkler/Kriebel 1992). Brachen wurden als Probleme gesehen, die es auszumerzen und schnell zu lösen galt. Dabei wurden keine alternativen Entwicklungsmöglichkei-ten, sondern allenfalls andere Industrienutzungen angedacht. Ziel war eine sofortige

Wiedereingliederung in den Immobilienmarkt beziehungsweise Werterhaltung und Wertwiedergewinnung.

Mit der Einsicht, dass planerische Maßnahmen im Umgang mit Brachen notwendig sind, tauchten neue Begrifflichkeiten und Strategien auf. Martina Koll-Schretzenmayr (2000) benutzte die Begriffe der Restrukturierung, Umstrukturierung und Neunutzung, um Aktivitäten in einem Areal zu beschreiben, welches durch vollständig freigefallene Flächen, Mindernutzung oder Übergangsnutzungen geprägt ist und in dem Maßnahmen ergriffen werden, welche das Areal einer planerisch eindeutig festgelegten Nutzung und städtebaulichen Ordnung unterziehen.

Bevor in Bezug auf Brachen Maßnahmen getroffen werden, stellt sich die Frage, warum und wie es zu einer Umnutzung kommt. Martina Koll-Schretzenmayr (2000, 134 f.) bietet folgende fünf Möglichkeiten einer Umnutzung:

- Eine spontane Umnutzung hat eingesetzt und die Kommune reagiert mit der Schaffung von planungsrechtlichen Grundlagen.
- Ein Großbetrieb stellt seine Produktion ein und die Kommune ergreift die Initiative.
- Ein Großbetrieb stellt seine Produktion ein oder verkleinert sie und kommt bezüglich einer zukünftigen Umnutzung auf die Kommune zu.
- Ein Industriegebiet hat seine ursprüngliche Nutzung vollständig verloren.
- Ein Großereignis auf einem Brachenareal (mit günstigen Bodenpreisen) wird von der Kommune als Motor für Umnutzung verwendet.

In welcher Art und Weise nun die Umnutzung erfolgt hängt von einer Vielzahl von Faktoren ab. Die diversen Strategien, die sich herausbilden können, werden im Folgenden dargestellt.

Strategien

Seit den 1990er Jahren gibt es zahlreiche Berichte und Forschungsarbeiten zur Thematik der Brache und des Flächenrecyclings, welche von staatlicher Seite und öffentlichen Organisationen (Bundesämter, Agenturen, Ministerien, Stadtregierungen, etc.) in Auftrag gegeben werden oder an denen in Universitäten gearbeitet wird, und deren Ziel es ist, die Probleme und Potenziale von Brachen zu analysieren sowie Strategien im Umgang mit ihnen zu entwickeln. Dabei wird eine Vielzahl von Strategien erkennbar, die sich anhand disziplinärer Schwerpunkte, im Optimierungsgrad der Reaktivierungsstrategien, in der Intensität sowie anhand der regionalen Gegebenheiten in Europa und Lateinamerika unterscheiden. Einen Überblick über diese Diversität der Strategien gibt die folgende Kategorisierung der Brachentransformation nach Christine Dissmann (2011, 131 ff.):

- Ausgliederung der Leere aus dem Ordnungszusammenhang unserer Umwelt,
- Wiedereingliederung der Leere in den Ordnungszusammenhang unserer Umwelt sowie ihre Neubewertung und
- Erkundungen von Formen des Nicht-Handelns, Liegenlassens und Abwartens.

Susanne Hauser (2003) zählt ebenfalls drei Strategien in der Entwicklung von Brachen auf, fokussiert jedoch auf einer konkreteren Ebene auf funktionale Transformationsmöglichkeiten. Eine der Strategien ist die Transformation alter Industriebrachen in neue, postindustrielle Wirtschaftsstandorte für die Dienstleistungsgesellschaft. Diese Strategie beinhaltet an messbarem Erfolg ausgerichtete, große Investitionen, welche mit dem Ziel der wirtschaftlichen Rekonstruktion getätigt werden und abhängig sind von günstigen ökonomischen Rahmenbedingungen. Alternativ dazu gibt es, im Falle von wirtschaftlicher Stagnation, nach Susanne Hauser zwei Strategien, die zum einen ihren Ausgangspunkt in der (Kultur-)Geschichte und zum anderen in der Ökologie und Naturästhetik finden. Erstere arbeitet mit Denkmalschutz und Museumskonzepten und überführt den Gegenstand des alten Industriegebietes in einen neuen Ordnungszusammenhang, indem die Überreste der Vergangenheit im Sinne des Erinnerns neu definiert werden (ebd.). Zweitere zielt ab auf naturbezogene Lösungen, indem ehemalige Industriegelände in Landschaftsparks oder Plätze für Gartenschauen umgewandelt werden (beispielsweise im Fall des Parc André Citroen in Paris oder des IBA Emscher Parks im Ruhrgebiet) (ebd.).

Die Auflistung möglicher Strategien in Bezug auf die Brachennutzung von Martina Koll-Schretzenmayr (2000, 27) kann als eine Detailierung der ersten genannten Strategie von Susanne Hauser gesehen werden. Sie benennt speziell für Industrie- und Gewerbebrachen folgende Kategorien, welche eine klare Dominanz der Funktionalität bei der Entwicklung von Brachen aufweisen: industriell-gewerbliche Wiedernutzung, gewerbliche Wiedernutzung, Wohnnutzung, Büronutzung, Freiflächen, Freizeit- und Erholungsnutzung, Infrastruktureinrichtungen, kulturelle Nutzung, Mischformen, Quartier-/Stadtteilentwicklung (bei größeren Arealen).

Eine Kategorisierung von Strategien, die sowohl verschiedene räumliche Ebenen als auch die damit verbundenen Zuständigkeitsbereiche (öffentlicher Institutionen oder privater Personengruppen) miteinbezieht, entwickelt Claus-Christian Wiegandt (2003) mit folgender Einteilung.

- Projektebene: Brachenstrategien auf Projektebene sind dadurch gekennzeichnet, dass sich die Areale oft im Eigentum befinden (der Stadt, einer Entwicklungsgesellschaft oder einer privaten Bauträgerin) und in zeitlicher sowie räumlicher Hinsicht nur begrenzt entwickelt werden. Charakteristika in Bezug auf die Dimension sind Größen von bis zu 500 Hektar und eine Entwicklungsdauer von fünf bis zehn Jahren (oder mehr).
- Städtische Ebene: Diese Ebene ist gekennzeichnet durch die Vielzahl von Brachflächen innerhalb einer Stadt. Eine Strategie zur effizienten Wiederaktivierung ist dabei ein Brachflächenkataster (wie z. B. in Hannover). Diese Ebene bedarf einer gesamtstädtischen Strategie für den Umgang mit Brachen sowie einer Prioritätensetzung.
- Regionale Ebene: Dies sind Strategien, die über die Gemeindegrenzen hinausgehen. Ein Beispiel dafür ist das Projekt IBA Emscher Park und der Grundstücksfonds in Nordrhein-Westfalen.

In einer ähnlichen Weise teilt Claude Chaline (1999) mögliche Strategien anhand von zwei Kategorien von Brachen ein: jene in Bezug auf kleinteilige Brachen sowie großmaßstäbliche Brachenareale. Kleinteilige Brachen existieren in mittelgroßen Städten. Hier soll mit der Revitalisierung der Brachen die Ausbreitung von negativen Effekten, welche von diesen ausgehen, auf die Stadt verhindert werden. Diese mittelgroßen

Städte müssen laut Claude Chaline durch staatliche Institutionen und Mittel in der Revitalisierung unterstützt werden, da diese Orte meist unter einer schwachen ökonomischen Dynamik leiden.

Großflächige Brachengebiete treten innerhalb jener Städte auf, die neue Viertel und Stadtteile generieren können. Hier ist es nach Claude Chaline notwendig, dass öffentliche Institutionen und private Unternehmerinnen zusammenarbeiten, wobei die Konjunktur für eine erfolgreiche Umsetzung ausschlaggebend ist. Für diese Strategie entwirft Claude Chaline ein lineares Abfolgeschema der Entwicklung (vgl. ebd.).

Das Schema einer linearen Abfolge von Entwicklungen findet sich in einer Vielzahl von Publikationen zur Reaktivierung von Brachen und ist nicht spezifisch für die Brachentypologie von Claude Chaline. Es geht einher mit einem den Disziplinen Architektur und Städtebau eigenen Instrumentarium zur Umsetzung von Projekten. Martina Koll-Schretzenmayr (2000) zeigt dies in ihrer Einteilung von unterschiedlichen, aufeinanderfolgenden Phasen des Planungsprozesses auf.

Nora Clichevsky (2007b) entwickelt einen Zugang, welcher eine diversifizierte Strategie zur Reaktivierung von Brachen in Lateinamerika anbietet. Die Autorin betont darin die Notwendigkeit einer Koordination von Strategien mit dem privaten Sektor unter der Berücksichtigung des jeweiligen Brachentyps und schlägt u. a. fiskalische, normative und regulative Instrumente vor.

Wachstum und Nachhaltigkeit: Das Schließen der Lücke

Das Schema linearer Handlungsabläufe in der Brachenkonversion zeigt sich auch in den Programmen der Europäischen Union zur nachhaltigen Wiedereingliederung von Brachflächen in der Stadt beziehungsweise Region. Ein zentrales Element ist hier das globale Leitbild der nachhaltigen Entwicklung (vgl. von Hauff/Kleine 2009), das in den 1990er Jahren zum zentralen Argument für die Konversion von Brachen und die Nutzung bereits urbanisierter, aber verlassener Flächen wird. Eine zentrale Rolle spielen dabei zunächst ökonomische und ökologische Kriterien, wobei im Zuge weiterer Studien und der Umsetzung von Projekten auch soziale Kriterien in den Diskurs aufgenommen werden. Die Brache taucht nun nicht mehr nur als Problem und Herausforderung für ökonomische und ökologische Entwicklung auf, sondern wird zunehmend als Chance für ressourcenschonende Stadt und Regionalentwicklung gesehen (vgl. RESCUE 2004).

Zur Verbreitung von Beispielen lokaler Entwicklungen mit nachhaltigen Ansätzen und zum Erfahrungsaustausch über den Umgang mit Brachflächen gibt es seit Ende der 1990er Jahre eine Reihe von EU-geförderten Projekten (vgl. Franz 2008). Dies sind Netzwerke wie CLARINET (*Contaminated Land Rehabilitation Network for Environmental Technologies in Europe*), CABERNET (*Concerted Action on Brownfield and Economic Regeneration Network*), sowie Forschungsprojekte wie RESCUE (*Regeneration of European Sites in Cities and Urban Environments*), INTERREG 3C REVIT (*Towards more effective and sustainable Brownfield Revitalisation Policies*), NETSFIELD (*Networking and Training for Sustainable Brownfield redevelopment*) und LEPOB (*Lifelong Educational Project on Brownfields*) (vgl. Franz 2008).

Im Forschungsprojekt RESCUE (2002–2005) erforschten vier europäische Länder gemeinsam, wie Brachflächen nachhaltig entwickelt werden können. Dabei wird im Projektreport zu Städtebau und Stadtplanung bereits zu Beginn auf die Komplexität der Aufgabe verwiesen:

> »But developing brownfield land is a complex issue. In addition to the above mentioned economic, ecologic and social dimensions of the brownfield problem, it also means dealing with a wide range of technical and legal issues and the different interests of a variety of stakeholders, including regulators, investors, land owners, developers, consultants, academics, community groups, technology providers and the financial sector." (RESCUE 2004, 10)

Das Ziel dieses Forschungsprojektes war die Entwicklung von Instrumenten und Maßnahmen, die einen Beitrag zur Brachflächenreaktivierung im Sinne einer nachhaltigen Stadtentwicklung leisten können. Dabei wurden Best-Practice-Beispiele von den Perspektiven unterschiedlicher Akteurinnen und Disziplinen untersucht. Das Ergebnis war ein Handbuch für die EU-Mitgliedsstaaten und deren Institutionen, das eine Umsetzung von Projekten in Brachen in Übereinstimmung mit Kriterien der Nachhaltigkeit unterstützen sollte.

Die empfohlenen Instrumente und Maßnahmen des Projektes verdeutlichen, dass von einer linearen Implementierungs- und Planungsstruktur ausgegangen wurde. So gibt die Tabellenübersicht sechs Projektphasen vor: a.) Initiierungsphase: Projektvorbereitung; b.) Charakterisierungsphase; c.) Planung / Designphase: Vorbereitung der Projektimplementierung; d.) Implementierungsphase I: Abriss, Sanierung; e.) Implementierungsphase II: lokale öffentliche Infrastruktur, Bau, Entwicklung; f.) Projektende (RESCUE 2004, 56 ff.).

Im Forschungsbericht werden drei Zielgruppen angesprochen, die diese Instrumente und Maßnahmen umsetzen können: (private oder öffentliche) Entwicklerinnen, (externe) Beratende aus unterschiedlichen Sektoren der Planung und lokale/regionale Behörden.

Die Komplexität der Ausgangslage kann in Verbindung mit den klaren Schemata des Leitbildes nachhaltiger Entwicklung zu einer Unsicherheit bei unterschiedlichen Akteurinnen führen, welche mit einer »Eingeschränktheit des Wissens über den Zusammenhang zwischen Instrumenten, deren Wirkung und dem Zusammenhang zwischen den verschiedenen Dimensionen der Nachhaltigkeit« (Franz 2008, 3) zusammenhängt. Das Ziel, soziale, ökologische oder ökonomische Probleme in den Territorien der Brachen in Übereinstimmung mit Kriterien der Nachhaltigkeit zu lösen, erweist sich heute in Anbetracht wirtschaftlicher Krisen und bei Ressourcenknappheit als zunehmend schwer erfüllbar.

Dornröschenschlaf oder *Let it be*

Die Stadtentwicklung in Europa hat also erste Ansätze gefunden, das Konzept der Nachhaltigkeit zu integrieren und erkannt, dass das Phänomen der Brache ein vielseitiges und nicht zu ignorierendes ist. Dennoch verdeutlicht die Lektüre, dass die Sicht auf die Verwertung von Brachen dem Wachstumsparadigma verpflichtet bleibt. In der Stadtentwicklung wird in den 1990er Jahren eine Vielzahl von Lösungen entwickelt, um Brachen zu reaktivieren. »Schwierige« Brachen, deren Revitalisierung aufgrund fehlender Mittel der Kommune und der Wirtschaft schwer möglich erscheint, werden allerdings oftmals nur am Rande behandelt, wie beispielsweise auch in Claude Chalines (1999) Buch, in dem ihnen bloß ein Unterkapitel gewidmet ist.

In den Forschungsarbeiten von Susanne Hauser (2001, 2003) und Christine Dissmann (2011) werden Handlungsweisen, die nicht mit Strategien der Werterhaltung und Wertwiedergewinnung arbeiten können, als Letzteren gleichwertige Lösungsansätze behandelt.

Die Forschungsarbeiten von Susanne Hauser *Metamorphosen des Abfalls* (2001) und *Die Brache als Chance* (2003) lassen sich in jene Sparte von Untersuchungen einreihen, die sich auf Brachen als komplexe Herausforderungen in einem nicht wachstumsgeprägten Umfeld fokussieren und die sich vor allem zu Beginn des 21. Jahrhunderts mit der Thematik in Zusammenhang mit dem Phänomen der schrumpfenden Städte auseinandersetzten (vgl. Oswalt 2005a, Oswalt/Rieniets 2006).

Christine Dissmann (2011) nähert sich dem Thema der Brache zehn Jahre später in einer ähnlichen Weise und fokussiert explizit auf Brachen, deren Revitalisierung außer Frage steht, weil sie sich in Regionen befinden, die von Schrumpfungsprozessen gekennzeichnet sind. Die Umstrukturierung von globalen Handelsketten und Produktionsstätten führte zu einer veränderten Wahrnehmung von Brachen in den Planungsdisziplinen als mittels Planung unlösbare Problemfälle. Christine Dissmann setzt sich intensiv mit Optionen für Handlungsweisen in Bezug auf Brachen in stagnierenden und schrumpfenden Städten auseinander und propagiert das »Dornröschenprinzip« als Alternative zu bereits bekannten Strategien (Dissmann 2011, 204). Die Ratlosigkeit in den Planungsdisziplinen in Bezug auf Brachen, welche daraus resultierte, dass bisherige Lösungsstrategien als unzureichend erkannt wurden, lässt die Autorin eine »Wartestrategie« vorschlagen. Dieses Stilllegen und Liegenlassen soll nicht als Untätigkeit verstanden werden. Vielmehr ist ein »besonders sorgfältiges Tätigwerden« gefordert, »um ein Gebäude in den ›Dornröschenschlaf‹ zu versetzen« (Dissmann 2011, 205).

Neunutzungshindernisse und Anlass für die Umnutzung

Hindernisse für die Reaktivierung von Brachen sind nicht immer, wie bei Christine Dissmanns Forschungsobjekt der Fall, die stagnierende wirtschaftliche Lage auf der Makro- und Mesoebene von Städten und Regionen, sondern durchaus vielseitig.

Martina Koll-Schretzenmayr (2000) zählt folgende Neunutzungshindernisse auf, welche die Verknüpfung unterschiedlicher Wirkungskräfte deutlich machen: mangelnde Nachfrage aufgrund fehlender wirtschaftlicher Dynamik, Überangebot an neuausgewiesenen Bauflächen, Zustand und Ausstattung der Fläche (Kontamination, Zustand von baulichen Anlagen wie Fundamenten etc., abbruchwürdige Gebäude, Denkmalschutz, ungeeignete Größe, Aufschüttungen, Materialablagerungen, ungünstige Grundstückszuschnitte), mangelnde Verkaufsbereitschaft der Eigentümerinnen, überhöhte Preisvorstellungen, Planungshindernisse (institutionelle Hürden, aber vorwiegend unvorhersehbare Planungsparameter) und mangelnde Akzeptanz (von Entwicklerinnen und Investorinnen). Der Bundesforschungsanstalt für Landeskunde und Raumordnung zufolge sind die in den 1990er Jahren am meisten vorkommenden Hindernisse der Häufigkeit nach geordnet: überhöhte Preisvorstellungen, Altlastenverdacht und fehlende Verkaufsbereitschaft (Koll-Schretzenmayr 2000).

Nur allzu oft können Strategien der Architektur und des Städtebaus keine erfolgreiche Brachenreaktivierung gewährleisten. Koll-Schretzenmayr konstatiert nach ihrer Analyse von Fallbeispielen der Brachenkonversion, dass »der Erfolg oder das Misslingen einer Umnutzungsmaßnahme neben der Umnutzungsstrategie auch wesentlich vom Planungsprozess beeinflusst wird« (ebd., 14).

C.2.4 Zeit- und Raumverständnis der Ruine

>»Andererseits behauptet die Ruine aber im geschichtlichen Sinne auch eine Kontinuität, in dem sie an die (einstmals vollkommene) Vergangenheit der Antike anknüpft und die Wiederaufnahme einer verloren gegangenen Tradition ermöglicht und bekräftigt. Damit steht sie für Kontinuität, die an der Vergangenheit teilhat (...)« (Vöckler 2009, 24).

Die ursprüngliche Bedeutung von Brache als zweidimensionale Fläche im Rahmen des kontinuierlichen Zyklus von Bestellen und Brachliegen kann nicht auf die heutigen Industriebrachen und Leerstände übertragen werden. Die genaue Betrachtung von Definitionen und Kategorisierungen der Brache in den Disziplinen Architektur und Städtebau verdeutlicht ein bestimmtes Zeit- und Raumverständnis, welches Aufschluss über die Strategien- und Handlungsweisen innerhalb der Disziplinen gibt. Im Folgenden wird nun der Zusammenhang zwischen dem Zeit- und Raumverständnis sowie den Handlungspraktiken der Disziplinen und der urbanen Brache als Ruine dargelegt.

In Bezug auf die Zeitlichkeit handelt es sich bei der heutigen urbanen Brache nicht um »eine im Vorhinein klar bestimmte zeitlich[e] Unterbrechung mit anschließender Wiederaufnahme der vorherigen Nutzung« (Koll-Schretzenmayr 2000, 19). Die heutigen Brachen sind gekennzeichnet durch eine unabsehbar lange Dauer bis zu ihrer Reaktivierung, in deren Rahmen nicht notgedrungen die selbe Nutzung wie zuvor weitergeführt wird (vgl. Koll-Schretzenmayr 2000). Es sind genau diese Unterbrechungen, die innerhalb der Planungsdisziplinen als Probleme gelten. Innerhalb der Planungsdisziplinen wird die Brache als Bruch im kontinuierlichen Wachstum und somit als Fehler in einem System gesehen. Die oben diskutierten Strategien zielen, indem mit linearen Planungsprozessen Kontinuität postuliert wird, auf eine möglichst rasche Überbrückung dieser Unterbrechungen ab.

In den unterschiedlichen, oben angeführten Strategien geht es primär um eine Optimierung linearer Planungsabläufe und eine Ausarbeitung von Planungsinstrumenten innerhalb vorgegebener Rahmenbedingungen in Bezug auf involvierte Personen, Zuständigkeiten und Disziplinaufteilungen. Diese Instrumente sind nicht darauf angelegt, Innovationen zu produzieren, sondern ganz allgemein einen reibungslosen Ablauf existierender Transformationen zu ermöglichen. Es handelt sich hier um den Versuch, die Brache als ein Objekt scheinbarer Diskontinuität soweit wie möglich wieder in einen kontinuierlichen Zyklus von Stadtentwicklung einzubinden. Die Chancen für Brachen, welche mit neuen Handlungsweisen einhergehen, spielen dabei keine Rolle.

Es gibt inzwischen unzählige Publikationen und wissenschaftliche Arbeiten zur Konversion von unterschiedlichen Typen von Brachflächen. Diese zeichnen, nach genauer Analyse der Ausgangssituation, die rechtlichen, raumplanerischen, wirtschaftlichen, ökologisch-technischen oder vermarktungsstrategischen Schritte und Entwicklungslinien vor. Mit den disziplineigenen Strategien und Instrumenten wird dann nach Ersatznutzungen für Raumnutzungsroutinen gesucht, deren Wirkungsweisen limitiert sind.

Dabei wird auf die Funktionstypen von Brachen zurückgegriffen, die von Claude Chaline, Martina Koll-Schretzenmayr u. a. aufgestellt wurden. Dadurch kristallisieren sich disziplinäre Handlungsweisen heraus, die auf das Füllen von leerstehenden physischen Räumen bedacht sind, ohne dabei auf ihre lokalen und zeitlichen Spezifika einzugehen. Die funktionsgebundenen Typenbildungen vermitteln ein Bild von (vergangenen sowie aktuellen) Wirtschafts- und Arbeitsstättensituationen und politischen Handlungslogiken zum Zeitpunkt ihrer Erstellung. Die Dynamik vor Ort sowie mögliche zukünftige Entwicklungen durch andere Akteurinnen werden durch diese Arten von Kategorisierung nicht berücksichtigt.

In diesem Zusammenhang zeigt sich auch das Raumverständnis der Disziplinen Architektur und Städtebau. So schreibt Daniela Karow-Kluge, dass »diese normativen Einteilungen in starre Kategorien auch ein Spiegelbild disziplinärer Raumauffassung [sind], die die unterschiedlichsten Ebenen der Raumproduktion – die sozial-kulturelle, erlebte, ökonomische, naturräumliche und physisch-bauliche – nicht ausreichend zusammendenken« (Karow-Kluge 2014, 15).

Sowohl die angeführten Kategorisierungen als auch die Definitionen der Brache zeugen von einem dreidimensionalen, physisch-baulichen Raumverständnis in den Planungsdisziplinen. Die Brache wird als physisches Produkt mit der symbolischen Bedeutung einer Ruine gesehen, welches am Ende eines kontinuierlichen Zyklus der Stadtentwicklung steht. Die Reduktion auf die materielle und symbolische Dimension erweist sich allerdings als problematisch, da das Eingreifen auf einer rein physischen Ebene die Brache möglicherweise nicht wieder in die urbane Dynamik zu integrieren vermag.

Eine rein physische oder funktionale Definition der Brache lässt daher keine Möglichkeiten für eine langfristige und flexible Auseinandersetzung mit der Brache durch die Planungsdisziplinen sowie zukünftige, noch unbekannte Entwicklungen zu. Daraus ergibt sich die Notwendigkeit einer Herangehensweise in der Kategorisierung und Typenbildung, die über die physischen sowie funktionalen Charakteristiken der Brache hinausgeht.

Angelus Eisinger (2008) konstatiert, dass räumliche Realitäten und planerische Leitbilder einander oftmals diametral entgegengestellt sind und dass für eine

Nutzung der Potenziale von Brachen im Rahmen einer umfassenden Entwicklung deren Geografien berücksichtigt werden müssten. Der Autor betont, dass *business as usual* im Rahmen einer Brachenkonversion nur allzu oft in die Sackgasse führt, da die mit ihr einhergehenden Lernprozesse nicht in die Entwicklung aufgenommen werden (ebd., 43). Diese Fehlentwicklungen basieren auf unzureichender Flexibilität der Planungsinstanzen und führen zu leblosen Stadträumen (vgl. ebd.). Die Entwicklungsstrategien für Brachen müssten, so Eisinger, umfassend sein und Prozessmanagement im Rahmen dynamisch gedachter Nutzungskonzepte sowie städtebauliche Lösungsvorschläge integrieren.

Die praktische Umsetzung von Entwicklungsstrategien scheitert oft an der Komplexität realweltlicher Gegebenheiten der Raumproduktion. Die hier vorgestellten linearen Entwicklungsstrategien, die kein Verständnis komplexer Prozesse der Stadtproduktion ermöglichen sowie kaum Ansatzpunkte für disziplinenübergreifende Planungsprozesse bieten, resultieren in Reaktivierungen von Brachen, die unzureichend sind und somit riskieren, dass leere Räume entstehen.

C.3 Brache als relationale Leere

Lokale Spezifika von Brachen und deren bereits diskutierte Veränderungen führen in der Fachliteratur der Disziplinen Architektur und Städtebau zu neuen Definitionen und Begriffsfindungen. Dadurch wird eine offenere Beschreibung und Charakterisierung des Phänomens ermöglicht. Die Autorinnen und Autoren dieser neuen Begriffe behandeln besonders die immateriellen Dimensionen der Brache mit dem Fokus auf ihren symbolischen und kulturellen Inhalte. Die folgende Darstellung immaterieller Aspekte von Brachen ergänzt die Diskussion ihrer technischen, geographischen und materiellen Charakteristika, die im vorhergehenden Kapitelabschnitt im Vordergrund standen.

»Der Erfolg eines neuen Begriffes ist oft nur darin begründet, dass er die Kapazität für ein ganzes Feld von Überlegungen hat, d. h., dass er noch nicht auf eine Definition festgelegt ist«, schreibt die Architektin Sophie Wolfrum (2007, 47). Sie beschreibt den Begriff *urban void* (dt. urbane Leere) als eine Möglichkeit der semantischen Deutung für »ein sprachlich sowie symbolisch vages und uneindeutiges Terrain« (ebd.). Durch seine Unschärfe ermöglicht der Begriff die Vielschichtigkeit und Mehrcodierung des Phänomens der Brache zu erfassen und somit über die euklidische Raumdefinition hinauszugehen.

Im Folgenden werden Forschungsarbeiten vorgestellt, in denen mit Bezeichnungen und Handlungsweisen gearbeitet wurde, die zwar unterschiedlich, aber allesamt offener sind als die im vorherigen Kapitelabschnitt diskutierten. Hier werden Begriffe wie *urban void*, urbane Leere, Zwischenraum, Möglichkeitsraum, *terrain vague*, *secondhand spaces*, *loft city* oder *urban reset* verwendet. Diese Begriffe werden dabei bewusst in ihrer Unschärfe und Undefiniertheit belassen, um zunächst uneingeschränkt unterschiedlichste Perspektiven auf die urbane Brache zu sammeln und darzustellen. Die hier diskutierten Forscher und Forscherinnen bedienen sich Konzepten der Leere, die aus Kunst, Literatur und Psychologie stammen. Im Gegensatz zu den klaren Kategorien, in denen die Brache als Ruine beschrieben wurde, lässt der Begriff der Leere keine stabilen und präzisen Kategorien oder visuellen Charakterisierungen beziehungsweise eine Reduktion auf einige wenige typische Bilder zu (vgl. Lévesque 2013).

Wie sich in den folgenden Unterkapiteln zeigen wird, bringt die Verwendung offenerer Begriffe eine Änderung der Sichtweisen innerhalb der Disziplinen Architektur und Städtebau mit sich. Anstatt einer Aufzählung von Kategorien und Typen werden nun eher die sich ändernden Perspektiven und die damit verbundenen Handlungsweisen in Bezug auf die Leere dargelegt. Die semantische Erweiterung des Brachenbegriffs führt im Laufe der Zeit außerdem zu Veränderungen im praktischen Umgang mit Brachen und urbanem Bestand. Die Unschärfe und Komplexität der Begriffe bringt jedoch auch eine Unklarheit in Bezug auf räumliche und örtliche Zuschreibungen mit sich. In diesem Kapitelabschnitt erfolgt nun eine Erweiterung um räumliche Typen von Leere, wie zum Beispiel öffentlicher Raum, Resträume der Stadtperipherie, Zwischenräume, gestaltete und zufällige Leere (vgl. De Meyer/ Versluys 1999, Dissmann 2011).

Am Ende dieses Abschnittes wird die Brache als »zufällige Leere« (vgl. Dissmann 2011) in den Fokus genommen. Anstatt der Konversionsstrategien aus den Disziplinen Architektur und Städtebau treten neue Handlungsweisen und Taktiken der Brachentransformation ins analytische Blickfeld. Diese Taktiken stehen im Gegensatz zu den planerischen Routinen und ziehen ökonomische, ökologische und soziale Charakteristika der Leere in Betracht. Für jene (bisher kleine) Gruppe innerhalb der Disziplinen Architektur und Städtebau, die sich in diesem Sinne mit der zufälligen Leere auseinandersetzt, bildet ein relationales, aus verschiedenen Dimensionen (ökonomischen, ökologischen, sozialen, etc.) zusammengesetztes Raumverständnis die Basis. Es ermöglicht die Komplexität im räumlichen und zeitlichen Verständnis des Brachenphänomens sowie in den Handlungsweisen der Disziplinen Architektur und Städtebau angemessen zu berücksichtigen.

C.3.1 Begriffserweiterungen

Leere

Der Begriff Leere umfasst teils widersprüchliche Definitionen und wird im Architektur- und Städtebaudiskurs auch kontrovers verwendet. Die folgenden Sichtweisen und Konzepte zum Begriff geben diese Widersprüchlichkeit der Definitionen von Leere wieder.

Christine Dissmann benutzt den Begriff Leere, um auf verlassene Brachräume einzugehen, die durch Krisen geprägt werden. Mit der Begriffswahl der Leere betont sie jedoch, dass die »sichtbar werdende Form der Leere« (Dissmann 2011, 9) nicht nur ein räumliches Phänomen ist. Die Autorin verdeutlicht das breite Spektrum der Leere indem sie der Bedeutung des Wortes von unterschiedlichen Perspektiven aus nachgeht. So stellt sie das Konzept der Leere in Bezug zu den Konzepten Ordnung, Raum und Wandel und identifiziert Arten der Leere wie die materielle (Inhaltsleere, strukturelle Leere, Gestaltungsleere, funktionale Leere, Menschenleere, Verlustleere) und die immaterielle Leere (Bedeutungsleere, informationelle Leere, Ereignisleere und metaphorische Leere) (vgl. ebd.). Nach ihrer Abhandlung der unterschiedlichen Arten der Leere kommt Christine Dissmann zu der Konklusion, dass »Leere kein objektivierbarer räumlicher Zustand ist, sondern ein subjektiver raumbezogener Eindruck, der sich aus sehr unterschiedlichen materiellen und immateriellen Einflussfaktoren ergibt und der stets relativ ist« (ebd., 42). Sie betont, dass es sich bei Leere meist um räumliche Zustände handelt, die nicht dem erwarteten Normalfall entsprechen. Das Verständnis von Leere als Phänomen außerhalb des erwartbaren Normalfalls korrespondiert, so Christine Dissmann, mit einer Instabilität, die aus gesellschaftlichen Transformationen resultiert und die keinem theoretischen Raumbegriff zuzuordnen ist. »Leere wird sichtbar als Symptom des weltweiten Strukturwandels, Leere ist das ungeplante und unvermeidliche Nebenprodukt des sozioökonomischen Veränderungsprozesses« (ebd., 30).

Adriana Fausto-Brito (2005) zufolge lassen sich immaterielle Eigenschaften der Leere durch ihren symbolisch-kulturellen Aspekt erklären. Die Autorin identifiziert zunächst das kollektive Gedächtnis als eine mögliche Ebene; als abstraktes Attribut legt es historische Momente als Tatsachen fest oder beeinflusst soziale Werte in der Gegenwart. Das historische Gedächtnis wird im Grad der Aneignung von Räumen sichtbar, der wiederum abhängig von Geschmack, Präferenzen, Wünschen, Sehnsüchten, Ängsten und individuellen oder kollektiven Bedürfnissen ist (vgl. ebd.). Die Darlegung symbolisch-kultureller Aspekte ermöglicht Adriana Fausto-Brito ein Verständnis der Leere als ein Fehlen, einen Mangel oder die Abwesenheit im Sinne von Identifikation und Bedeutung. Mit dieser Erklärung überwindet Adriana Fausto-Brito die Rückbindung des Begriffs Leere an eine rein physische Struktur und an die Ab- oder Anwesenheit von Aktivitäten und Nutzung.

Massimo Ilardi (zit. nach Fausto-Brito 2005, 23, Übersetzung JL) schreibt dazu: »Die Leere wird nicht wiederbenützt, nicht bewohnt, sie beherbergt nicht, sie existiert nicht als ein von Macht und Produktion verlassener Ort (...). Eine ungenützte Fabrik (...) definiert nicht per se einen leeren Raum.« Verlassene Gebäude sind somit nicht gleichzusetzen mit urbaner Leere. Denn »wer sich Räume als leer und unbesetzt vorstellt, wird wahrscheinlich durch Forderungen anderer überrascht werden, die dem Raum einen eigenen Sinn zueignen und sich den Raum aneignen wollen« (Davy 2007, 4). Die urbane Leere entsteht, wenn, zusätzlich zur physisch-funktionalen Leere, ein Fehlen von Inhalt auf einer symbolisch-kulturellen Ebene existiert. Eine Aneignung der Räume findet nicht statt, wenn es keine Identifikation mit ihnen gibt. Damit ist die Bedeutungslosigkeit ein wesentliches Merkmal von urbaner Leere. Im Unterschied zu verlassenen Räumen oder Brachen sind urbane Leerräume mehr als nur Räume ohne Nutzung. Sie sind aus dem individuellen und kollektiven Gedächtnis verschwunden und nicht als urbane Orte in den täglichen Rhythmus der Stadt eingewoben (vgl. Fausto-Brito 2005).

Auch Sophie Wolfrum (2007) identifiziert die Charakteristika ›bedeutungs- und eigenschaftslos‹ im Zusammenhang mit dem Begriff *urban void* (dt. urbane Leere[6]). Da es in Europa kein Territorium ohne Geschichte, rechtliche Einbindung oder gesellschaftliche Verknüpfung gibt, kann hier Leere nur entstehen, indem sie in Relation zu den genannten Aspekten interpretiert wird. Sie werden also erst durch ihre Isolierung in der Betrachtung signifikant (Wolfrum 2013). Sophie Wolfrum versteht, wie auch Adriana Fausto-Brito, *urban voids* weder als ein »morphologisches Loch« (ebd., 150) in der Stadt, noch als eine rein physische Leere.

Sophie Wolfrum (2013) beschreibt *urban voids* als Resträume vergangener Kulturen und Splitter alter Kulturlandschaften (wie beispielsweise Reste von Landwirtschaft, aufgegebene industrielle Nutzungen, obsolet gewordene Infrastrukturen), die nicht Teil der Stadt sind. »›Voids‹ entziehen sich der Wahrnehmung und der Betrachtung der städtischen Gesellschaft. (...) Sie sind aus dem Kontext der Stadt herausgeschnitten« (ebd., 150 f.). Diese Formulierung beinhaltet einen wesentlichen Punkt von Sophie Wolfrums Definition urbaner Leere: *Urban voids* sind nicht von vornherein bedeutungslose, eigenschaftslose Räume, sondern werden ausgeblendet. Mit dem Begriff *urban void* bietet Sophie Wolfrum eine Denkfigur an, die dabei helfen soll, Potentiale und Eigenschaften vergessener Areale zu entdecken und mit ihnen gestaltend zu arbeiten. »Kaum werden sie entdeckt, kaum wird eine Aufgabe für sie gefunden, sind sie genau genommen keine ›voids‹ mehr« (ebd., 152).

Die Implementierung des Kriteriums der Eigenschaftslosigkeit in den Diskurs der Planungsdisziplinen führt dazu, dass dort zunehmend solche eigenschaftslosen Räume thematisiert werden. Besonders seit den 1990er Jahren werden mit den Begriffen *void* und Leere viele Arten von physischen Räumen, wie beispielsweise fragmentierte Städte und deren Zwischenräume in Peripherien, bezeichnet.

»Häufig scheinen diese offenen Räume auf dem Weg von der Verheißung in die bauliche Realität verloren zu gehen und werden dann in ihrem unfertigen, vagen Zustand als ›Void‹ konnotiert« (Lippert/Köth/Gollan 2013, 14). Manche Autorinnen verstehen die Leere in der modernen wie in der postmodernen Stadt zum Beispiel als großflächige Parkplätze am Stadtrand und in den *suburbs* sowie jene Resträume, die durch große Infrastruktur übrigbleiben (vgl. Borret 1999). Dieser Raum »zwischen den Dingen ist kein Treffpunkt, ist nicht wiedererkennbar und deshalb leer« (Secchi zit. nach Borret 1999, 37 f., Übersetzung JL).

Dirk de Meyer und Kristiaan Versluys (1999) erfassen die Widersprüchlichkeit eines Ortes, der leer, aber zugleich physisch präsent ist, indem sie von der Greifbarkeit der Leere sprechen. Die Stadtlandschaft ist, so die beiden Autoren, von einer diskontinuierlichen Struktur gekennzeichnet, welche die Präsenz von *urban voids* begünstigt (ebd.). Durch die Betrachtung des Phänomens der räumlichen Fragmentierung in den Städten erweitert sich das Spektrum der urbanen Leere auch auf die städtische Peripherie.

Zu den urbanen Leerräumen der postmodernen Stadt entstanden einflussreiche, aber auch umstrittene Konzepte, wie das der *Nicht-Orte* von Marc Augé (2010). Marc Augé formulierte die These der Produktion von Nicht-Orten durch die »Übermoderne«. Diesen Nicht-Orten fehlt jegliche Verbindung mit ihrer Vergangenheit, während im Gegensatz dazu andere Orte zu Orten der Erinnerung erhoben werden (ebd.). Orte und Nicht-Orte existieren in der Realität nicht in reiner Form, sondern sind laut Marc Augé »Palimpseste, auf denen das verworrene Spiel von Identität und Relation ständig aufs Neue seine Spiegelung findet« (ebd., 84).

Vor einer Überstrapazierung des Begriffes Nicht-Ort warnt Sophie Wolfrum (2007), denn auch wenn der Begriff eine Nicht-Existenz nahelegt, so lässt sich nicht abstreiten, dass diese Räume als Bedeutungsträger fungieren. Viel eher sind in jenen Räumen, so Sophie Wolfrum (2007), ehemalige Bedeutungen verschüttet, beziehungsweise ist es nicht möglich, dass neue entstehen. Aus diesem Grund ist es notwendig, »die Eigenschaften urbaner Räume zu entdecken und zu entfalten, sie zur Anwendung zu bringen. Städtische Räume *mit* Eigenschaften haben die Kapazität, offen zu bleiben für unterschiedliche Nutzungen, Situationen und Deutungen« (Wolfrum 2013, 157 f.).

Das Verschütten von Bedeutungen sowie das Entstehen neuer Eigenschaften verweisen auf eine urbane Dynamik, die durch Diskontinuität gekennzeichnet ist. Im *Metapolis Dictionary of Advanced Architecture* beschäftigt sich der Architekt Jose Morales mit *voids* und den Veränderungen im urbanen Gefüge von der traditionellen Stadt zu suburbanen Strukturen an den Rändern (vgl. Gausa 2003). Der Autor beschreibt *voids* als geflechtartige Strukturen eines diskontinuierlichen Wachstums und eines Wechselspiels von »voll-leer«-Sequenzen. Damit wird die Leere nicht als ein einzelnes, außergewöhnliches Ereignis gesehen, sondern als ein operatives System (ebd.). Mit seiner Definition als rhizomartiger Struktur erfährt der Begriff Leere eine Fokussierung sowohl auf die urbane Dynamik, als auch auf »Sequenzen und Verbindungen zwischen unterschiedlichen Entwicklungen« (ebd., 655, Übersetzung JL).

Terrain vague

Im Konzept *terrain vague* verbindet Ignasi de Solà-Morales (2009)[7] die urbane Brache mit der Offenheit des materiellen Ortes. Der französische Begriff des *terrain vague* beschreibt die Zwischenräume der Stadt in Form von obsoleten, verlassenen Arealen. Das Wort *vague* deutet Ignasi de Solà-Morales auf vielschichtige Weise in Bezug auf die französische, englische und deutsche Wortherkunft als Bewegung, Instabilität, Fluktuation wie auch als die Adjektive leer, unbesetzt, frei und verfügbar. Die Orte des *terrain vague* sind für Ignasi de Solà-Morales Inseln, die sich zwar in der Stadt befinden, aber außerhalb der urbanen Dynamik stehen. Ignasi de Solà-Morales kommt zu dem Schluss, dass an diesen Orten die Erinnerung an die Vergangenheit die Gegenwart dominiert, obwohl nur noch »Restwerte« von ihr übrig sind.

Ignasi Solà-Morales versteht das *terrain vague* als analog zur Vielschichtigkeit und Mehrdeutigkeit des modernen Menschen und greift in seinen Beschreibungen Konzepte der Psychologie auf. Auch Stefano Boeri sieht eine Analogie zwischen den vielschichtigen Räumen, die als *terrain vague* oder *urban void* bezeichnet werden, und den Facetten eines Individuums. »They [the void spaces; Anm. JL] are not weak themselves. (...) Exactly because they are physically ›hypercodified‹, these vague places reflect better than any other urban landscape the multiplicity of identities that each of us harbors and deploys in the course of a single day« (Boeri zit. nach Borret 1999, 241).

Loft

Um die morphologische Uneindeutigkeit des Phänomens der Leere auszudrücken, ziehen Martina Baum und Kees Christiaanse für ihr Konzept der adaptierten Wiederverwendung von Räumen das Prinzip des *loft* als einen flexiblen und aneignungsfähigen architektonischen Raum heran. Dieser Begriff versucht sowohl die physische Struktur als auch das Konzept eines offenen, möglichkeitsgefüllten Raumes zu vermitteln (vgl. Zukin 1989). Kees Christiaanse beschreibt das Konzept »Loft City« als einen »Typus von Ort« (engl. orig. *type of site*) (Christiaanse 2012, 24, Übersetzung JL) und überträgt den Begriff *loft* somit auch auf den Städtebau.

Die Autorin und der Autor beziehen sich bei der Entwicklung ihres Loft City-Konzeptes auf die Zeit der 1950er Jahre in der Stadt New York, als Künstlerinnen in ungenützte Industriegebäude zogen und sie zu Studios und Wohnungen umfunktionierten. Außerhalb der Lofts entstanden Netzwerke von Ausstellungshallen, Galerien und Künstlercafés, »and the streets started to galvanize with actions and performances« (ebd., 14). Damit erhält das Konzept einen Bezug zur Stadt, der über den privaten Wohnraum hinausgeht, und begibt sich auf die Spuren der Möglichkeiten, die diese Räume in der Stadt bieten. Die Konklusion, dass die sogenannten *lofts* Orte mit Potenzial sind, basiert auf folgender Annahme: »It's all about places, people and having a vision« (vgl. Baum 2012). Die sogenannten *lofts* weisen eine Dualität von Offenheit und Stabilität auf, welche die Menschen stimuliert aktiv zu werden (ebd.).

Das Konzept ist dem globalen Phänomen von Konversionsarealen gewidmet, welche als »dynamisch-stabile Strukturen« gesellschaftliche Veränderungsprozesse sichtbar machen (vgl. Baum/Christiaanse 2012). Die Autorin und der Autor betonen mit dem *loft*-Konzept die Besonderheit dieser Bestandsarchitekturen in spezifischer Relation zu Geschichte und Kontext, sowie aktuellen und zukünftigen Nutzungen. Die Verwendung ehemaliger Namen der *loft*-Typen (z.B. Fabriknamen) zeugen von deren Verankerung im kollektiven Gedächtnis und in der lokalen Identität. Die räumlichen Möglichkeiten für aktuelle und zukünftige Nutzungen und die einzigartige Situierung im Stadtraum werden von der Autorin und dem Autor ebenso als Potenzial gesehen wie die Offenheit der *lofts* für programmatischen und semantischen Wandel. Martina Baum (2012) beschreibt die *loft*-Strukturen als Leinwand oder Bühne, auf die individuelle Ideen projiziert werden können. Damit sollen zum einen die Wechselbeziehungen der physischen Räume mit sozialen, kulturellen, wirtschaftlichen und symbolischen Dimensionen hervorgehoben werden, zum anderen gilt der physische Raum als Leinwand oder Bühne für diese Aktivitäten (vgl. ebd.).

Die Vielzahl von Konzepten und Begriffen, die in den Disziplinen Architektur und Städtebau im Zusammenhang mit dem Phänomen leerstehender Gebäude und Brachen entwickelt wurden, lassen die Faszination der Disziplinen am Undefinierten, Ungeplanten, Symbolfreien und Atmosphärischen erkennen. Es sind allerdings die neuen Möglichkeiten, die sich aus den oben beschriebenen Konzepten ergeben, die als Anreiz dazu dienen können, sich mit diesen Räumen auseinanderzusetzen.

Im *SloMo-Wörterbuch* (vgl. Fischer et al. 2003) werden Möglichkeitsräume als Raumtypen in einem Zwischenzustand definiert. »Oft sind es Räume, die über kurz oder lang aus dem ökonomischen Verwertungszyklus herausfallen und noch keine neue räumliche Widmung erhalten (z.B. Brachen, Ruinen). Es sind Räume, deren Potenzial darin liegt, dass ihre Nutzung offen ist« (ebd., 65).

Adriana Fausto Brito (2005) stellt bei der Suche nach einer Definition, welche die vielen Arten urbaner Leerräume miteinbeziehen kann, fest, dass das einzige sie verbindende Element eine gewisse Unsicherheit ist, welche einen Ermessensspielraum im Gebrauch dieser Orte gestattet. Urbane Leerräume versteht die Autorin als zweischneidig, da sie einerseits verlassen und gleichzeitig Möglichkeitsraum für (neue) Nutzungen sind (vgl. ebd.). Verschiedenste Arten von urbanen Leerräumen, ob verlassene Areale, sub-genutzte Gebäude oder Restflächen, können auf diese Weisen interpretiert werden (vgl. ebd.). Die Doppeldeutigkeit des Wortes leer wird auch von Ignasi Solà-Morales (2009) sowohl als Abwesenheit als auch als Versprechen interpretiert, womit es einen Raum von Möglichkeiten und Erwartungen aufmacht.

Der Raumplaner Benjamin Davy hebt mit seiner Beschreibung von Möglichkeitsräumen deren Vielfältigkeit und Andersartigkeit hervor:

»In Möglichkeitsräumen fehlt es an einem vorherrschenden Ordnungsmuster. Wahrnehmungen und Verhalten sind nicht fremdbestimmt, denn es gibt keine fremde Ordnung mehr, die etwas bestimmen könnte. Vielleicht sehen wir Spuren und Erinnerungsstücke einer früheren Ordnung, zumeist beobachten wir aber bereits Anzeichen anderer Ordnungen, anderer Grenzen. (...) Damit tragen Möglichkeitsräume zur Entwicklung innovativer und alternativer (räumlicher) Entwicklungen bei, so dass die soziale Konstruktion der Räume offener gestaltet wird, ohne Orte zu sehr mit einzelnen Nutzungen, Funktionen und Bestimmungen zu ›belasten‹. Es geht vielmehr darum, dass Stadtplanung die (räumlichen) Voraussetzungen schafft, dass sich einzelne Räume in einer Stadt ›individuell‹ entwickeln können und damit ›neu erlebbar‹ bzw. ›gestaltbar‹ werden.« (Davy 2007, 10)

Sophie Wolfrum beschreibt die sogenannten *voids* als Möglichkeitsräume, in denen es zu Entdeckungen kommen kann und anhand derer »der Vielfalt der Stadt neue Eigenschaften« (Wolfrum 2013, 153) abgewonnen werden können. Sie lehnt sich bei der Konzeptualisierung des Möglichkeitsraumes an den Begriff Möglichkeitssinn in Robert Musils Roman *Mann ohne Eigenschaften* an (vgl. Wolfrum 2007). »Über die deskriptive und analytische Auffassung hinausgehend, lassen sich im Sinne einer Poesie des Schäbigen und des Alltäglichen in diesen schwach definierten ›städtischen‹ Räumen Spielräume für offene Interpretationen finden« (Wolfrum 2013, 153).

Der optimistischen Sicht auf die Leere werden jedoch auch problematische Aspekte, welche im Zusammenhang mit Transformationsprozessen auftauchen können, entgegengestellt. So warnt Sophie Wolfrum vor potentiellen Schließungen: »Aber sehr schnell sind sie [urban voids, Anm. JL] wieder belegt und werden exklusiv. Urbane Räume in der anfangs definierten Bedeutung sind sie dann nicht mehr. Von offenen Räumen werden sie wieder zu geschlossenen Räumen, die der Selbstentfaltung kleiner Gruppen dienen" (Wolfrum 2007, 45). Innerhalb der Disziplinen Architektur und Städtebau besteht allerdings eine Vorstellung von städtischen Räumen als leer und abstrakt, was oftmals dazu führt, dass »widersprüchlichen bzw. gegensätzlichen Lebensformen keine Entfaltungsmöglichkeiten« gegeben werden (Othengrafen 2014, 371). Bei Planungsprozessen in Bezug auf solche Möglichkeitsräume kommt es daher oftmals zu (vorhersehbaren) Krisen, anstatt zur Förderung offener, kreativer Aneignungsräume (vgl. Färber 2010, Othengrafen 2014).

Andrea Brighenti (2013, xix) warnt bei seinen weiter unten erläuterten Ausführungen zu »Zwischenräumen« vor einer Romantisierung und stellt zur Diskussion, dass sich diese Räume auch zu »Orten der Dominanz« entwickeln können. In der selben Publikation erläutert Don Mitchell (2013), in welcher Weise der Möglichkeitsraum zu einem Dominanzraum oder einzigen Überlebensraum werden kann. Dies geschieht, wenn sich Raumpraktiken etablieren, die auf neoliberales Marketing oder auf das Verstecken von politisch-gesellschaftlichen Problemzonen und -themen ausgerichtet sind. So schreibt auch Kees Christiaanse, dass die Leere zu einem »serious business in global real-estate markets and city branding policies« geworden ist (Christiaanse 2012, 24). Kenny Cupers und Markus Miessen befassen sich mit der Thematik anhand von Transformationsprozessen leerer Räume in Berlin und zeigen auf, dass es zwischen den beiden Polen der stabilen, definierten Räume auf der einen Seite und jenen, die »fluid and full of potential for change« sind, auf der anderen, eine Vielfalt an Möglichkeiten gibt (Cupers/Miessen 2018, 5).

Second Hand Spaces

Auch das Konzept von *second hand spaces* von Michael Ziehl et al. (2012) basiert auf dem Aufgreifen der Potenziale von urbanem Bestand. »Second hand spaces schöpfen an vakanten Orten aus der Atmosphäre, den Spuren, den Überbleibseln und der Geschichte der vorherigen Nutzung« (Ziehl et al. 2012, 12). Ästhetik, Zeitgeist und Funktion sind dabei prägende Eigenschaften für diese Orte, die durch ihre neue Nutzung einen »Beitrag zur nachhaltigen Gestaltung des städtischen Wandels« (ebd., 16) leisten. Der Begriff *second hand spaces* definiert sich über unkonventionelle und einfallsreiche Handlungsweisen innerhalb dieses Wandels, wie es auch im Zusammenhang mit der Verwendung von gebrauchter Kleidung als individuelles Statement vorkommen kann.

Dabei liegt der Fokus des Konzeptes in erster Linie auf Praktiken, die der Transformation von bestehenden Orten zugrunde liegen. Die Orte haben in einer Phase der Obsoleszenz die Chance recycelt zu werden, wobei die Praxis des Recycelns von Orten aus einer Mangelsituation oder finanziellen Not heraus den Autoren und Autorinnen zufolge heute nicht mehr vorrangiger Beweggrund ist (vgl. ebd.). Vielmehr wird im Buch von Michael Ziel et al. (2012) das Experiment und die Improvisation als Teil der Recyclingpraxis mit dem Ziel der nachhaltigen Nutzung und Schonung von Ressourcen in den Vordergrund gestellt. Mit diesem Ansatz geht die Betonung von sozialen Aspekten, wie die Herausbildung von sozialen Netzwerken und die Förderung von Partizipation innerhalb von Transformationsprozessen der *second hand spaces*, einher. Wesentlich ist dabei die Thematik der Selbstorganisation und -verwaltung.

In Bezug auf den Mehrwert der Transformation von *second hand spaces* für das Kollektiv wird angemerkt, dass »Möglichkeitsräume (...) keine isolierten Zellen für Aussteiger [seien], sondern den Zugang zur partiellen Selbstversorgung und die Stärkung lokaler, quartiersbezogener Resilienz erleichtern« sollen (Paech/Rehm 2012, 229). Michael Ziehl et al. (2012) schreiben, dass es für die *second-hand spaces* und die Praktiken des Recycelns nicht nur »neuer Formalisierungen« bedarf, sondern ein »Bewusstsein für den Wert selbstorganisierter Raumnutzung« geschaffen werden muss (ebd., 271). Die Autorinnen betonen, dass die im Buch angeführten Beispiele von *second hand spaces* in erster Linie das Ergebnis einer mehr oder weniger selbstbestimmten Anpassung von Gebäuden oder Brachflächen an veränderte Nutzungsbedürfnisse zeigen (vgl. ebd.). Dennoch wird in vielen Textbeiträgen die Zwischennutzung als Handlungsweise zur Transformation von *second hand spaces* genannt.

Interstice / Zwischenraum / Lücke

Der Aspekt des Möglichen findet sich auch im Konzept der *interstices* (dt. Lücken, Zwischenräume) von Andrea Mubi Brighenti, wie sich im folgenden Zitat zeigt, in dem er Lücke und Lückenhaftigkeit mit Leere gleichsetzt. »From an old modernist unsophisticated functionalist viewpoint, intersticiality equates to emptiness. However, emptiness also means possibility – at the very least some fresh air to breath that flows through the otherwise asphyxiating landscape of the corporate city« (Brighenti 2013, xvii).

Andrea Mubi Brighenti (2013) schreibt über den englischen Begriff *interstice*, dass dieser in den Disziplinen Architektur und Städtebau zunächst für Brachen und Resträume gebraucht wurde, die sich als Nebenprodukte der Stadtplanung ergaben. Dabei merkt der Autor an, dass diese Begriffsverwendung zu kurz greift und *interstices* nicht einzig auf ihren morphologischen oder funktionalen Charakter im Stadtgefüge reduziert werden sollten. *Interstice* definiert Andrea Mubi Brighenti (2013) über den lateinischen Ursprung des Wortes als einen »kleinen, leeren Raum« innerhalb einer Substanz oder zwischen unterschiedlichen Elementen. Allein schon die Verwandtschaft zum Begriff Dazwischen deutet die Existenz anderer, rundherum befindlicher Elementen an, die innerhalb eines Systems etabliert sind, im Sinne von ökonomischer oder rechtlicher Macht (vgl. ebd.). Dieses Dazwischen ist wesentlich über die Beziehung zwischen Teil und Ganzem oder Umfassendem beziehungsweise seiner differenzierten Beziehung zum Außen definiert (Lévesque 2013, 24). Das Verständnis des urbanen Phänomens der Brache wird erweitert, indem die Dynamiken von »Macht und Widerstand, Fluss und Beschränktheit, Mobilität und Verankerung,

Glattheit und Rauigkeit« (Brighenti 2013, xvi; Übersetzung JL) der heutigen Stadt in Betracht gezogen werden.

Die Bedeutung des Begriffs *interstice* beinhaltet, anders als seine mögliche deutsche Übersetzung Zwischenraum, sowohl einen räumlichen als auch zeitlichen Bezug. *Interstice* wird heute in erster Linie für die Bezeichnung einer räumlichen Lücke verwendet, obwohl der französische Ursprung *intertisse de temps* auf eine zeitliche Lücke hinweist (Lévesque 2013, 23). Auch wenn dieser Bedeutungsursprung heute zweitrangig ist, so stellt er dennoch eine Verbindung von *interstice* zu Begriffen wie Transition, Transformation, Prozess und Ereignis her (vgl. ebd.). Durch diese Doppeldeutigkeit des Begriffes erklärt sich auch Andrea Mubi Brighentis Definition von *interstice* als aktive Komponente der Stadt sowie als urbanes Ereignis. Damit entfernt er sich von einer strukturalistischen Definition von *interstice* als Bruch in Planungsprozessen (vgl. Brighenti 2013). Viel eher versteht der Autor unter *interstice* das Resultat einer Komposition von Interaktionen diverser Akteure, die schließlich die spezifische Atmosphäre eines bestimmten Ortes erzeugen (vgl. ebd.). *Interstice* ist damit ein sowohl räumliches als auch zeitliches Phänomen vor Ort, ein Ereignis, eine Verbindung oder ein Zusammentreffen (vgl. Brighenti 2013, Lévesque 2013).

C.3.2 Perspektiven auf und Konzepte für die Leere

Analog zum Aufbau des vorhergehenden Abschnittes über die Brache als Ruine wäre es naheliegend, an dieser Stelle einen Ordnungsversuch der Definitionen und Konzepte urbaner Leere zu präsentieren, was jedoch aufgrund der Offenheit der oben angeführten Begriffe als nicht sinnvoll erscheint. Anstatt der Verwendung von »typischen Katalogteilen« (Bru zit. nach Gausa 2003, 654, Übersetzung JL) wird der Fokus auf die verschiedenen, sich ändernden Perspektiven auf die urbane Leere von Seiten der Disziplinen Architektur und Städtebau gelegt. Ausgangspunkt für das breite Spektrum der Lesarten urbaner Leere bildet dabei eine kritische Auseinandersetzung mit dem Erbe der Moderne.

Den Anfang bildet eine Auseinandersetzung mit der Nachkriegszeit in Europa, wobei auch im weiteren Verlauf primär der europäische Kontext behandelt wird. Obwohl generell im Rahmen der Literaturübersicht versucht wird, sowohl europäische als auch lateinamerikanische Autorinnen und Autoren miteinzubeziehen, ist dies in diesem Abschnitt aufgrund der mangelnden theoretischen Aufarbeitung der Thematik der Leere in Bezug auf die Stadt in Lateinamerika nicht möglich. Um einen Überblick über die Perspektive der Disziplinen Architektur und Städtebau auf die urbane Brache und im erweiterten Sinne der urbanen Leere zu geben, ist eine Reflexion über die paradigmatischen Diskussionen in Bezug auf disziplinäre Theorie und Praxis seit der Moderne notwendig. Mit dieser Diskussion eng verknüpft ist das jeweilige Verständnis von Stadt und urbaner Morphologie.

Die Art der Auseinandersetzung mit dem Phänomen der Leere verändert sich im Laufe der Zeit, so wie sich auch die konzeptionellen Zugänge und Beschreibungen dafür wandeln. Durch das theoretische und praktische Interesse und die Bearbeitung des Themenfeldes in den Disziplinen Architektur und Städtebau wurden mit der Zeit Begriffe präzisiert und Räume benannt (in öffentliche Räume, Baulücken, Industriebrachen, Potenzialflächen, Grenzgebiete etc.). Es zeigt sich, dass mit dem zunehmenden Verständnis des Phänomens der offene Begriff der Leere einer konkreteren Bezeichnung weicht.

Somit kann im folgenden Abschnitt über die Perspektiven auf die Leere innerhalb der Disziplinen Architektur und Städtebau kein durchgängiger räumlicher Typ der Leere beziehungsweise der Brache konstruiert werden. Die urbane Leere nimmt unterschiedliche Formen an, z. B. des Freiraums, des Zwischenraums, des ungenutzten Gebäudes oder der Baulücke, wodurch auch die Handlungsweisen und die Auseinandersetzung eine große Vielfalt aufweisen.

Trotz der Schwierigkeit der Eingrenzung und Fokussierung erscheint es wichtig, die Bandbreite der Leere aufzuzeigen, die zu einem jeweils spezifischen Bild über die Stadt beigetragen hat. Damit wird im Folgenden die Verbindung des Phänomens der Leere zur Stadtstruktur und die unterschiedlichen Arten und Weisen, wie die Brache im Laufe der Zeit in den Planungsdisziplinen seit der Moderne wahrgenommen wurde, sichtbar gemacht.

Die Entdeckung des Dazwischen

Die Moderne stellt das freistehende Objekt als Wertschätzung des Bauwerks in den Vordergrund. Die Idee des freistehenden Objekts in der (Stadt-)Landschaft wird so zur propagierten Idee von Stadt, wie beispielsweise auch im Zugang von Le Corbusier. Dieser Idee liegen Konzepte der Rationalisierung und der Ordnung, der Effizienzsteigerung der Produktion und der Möglichkeit einer urbanen Transformation durch Ordnungsinstrumente zugrunde (vgl. Solà-Morales 2009). Mit den Ordnungsinstrumenten sollte das Unkultivierte in das Kultivierte transformiert werden, sowie auch die Brache in das Produktive und die Leere in das Gebaute (vgl. ebd.).

»Der Nährgrund der Stadt ist von kontinuierlicher Masse in kontinuierliche Leere verwandelt worden« (Rowe/Koetter 2009, 9). Damit beziehen sich die Autoren auf das Dazwischen der freistehenden Objekte. Dieser Raum wird jedoch nicht programmatisch festgeschrieben, thematisiert oder gar als Potenzial betrachtet (vgl. ebd.). Umgekehrt produziert der Städtebau der Moderne allerdings auch selbst (in Form einer *tabula rasa*) eine Leere durch Kahlschlagsanierung in der gewachsenen Stadt.

Während es in der Moderne selbst keine direkte Auseinandersetzung mit dem urbanen Dazwischen oder der Leere gab, tauchen in den Planungsdisziplinen ab Ende der 1940er Jahre Konzepte und Projekte zu der Thematik auf. So führt Luc Lévesque (2013) zum Beispiel Aldo van Eycks Projekt zu Spielplätzen in den kriegsbedingten Lücken der Stadt Amsterdam an. Hierbei handelt es sich um ein mit der Zeit entstandenes, weitverzweigtes Netz von unzähligen Spielplätzen, die sich die Potenziale von urbanen Zwischenräumen zu eigen machten (vgl. Lefaivre 2002).

In anderen Disziplinen, wie den Sozialwissenschaften, hatte sich bereits vor den 1940er Jahren ein Interesse an Zwischenräumen herausgebildet, die in erster Linie anhand ihrer sozialen Dimension und in Verknüpfung mit physischen Orten untersucht wurden. Luc Lévesque (2013) nennt den mit der Chicago School assoziierten Frederick Thrasher als einen der ersten, der mit seiner Studie zu Jugendgangs in Chicago theoretisch den Begriff *interstice* auf urbanes Territorium anwendete, womit er die von den Jugendgangs genutzten, vernachlässigten Freiräume, die von ihnen sogenannten *prairies* (dt. Prärien), beschrieb. In der Chicago School wird die Stadt als wabenartige und poröse Struktur gesehen, bei der die Zwischenräume keine zufällige Gegebenheit, sondern eine strukturelle Komponente urbaner Dynamik sind (vgl. Halbwachs zit. nach Lévesque 2013).

Im Städtebau findet sich ein Konzept der urbanen Struktur in Gordon Cullens (1971) Standardwerk *The concise townscape*, in dem im Rahmen einer kritischen Auseinandersetzung mit den Sicht- und Herangehensweisen der Planungsdisziplinen auch die Konfiguration von Räumen zwischen Objekten thematisiert wird. Mit dem Begriff *townscape* definiert Gordon Cullen die urbane Landschaft als eine Serie verbundener Räume (vgl. ebd.). Auch das in den Planungsdisziplinen einflussreiche Werk *The Death and Life of Great American Cities* von Jane Jacobs (1992) lenkt das Augenmerk auf die Räume zwischen den gebauten Objekten und erreicht durch eine dichte Beschreibung des Alltagslebens eine Perspektiverweiterung, indem dieser baulichen Leere eine funktionale und alltagsrelevante »Fülle« nachgewiesen wird.

Kevin Lynch (1990) widmet sich der Differenzierung der Bedeutung von *open space* (dt. Freiraum; wörtlich: offene Räume), indem er sie um Räume erweitert, die, nicht wie allgemein mit *open space* assoziiert, Grünräume sind. Er kritisiert dabei die planerische Praxis, *open spaces* bei der Erstellung von Karten zu undifferenziert zu betrachten und so zugängliche Brachen oder Baulücken in der (farblichen) Markierung unbeachtet zu lassen, während unzugängliche Areale (wie Wasserreservoirs, Stadien, Tennisplätze oder spezielle Institutionen) fälschlicher Weise als offene Räume hervorgehoben werden (vgl. Lynch 1990). Kevin Lynch unterstreicht in seinem Artikel *The openness of open space* (Lynch 1990) die Wichtigkeit eines nicht-programmatisch belegten, urbanen und die Möglichkeit des Wandels bietenden *open space* in der Stadt. Diese innerstädtischen, nicht zweckgebundenen Räume sind wie Testräume, zum Beispiel für Jugendliche, die dort neue soziale Rollen ausprobieren können.

Perspektiven auf die Stadt, die ihre Definition als eine Ansammlung von Einzelobjekten hinterfragen, finden sich in gebündelter Form auch in Colin Rowes und Fred Koetters (2009) kritischer Auseinandersetzung mit der modernen Städtebaupraxis. Die Architekten kritisieren in ihrem Werk *Collage City* besonders die in der Moderne vorherrschende Sicht auf die Stadt, in der der offene, unbebaute Raum als gestaltendes Element ausgeblendet wird beziehungsweise lediglich als Restraum übrig bleibt. Sie fordern eine Betrachtung der Stadt als ein Geflecht von gleichwertig bebautem und unbebautem Raum. Mit dieser Sichtweise wird das Prinzip der Moderne, welches durch einen expliziten Fokus auf das singuläre Objekt gekennzeichnet ist, in sein Gegenteil verkehrt. Die Autoren plädieren dafür, »(...) das Bauwerk weniger als Figur, sondern vielmehr als Grund zu werten« und für eine Bereitschaft, »sich die heutige Ordnung der Dinge umgekehrt vorzustellen« (Rowe/Koetter 2009, 94). Dieses

Denkmuster zeigt sich auch in der *Schwarzplan-Theorie* (engl. *figure ground theory*), in der Roger Trancik (1986) eine Entwurfsweise vorschlägt, bei der eine Bandbreite von *urban voids* ein räumliches Kontinuum bilden sollte, das von semi-privaten Hauseingangszonen bis zu öffentlichen Parks und Flusslandschaften reicht. Besonders mit der englischen Bezeichnung von Figur-Hintergrund (engl. *figure-ground*) werden die Verbindungen zu den damals zunehmend verbreiteten Ideen der gestalttheoretischen Psychologie deutlich. Das Verhältnis von Figur und Hintergrund in der Wahrnehmung der Umwelt wird dort als ein dynamisches betrachtet, wobei gefühlte Lücken als bedeutungsvolle, fruchtbare Leere interpretiert werden (engl. *vertile void*) (vgl. Perls 1969, Perls/Hefferline/Goodman 2006).

Die funktionale Leere

Die Arbeiten von Alison und Peter Smithson (2005) reflektieren ab den 1960er Jahren unter dem Begriff *The Charged Void* die aufgeladene Leere. Sie plädieren dafür, die Qualitäten, die die Lücken der Stadt besitzen, zu nützen und mit diesen zu arbeiten, um eine angemessene Sprache für die Erneuerung eines Ortes zu finden (vgl. Smithson/Smithson 2005).»What we are trying to offer is an urbanism where the specificity arises from the space-between and the projects therefore have to be seen in the light of this ambition" (ebd., 3). Als praktisches Beispiel ihrer Arbeit kann hier die langjährige Auseinandersetzung mit Berlin in seiner Sonderstellung bis 1989 angeführt werden, wo die beiden besonders die Leerräume der Stadt hervorheben. So identifizieren Alison und Peter Smithson die Eisenbahnverschubflächen Berlins als Potenzial für eine Verbindungsebene der Freizeitnutzung (vgl. ebd.).

Besonders anhand der Arbeiten von Alison und Peter Smithson wird deutlich, wie die Sichtweise auf die Stadt als ein Gefüge von vollen und leeren Räumen die Praxis innerhalb der Disziplinen Architektur und Städtebau beeinflusst. Diese Perspektivverschiebung ist jedoch nicht alleine der theoretischen Auseinandersetzung geschuldet. Besonders die Proteste gegen die europaweit verbreitete Praxis der Flächensanierung, oder kritisch »Kahlschlagsanierung« benannt, sowie der Paradigmenwechsel aufgrund von Ressourcenknappheit (siehe: Die Grenzen des Wachstums, Meadows et al. 1972), führten (zwangsweise) zu einem Umdenken innerhalb der Planungsdisziplinen.

Dieser Paradigmenwechsel erforderte eine Auseinandersetzung nicht nur mit neu zu Bauendem, sondern auch mit dem (urbanen) Bestand, oftmals in Form von Leerräumen in historischen Zentren. In der Auseinandersetzung mit brachgefallenen, ungenutzten Arealen und Häuserlücken entwickelten sich unterschiedliche Handlungsweisen. Der Künstler und ausgebildete Architekt Gordon Matta-Clark griff diese Thematik u. a. in seinem bekannten Projekt *Conical Intersect* im Jahr 1975 auf. Als damals kaum beachtete Themen innerhalb der Kunst im öffentlichen Raum beschäftigte sich Matta-Clark hier mit Verlust und gelebter Andersartigkeit, indem er die (historischen) Schichten und den alltäglichen Gebrauch eines alten Pariser Abbruchgebäudes für Passantinnen durch eine Lücke freilegte (vgl. Lee 1998). Die Lücke fungierte dabei als ein Zeichen für die Zerstörung und Modernisierung des Pariser Areals um das neu entstehende Centre Pompidou (vgl. ebd.). Pamela Lee sieht Matta-Clarks Projekt als »a symptom of a social space already filled with emptiness of voids« (ebd., 67).

Füllen der Lücke

Die Betrachtung von Brachen »als rein physisches Produkt, als ›Lücke‹ in der kontinu-ierlichen urbanen Textur, bringt unvermeidbar die Logik mit sich, dass diese Räume gefüllt werden müssen« (Fausto-Brito 2005, 24, Übersetzung JL). Dieser Logik folgend besteht die Beschäftigung mit Lücken innerhalb der Architektur- und Planungsdiszi-plinen primär darin, effiziente Instrumente und Strategien für das Füllen zu finden (vgl. ebd.). Während also ab der Nachkriegszeit versucht wurde, im Sinne der Moderne eine leere Stadtlandschaft für singuläre Objekte zu erschaffen, wurde im Berlin der 1980er Jahre mit der Internationalen Bauausstellung 1984 (IBA 84) der Versuch gestartet, die Lücken in der Stadtstruktur zu füllen. Deren Kurator Josef Paul Kleihues zielte mit dem Konzept der IBA-Neu[8] auf die Rekonstruktion der traditionellen Blockrand-bebauung ab, welche mittels Orientierung an den noch vorhandenen historischen Fragmenten erfolgen sollte (vgl. Bodenschatz/Polinna 2010). Das Konzept hat starke Bezüge zu Theorien wie jenen von Aldo Rossi (1973). Mit Projekten wie die Südliche Friedrichstadt versuchten namhafte Architekten wie Peter Eisenman und Leon Krier ihren (postmodernen) Beitrag zur Wiederherstellung der Blockrandbebauung zu leisten (vgl. Bodenschatz/Polinna 2010).

Das theoretische Konzept der IBA-NEU war dabei umstritten. Besonders Man-fredo Tafuri kritisierte es, indem er Aldo Rossis Versuch, Geschichte und Praxis zu verbinden, als »Mystifikation« bezeichnete (vgl. Bodenschatz/Polinna 2010). Einige Projekte außerhalb und vor Beginn der IBA widersprachen bereits dem Grundgedan-ken des Füllens. Dies gilt zum Beispiel für den bereits 1977 entstandenen Entwurf von Oswald Mathias Ungers, der in Zusammenarbeit mit Studierenden (u. a. Rem Koolhaas) und Kollegen (Peter Riemann, Hans Kollhoff und Arthur Ovaska) entstand und mit dem Titel *Die Stadt in der Stadt – Berlin: ein grünes Archipel* bekannt wurde. Bestehende Stadtgefüge der schrumpfenden Stadt Berlin werden hier als Inseln interpretiert und Zwischenräume bewusst als Möglichkeit für ergänzende urbane Aktivitäten akzeptiert (vgl. Martin 2011). In diesem Projekt steht besonders die post-moderne Fragmentierung des Raumes, die auch in den darauffolgenden Theorien der Architektur den Fokus auf die Leere bestimmen wird, im Vordergrund (vgl. ebd.).

Die Kritik an der Praxis des Füllens wird von unterschiedlichen Seiten, unter anderem auch von Alison und Peter Smithson formuliert. »Another part of our attitude is that we should not be frightened of holes in cities; it is important not to try to fill every hole as if we were developers« (Smithson/Smithson 2005, 172). Ende der 1980er Jahre verurteilt der italienische Städtebauer Bernardo Secchi Designprojekte, die durch ihren anachronistischen Blick auf die Stadt die Leere nicht anerkennen und zu Füllen versuchen. Er schreibt dazu: »[F]ür die Leere zu entwerfen heißt zunächst deren Thematisierung und verlangt nach einer Erweiterung des eigenen Blickfelds« (Secchi zit. nach Borret 1999, 238 f., Übersetzung JL).

Kultivierung der urbanen Leere[9]

Die Kritik am Konzept des Füllens hatte zur Folge, dass innerhalb der Disziplinen Architektur und Städtebau anhand der Entwurfskonzepte eine intensive Auseinandersetzung mit dem Phänomen der Leere erfolgte. Dadurch entwickelte sich eine weitere Art des Umgangs mit der urbanen Leere, welcher durch ihre Akzeptanz sowie ihre Einbeziehung in den Entwurfsprozess gekennzeichnet ist. Dem *Metapolis Dictionary of Advanced Architecture* zufolge, in dem besonders auf die Ideen der postmodernen Fragmentierung der Stadt eingegangen wird, hat sich die Architektur zu lange nur mit dem Vollen beschäftigt (vgl. Gausa 2003). In diesem Sinne entsteht innerhalb der Disziplinen die Forderung, die Gegensatzpaare positiv–negativ sowie leer–voll in ihrer Kombination und in Form einer sukzessiven Folge zu denken (ebd., 607). Stadt soll demnach in Form einer dichotomen Struktur von Vollem/Dichten (engl. *densities*) und Leerem/Abwesendem (engl. *absences*) gesehen werden (ebd., 607). Es wird dafür plädiert, sich auf allen Maßstabsebenen des Designs mit den Aspekten Diversität, Kontrast und Identität im Sinne des Konzepts des relationalen Raumes auseinanderzusetzen (ebd.).

Rem Koolhaas (1995) prägte die Auseinandersetzung mit den Leerräumen der Stadt Berlin nachhaltig. Ein wesentlicher Teil seiner Entwurfsarbeiten sowie sein Beitrag zum theoretischen Diskurs rund um den Berliner Leerstand sind heute nach wie vor relevant. Sein »Prinzip einer kontinuierlichen Tabula Rasa« (Koolhaas zit. nach Vöckler 2009, 53) steht im absoluten Gegensatz zum Prinzip des Füllens oder des Überbrückens der Leere und zielt ab auf eine bewusste Schaffung von Leere. Der Architekt plädiert im Hinblick auf die Leere für eine »Konzeption eines Städtebaus, der sich des eigenen Verschwindens vergewissert, der das Ungewisse und das Unbestimmte einbezieht – und der das eigene Verschwinden in der kapitalistischen Verwertungslogik begründet sieht und nicht in natürlichen Verfallsprozessen« (ebd.). Die Leerräume bezeichnet Rem Koolhaas als »ein Pendant zur Dauerhaftigkeit und Abgeschlossenheit der gebauten Stadt« und als »Pufferzonen für das Unbekannte, Unerwartete, für das Experiment und auch das Scheitern« (Koolhaas zit. nach Dissmann 2011, 31). Als Konsequenz setzt er auf Architektur, die die urbane Leere kultiviert (vgl. Koolhaas/ Mau 1995). Mit Projekten wie *ville nouvelle Melun-Sénart* nutzt Rem Koolhaas die »Unschuld« der Leere. Leere wird dort gestaltet, indem ein strukturiertes Wegenetz, auf dem nichts gebaut werden darf, die maßgebliche Gestalt vorgibt.

Als ein weiteres Beispiel, das sich mit der gestalteten Leere (vgl. Dissmann 2011) auseinandersetzt, ist das dekonstruktivistische Projekt Bernard Tschumis für den Parc de la Villette aus dem Jahr 1982 zu nennen (vgl. Lévesque 2013). Als Gewinner des Wettbewerbs für die Brachfläche der ehemaligen Schlachthöfe spielt er mit der Abkopplung des Areals von seiner Geschichte, indem unprogrammierte, bedeutungsleere Pavillons (*follies*) in einem Raster auf der Parkfläche verteilt werden.

Ab diesem Zeitpunkt werden uncodierte Räume innerhalb der Disziplinen Architektur und Städtebau zunehmend als Orte für das Ausleben kreativer Freiheit sowie als »Projektionsfläche für Wünsche« (van Dijk zit. nach Borret 1999, 242) erkannt. Dabei wird jedoch auch Kritik geübt an der Rolle, die die Leere in Entwurfskonzepten spielt. So wurde Rem Koolhaas dafür kritisiert, Leere als ein auf die ästhetische Ebene reduziertes Entwurfsinstrument einzusetzen und eine euphorische Resignation gegenüber der Fragmentierung der Stadt zu praktizieren (vgl. Borret 1999). Die theoretische und semantische Erforschung der urbanen Leere, wie beispielsweise durch Bernardo Secchi, finde außerdem in architektonischen und städtebaulichen Entwürfen keine tiefgründige Entsprechung, sondern führe lediglich zur Schaffung einer programmatischen Leere (vgl. ebd.). Damit sind die beiden Beispiele von Rem Koolhaas und Bernard Tschumi jener Lesart von Leere zuzuschreiben, die Christine Dissmann (2011) die gestaltete Leere nennt und als »Verfeinerung, Fassung, Kontrolle, Einbindung, Ordnung, Bestimmung und Reinheit« charakterisiert (ebd., 69).

Entdeckung der zufälligen Leere

Nach einer Phase der Fokussierung auf die gestaltete Leere rückt schließlich mit den Diskursen über Ressourcenschonung, Nachhaltigkeit und der Thematik der schrumpfenden Städte, aber auch mit der zunehmenden Unzufriedenheit mit den eigenen Praktiken der Raumproduktion, die zufällige Leere (vgl. Dissmann 2011) Mitte der 1990er Jahre wieder in den Fokus der Planungsdisziplinen. Der Begriff zufällige Leere beschreibt die Produkte von Strukturwandel und Krisen (vgl. ebd.). Es sind jene Räume, die Aldo van Eyck und Kevin Lynch bereits Jahrzehnte zuvor als Möglichkeitsräume und Experimentierfelder entdeckt hatten und die nun in anderer Konstellation ins Zentrum der Aufmerksamkeit gerückt werden. Studien, wie jene von Jane Jacobs (1992) und Colin Rowe (2009), in denen nicht wahrgenommene Aspekte des urbanen Lebens untersucht wurden, erhalten zu dieser Zeit in der Planungspraxis bei der Erstellung architektonischer oder städtebaulicher Konzepte neue Bedeutung (vgl. Misselwitz et al. 2007).

Durch die Auseinandersetzung mit der zufälligen Leere tritt neben den Aspekten gebauter und ungebauter Volumina ein völlig anderer in den Vordergrund. Das »Gebaute als Gegebenes und Vorgefundenes« (Misselwitz et al. 2007, 68) ist nun Ausgangspunkt für Entwürfe, wodurch es zu einer fundamentalen Änderung von Parametern innerhalb der Disziplinen Architektur und Städtebau kommt. Das Interesse an der zufälligen Leere innerhalb der Disziplinen richtet sich auch auf die begrifflichen Konnotationen Chaos, Unordnung, Abwesenheit und Deprivation (vgl. Dissmann 2011). Die Beschäftigung mit der Wahrnehmung von Raum und Form sowie mit seiner symbolischen Bedeutung (vgl. *terrain vague* und *void* in: Solà-Morales 2009) wird erweitert durch das beziehungsweise abgelöst von dem Interesse an der Erschließung eines biotischen Potenzials dieser Räume (vgl. Lévesque 2013). Diese Interessensverschiebung bedeutet auch eine radikale Verschiebung im Zugang zum Entwerfen: Lag bei ersterem der Fokus auf der konzeptionellen Ausarbeitung von Transition und Verbindungen der gebauten Volumina, so steht bei letzterer Herangehensweise die Erforschung der Möglichkeiten der Leere, des Bruchs und des Zufälligen im Vordergrund (vgl. ebd.).

So entstehen, abseits des Füllens mittels Gebautem oder der Schaffung von Leere durch konzeptionelles Festlegen, neue Handlungsweisen im Umgang mit den Möglichkeiten der Leere. Die neue Fokussierung auf die Potenziale von Stadträumen spiegelt sich in den bereits diskutierten Konzepten der Leere, Möglichkeitsräume und Zwischenräume wider (vgl. Brighenti 2013, Dissmann 2011, Fausto-Brito 2005, Wolfrum 2013). Nach Nikolaus Kuhnert und Susanne Schindler (2003) kommt es mit der »Frage der Potentialität« zu einem Bedeutungswandel des Leerraums. Die Debatte des Ermöglichens, die auf Alison und Peter Smithson genauso zurückgeht wie auf O. M. Ungers, bezieht sich nicht auf die Leere in Form des »konzeptuellen Nevada« von Rem Koolhaas, sondern auf eine »situative Praxis« (Kuhnert/Schindler 2003, 14).

Dieser veränderten Perspektive innerhalb der Disziplinen Architektur und Städtebau gilt die Leere als Element eines komplexen urbanen Gefüges, das über den dreidimensionalen Raum hinausgeht und immaterielle Inhalte, wie Identifikation, Funktion und Bedeutung, beinhaltet (vgl. Fausto-Brito 2005). Hinzu kommt das Interesse am biotischen Potenzial dieses komplexen urbanen Gefüges, welches zu einem Raumverständnis führt, das den Raum an die Performanz des Menschen bindet (vgl. Dell 2007, Kuhnert et al. 2007). In das Blickfeld rückt bei diesem performativen Urbanismus der urbane Alltag in der bestehenden Stadt mit all seinen Potenzialen und Konflikten (vgl. Wolfrum 2015). Diese veränderte Perspektive ergibt sich aus einem Bild der Stadt, in dem diese nicht mehr in eine klare, eindeutige Gestalt gepresst wird, sondern als ein dichtes und heterogenes Sozialgebilde gesehen wird (vgl. Brighenti 2013, Szymczak 2008).

Damit geht in den Planungsdisziplinen das Interesse an Praktiken im urbanen Raum einher, die gezielt auf die Komplexität und das Situative des bestehenden urbanen Gefüges eingehen. Die Beschäftigung mit dieser situativen Praxis spiegelt die Unzufriedenheit eines Teils der Disziplinen mit den Ergebnissen bisheriger Handlungsmuster und der eigenen traditionellen Perspektive auf den Stadtraum wider. Hierzu zählt auch Benjamin Davy, der feststellt: » (...) [I]m Möglichkeitsraum kann nicht mit den Konzepten und Instrumenten des Zentrums – gleichsam mittels vorgetäuschter Normalität – geplant werden. Im Widerstreit ungleicher Ordnungen gelingt es räumlicher Planung selten, die von ihr bevorzugte Ordnung ohne intensive Auseinandersetzung mit konkurrierenden Rationalitäten durchzusetzen" (Davy 2007, 12).

C.3.3 Taktiken im Umgang mit der Leere

»Wie kann Architektur im ›terrain vague‹ agieren ohne sich in ein aggressives Instrument von Macht und abstrakter Ratio zu verwandeln? Ohne Zweifel, indem sie sich an der Kontinuität orientiert. Jedoch nicht an der Kontinuität der geplanten, effizienten und legitimierten Stadt, sondern im Gegenteil indem sie wachsam den Flüssen, Energien und den Rhythmen folgt, die der Lauf der Zeit und der Verlust der Grenzen hervorgebracht hat« (Solà-Morales 2009, 131, Übersetzung JL).

Innerhalb eines Teils der Disziplinen Architektur und Städtebau wird, nicht zuletzt aufgrund der Ratlosigkeit in Bezug auf die Entwicklung adäquater Handlungsweisen und Instrumente für den Umgang mit Leerräumen, ein Weg abseits routinierter

Planungsabläufe und Denkmuster eingeschlagen. Dieser Weg lässt sich wie folgt beschreiben: von den Planungsstrategien zur Überbrückung von Brachen, über die Thematisierung der Leere im Entwurfskonzept hin zu einer Analyse und Adaptierung von Alltagspraktiken der Brachenaneignung und -transformation. Die Suche nach adäquaten Handlungsweisen, Maßnahmen und Instrumenten führt demnach zu einer vermehrten Auseinandersetzung innerhalb eines Teils der Disziplinen mit Praktiken der Raumproduktion, die abseits formeller Strategien und Routinen der Planung für öffentliche und private Auftraggeberinnen stattfinden.

In der aktuellen Literatur zu den Themen Bestand, Brachen und Leerräume zeigen Architektinnen und Stadtplanerinnen die Notwendigkeit auf, sich einerseits genauer mit dem Evolutionsprozess der Raumproduktion zu beschäftigen und andererseits Handlungsweisen zu analysieren und entwickeln, die aus alltagsbezogenen Situationen hervorgehen (vgl. Fezer/Heyden 2007). Jene Autorinnen stehen in einer langen Tradition, die seit den 1960er Jahren in Form einer Kritik an der Moderne besteht, und zu deren Protagonisten Architekten wie Bernard Rudofsky zählen, welcher die Leistungen von »Architektur ohne Architekten«, Selbstbau und Selbstorganisation hervorhob (vgl. Rudofsky 1964).

Bei dieser Entwicklung handelt es sich also nicht um eine Entstehung neuer Alltagsphänomene im urbanen Raum, sondern viel eher um das Wiederaufkommen des Interesses an Alltagspraktiken und den Aufgaben, die diese an die Disziplinen Architektur und Städtebau stellen. Dieses Interesse ist dabei nicht nur der Einsicht, dass neue Handlungsweisen notwendig sind, geschuldet, sondern unter anderem auch der Anforderung an Architekturschaffende, neue Betätigungsfelder zu erschließen, da sich zum Beispiel aufgrund von wirtschaftlichen Krisen und dem Wandel des Arbeitsmarktes die Aufträge für die Berufsgruppe in der Praxis reduzieren (vgl. Diez 2010, Ziehl et al. 2012).

Die Fokussierung auf die Alltagsphänomene und -praktiken, die in den 1960er Jahren auf sehr unterschiedliche Weisen von Mitgliedern der Situationistischen Internationale (mit ihrem Konzept des Unitären Urbanismus), Cedric Price (mit seinem Projekt Fun Palace), Alison und Peter Smithson (mit ihrem Werk *The Charged Void*) u. a. eingenommen wurde, geht einher mit einer Machtverschiebung in den Planungsprozessen, in deren Folge Nutzende und Bewohnerinnen als Akteurinnen stärker einbezogen werden oder sie wesentlich bestimmen.

Mit diesem Blick über den Rand der eigenen Disziplinen geht die Erkenntnis einher, dass nicht nur Architektinnen in den kreativen Prozess der Produktion von gebauter Umwelt involviert sind (vgl. Awan/Schneider/Till 2011, Fezer/Heyden 2007, Fingerhuth 2014). Die kritische Auseinandersetzung mit gesellschaftlichen Strukturen lässt in den Planungsprozessen eine erweiterte Gruppe der Akteurinnen rund um die Raumproduktion in Erscheinung treten. Es sind berufsgruppenunspezifische »Raumpioniere«[10] (Fischer et al. 2003, 65), die »überflüssige« Räume, wie jene der urbanen Leere, in das Gefüge der Stadt zurückholen (vgl. Urban Pioneers 2007).

Durch den Fokus auf die bestehende Stadtstruktur werden nun in den Planungsdisziplinen Räume nicht für ein gegebenes Programm entworfen, sondern für gegebene Räume Programme entwickelt (vgl. Kuhnert/Schindler 2003). Innerhalb der Disziplinen Architektur und Städtebau ist von methodischen Strategien des Abbauens,

Umwertens, Reorganisierens und Einbildens die Rede (vgl. Oswalt 2005a). Ebenso werden im Umgang mit der bestehenden Stadtstruktur und urbanen Leerständen städtische Werkzeuge des »Extensivierens«, des »Abreißens«, des »Umschichtens«, des »Einfrierens«, des »Bindens«, des »Stimulierens« und des »Szenarien-entwickelns« benannt (Oswalt/Overmeyer/Prigge zit. nach Düllo 2014, 283). In Zusammenhang mit diesen neuen disziplinären Handlungsweisen wird von einem »Trend zu mehr sozialem Engagement, mehr Partizipation und Vernetzung, mehr Lust Neues auszu-probieren« gesprochen (Urban Pioneers 2007, 22). Partizipation, Kooperation zwischen öffentlichen und privaten Akteurinnen und die (improvisierte) Nutzung temporärer Räume treten in den Vordergrund (vgl. Temel 2006).

Die sich entwickelnden Handlungsweisen werden gemäß des Konzepts ei-ner heterogenen Stadt anstatt als ganzheitliche Lösungen (bzw. Masterpläne) als punktuelle Eingriffe (im Sinne urbaner oder städtebaulicher Interventionen oder Infiltrationen) konzipiert (vgl. Borries et al. 2012) und stehen im Gegensatz zu nivel-lierenden Tendenzen, zur »Stadt des Einheitlichen, der Indifferenz und des Desinte-resses« (Awan/Schneider/Till 2011, 27, Übersetzung JL). Dennoch sind sie nicht bloß Reaktionen auf etablierte Mainstream-Praktiken, sondern zeigen ein neues, aus der Standardgeschichte der Architektur großteils entwickeltes Paradigma auf (vgl. ebd.). Die entstandenen Handlungsweisen existieren in den Planungsdisziplinen parallel zu traditionellen Handlungsmustern.

Dabei generell von alternativen oder subversiven Handlungsweisen oder einem alternativen Städtebau zu sprechen, lehnen Autorinnen und Autoren, die sich mit der Thematik auseinandersetzen, ab (vgl. Awan/Schneider/Till 2011, Borries et al. 2012). Die meisten dieser punktuellen oder zeitlich begrenzten Handlungsweisen im be-stehenden Stadtraum versuchen keine politische Gegenwelt zu konstruieren und können in vielen Fällen aus diesem Grund nicht als alternativ gedeutet werden (vgl. Awan/Schneider/Till 2011).

Urbane Interventionen

Die historischen Vorläufer dieser Handlungsweisen waren in den 1960er Jahren durch-aus als alternative Aneignungen von Raum konzipiert und leiteten sich von künstle-rischen Praktiken wie jener der Intervention ab. Christiane Feuerstein und Angelika Fitz schreiben über die Entwicklungen jener Zeit: »Operative Allianzen zwischen Stadtplanung und künstlerischen Praktiken gingen einher mit Veränderungen in beiden Disziplinen. In der Stadtplanung kam der funktionalistische Städtebau in die Krise, zum Beispiel beginnend mit den Diskussionen um die Flächensanierung (...)« (Feuerstein/Fitz 2009, 6).

Auch heute leitet sich die Praxis urbaner Interventionen von der Kunst ab, wo sie ursprünglich mit einer Bewegung aus den geschützten, abgeschlossenen Museen und Galerien sowie mit der Hoffnung auf größere Wirksamkeit verbunden war (vgl. Borries et al. 2013). Für die künstlerischen Praktiken werden Räume gesucht, die Eigen-schaften von Urbanität aufweisen und spannungsvolle Situationen ermöglichen (vgl.

ebd.). Diese Räume finden ihre Entsprechung in Orten, die, wie die urbane Brache, außerhalb der urbanen Dynamik stehen und angeeignet werden können. In vielen Interventionen im Stadtraum, die von den sogenannten Raumpionieren oder den Nutzenden selbst entwickelt werden, spielt die urbane Leere als unbesetzter Möglichkeitsraum eine entscheidende Rolle.

Friedrich von Borries et al. (2013) definieren den Begriff Intervention als Dazwischen-gehen und damit auch als nach mehreren Seiten gerichtet. Mit dieser Definition können die urbanen Interventionen nicht mehr nur als künstlerisches oder subversives Handlungsmodell gesehen werden, sondern spannen ein weites Feld von Eingriffen im urbanen Alltag auf.

»Urbane Interventionen der Alltagskultur entstehen nicht aus einem disziplinären Diskurs heraus, sondern folgen den individuellen, teils spontanen Bedürfnissen der Akteur_innen, die diese im Alltag verankern wollen. Sie sind auch nicht – wie Protest-Interventionen – Teil eines größeren, politisch-ideologischen Zusammenhangs, sondern verorten sich im Alltäglichen, Praktischen, Lebensnahen.« (ebd., 11)

Der Begriff der urbanen Intervention ist inzwischen zu einem Sammelbegriff geworden, der nicht nur subversive und künstlerische Praktiken einschließt. In der Architektur und im Städtebau wird der Begriff urbane Intervention mit großer Selbstverständlichkeit verwendet, wenn es darum geht, durch punktuelle Aktionen ein »Handlungsvakuum zu schließen«, das sich aufgrund der disziplinären Ratlosigkeit in Bezug auf aktuelle Themen der Stadtentwicklung ergibt (Oswalt zit. nach Borries et al. 2012, 196).

Die Architekten Ronald und Erik Rietveld (2014) entwickeln ein Handlungskonzept für urbane Leere, das an den künstlerischen Interventionsbegriff angelehnt ist und das durch »strategische Intervention« an leeren Orten der Stadtlandschaft eine »gewünschte Entwicklung« in Gang bringen möchte (Rietveld/Rietveld 2014, 8off). Auf Basis einer extensiven, ortsbezogenen und situativen Analyse versuchen die beiden Architekten unterschiedliche Raumdimensionen und Maßstabsebenen in den Planungsprozess einzubeziehen, um Innovationen (besonders im kulturellen und kreativen Bereich) für Leerstand zu initiieren (vgl. Boelens 2009, Boelens 2010).

Urbane Interventionen dieser Art betonen die Außenseiterrolle der Räume, in denen die Aktionen stattfinden, oder forcieren die Auseinandersetzung mit der gewohnten Umgebung. Brachen und ungenutzte Räume sind dabei nicht Zwang zur, sondern Bedingung für städtische Umstrukturierung oder für ein Lern- und Experimentierfeld (vgl. Junge-Reyer zit. nach Urban Pioneers 2007).

Taktiken der Infiltrierung

Die Rolle der Architektinnen und deren Fähigkeiten zur Entwicklung von Taktiken in Krisenzeiten in Verbindung mit Leerräumen stellt der argentinische Architekt und Theoretiker Fernando Diez her. Er beschreibt in seinem Text *Taktiken der Infiltrierung* (Diez 2010), wie die großmaßstäblichen Planungen vergangener Jahrzehnte durch ihre Tabula-rasa-Herangehensweise und die Auflösung des Unterschiedes zwischen Architekturprojekt und städtebaulichem Entwurf isolierte Inseln im Stadtgefüge hervorbrachten.

Im Gegensatz zu dieser Vorgehensweise steht jene von Architekturschaffenden, die neue Praxisfelder erschließen, indem sie, abseits großer Maßstäblichkeiten und dem zentralisierten Kommando der Bauwirtschaft, die Möglichkeiten der bestehenden Stadt aufgreifen (vgl. Diez 2010). Fernando Diez geht in seinen Ausführungen speziell auf die Situation in Argentinien ein, wo aufgrund von Wirtschaftskrisen besonders die traditionellen Auftraggeberinnen der Bauwirtschaft die Architektinnen zur Suche nach alternativen Beschäftigungsfeldern zwingen (vgl. ebd.). Diese Situationen sind allerdings auch im Berufsalltag von Architektinnen außerhalb von Argentinien in Lateinamerika sowie in Europa vorzufinden.

Die *Taktiken der Infiltration* bestehen dabei aus dem »Agieren in der bestehenden Stadt«, dem »Entdecken von geeigneten Standorten in abgewerteten Stadtvierteln« und dem »Injizieren von neuem Leben in verschlafene Nachbarschaften« (Diez 2010, 35, Übersetzung JL). Fernando Diez stützt sein Konzept auf unterschiedliche Bauprojekte in der Stadt Buenos Aires, die in den letzten zwanzig Jahren entstanden sind und in erster Linie auf die Schaffung von Wohn- und Arbeitsräumen für die Mittel- bis Oberschicht abzielen.

Gleichzeitig gehören zu den *Taktiken der Infiltration* auch Handlungsweisen im Umgang mit Brachen und ungenutztem Stadtraum, welche sich in Lateinamerika vielfach im urbanen Alltag der Stadtbewohnerinnen wiederfinden. Dazu zählen u. a. die Besetzung von leerstehenden Häusern und Baulücken für Wohnnutzung oder auch die Aneignung von Freiflächen für informellen Handel. Architektinnen und Planerinnen sind dabei sowohl fachlich Unterstützende als auch Initiatorinnen, die diese Taktiken aufgreifen, davon lernen und/oder weiterentwickeln (vgl. McGuirk 2014). Justin McGuirk nennt Architektinnen, die mit diesen neuen Handlungsweisen arbeiten, *activists* und führt als Beispiele u. a. das Architekturbüro Elemental in Chile, den Architekten Jorge Jáuregui mit dem Projekt *Favela Bairro* in Brasilien oder Urban-Think Tank mit dem Rechercheprojekt *Torre David* in Venezuela an (vgl. ebd.).[11]

Für diese *activists* fungieren die urbanen Leerräume in Form von unregelmäßigen Baulücken, jahrelang unbebauten Parzellen oder leerstehenden Bauwerken als Möglichkeitsräume. Diese Räume werden, so Fernando Diez (2010), durch die kreativen aber auch risikobehafteten Handlungsweisen der Architektinnen in das Stadtgefüge reintegriert und mit dem öffentlichen Raum verbunden. Dabei identifiziert Fernando Diez unterschiedliche Ebenen der Infiltrierung: So gibt es die Ebene der Architektur, wo Leerräume zur baulichen Verdichtung genutzt werden, die Ebene des urbanen Gefüges, in das Architektinnen nicht nur als Designerinnen, sondern auch als Bauträgerinnen intervenieren, um Alternativen zum konventionellen Wohnungsbau zu entwickeln, und schließlich die Ebene des gesamtstädtischen Immobilienmarktes, auf dem Nischen gefunden werden (vgl. Diez 2010). Die Risiken und zugleich Möglichkeiten der Infiltrationstaktiken ergeben sich unter anderem im Entwurf neuer Raumtypologien für unregelmäßige Grundstücke und im Recyceln von existierenden Gebäudestrukturen, was gleichzeitig die Nutzung von Spuren der Geschichte ermöglicht und die Textur der Materialien bereichert (vgl. ebd.).

Eng verknüpft mit den Taktiken der Nutzung von urbaner Leere ist somit die Praxis des Recycelns.

>Der Bestand ist dabei allerdings nicht nur als eine stoffliche und wirtschaftliche Ressource zu werten, sondern auch als wichtiger Baustein, der die Stadt selbst zu einer Ressource für neue Entwicklungen und Lebensstile macht: Die vorhandenen Gebäude verfügen über einen gesellschaftlichen und relationalen Wert und stellen Möglichkeitsräume dar« (Ziehl et al. 2012, 19 f.).

Niko Paech und Annika Rehm (2012) verstehen diese Handlungsweise als eine der Wiederverwertung von Ressourcen in einer Postwachstumsökonomie. Mit dem Begriff urbane Subsistenz wird das Wertschöpfungspotenzial bezeichnet, das durch eigene Leistung mithilfe von Nutzungsintensivierung durch Gemeinschaftsnutzung, Nutzungsdauerverlängerung und Eigenproduktion generiert wird, welches in nicht genutztem urbanen Bestand verortet werden kann (vgl. ebd.). Diese Orte können Menschen dabei unterstützen, unabhängiger von Fremdversorgung zu werden und als Plattformen zum Auf- und Ausbau von Netzwerken dienen. Aufgrund des Fokus auf eine Praxis des Recycelns und der Improvisation stehen nicht unbedingt nur Architektinnen und Städtebauerinnen als Akteurinnen im Mittelpunkt von Raumproduktion, sondern generell die Raumunternehmerinnen sowie die Nutzenden und deren oftmals prekäre Arbeits- und Lebenssituationen.

Kritikerinnen von Recycling und aktuellen Trends wie Upcycling[12] oder Cradle-to-Cradle[13] verlangen eine differenzierte Auseinandersetzung mit der Thematik der Wiederverwertung und sind der Ansicht, dass mit ihr nicht von vorneherein eine Verringerung des Konsums oder mehr Autonomie für die Nutzenden gegeben ist (vgl. Borries et al. 2013). Die Wiederverwertungsstrategien, welche in wirtschaftlich schwachen Regionen seit langem zur Alltagspraxis gehören, wurden in den an Wachstum und Konsum orientierten Wirtschaftssystemen Europas und Nordamerikas erst in den beiden letzten Jahrzehnten entwickelt beziehungsweise benannt.

Der Transformationsprozess von urbaner Leere ist laut Michael Ziehl et al. (2012) durch Einfachheit, Improvisation sowie eine spezifische Ästhetik gekennzeichnet. Der Publikation *second hand spaces* zufolge, die sich mit dem Recyceln von Orten befasst, geschieht der Wandel der bestehenden Räume nicht mithilfe von Plänen und Strategien. Die Autoren und Autorinnen verweisen auf Michel de Certeaus (1988) Definitionen von Strategien als Widerstand und von Taktiken als Handlungen, die sich der Zeit widmen (vgl. ebd.). Die Transformation von Orten wie den *second hand spaces* basieren nicht auf Strategien, sondern auf einem Spiel mit der Zeit (Haydn 2012, 133).

>Für einen besonderen Ort ist bezeichnend, dass er zeitlich begrenzt zur Verfügung steht. In jedem gebrauchten Gut, das aus zweiter Hand erstanden wird, ist das Besondere die eingeschriebene Zeit. Im Gegensatz zu dem Neuen, das noch ohne Zeit ist und alleine die Zukunft vor sich zu haben scheint, wird mit einem Gut aus zweiter Hand auch etwas von der Zeit, aus der Zeit davor, ein Mehr übergeben, das keinen direkt aussprechbaren Code verlangt. Auch dieses Mehr-Geben hat am besonderen Ort Zeit zur Entfaltung.« (ebd., 133)

Die Dimension der Zeit spielt im Lern- und Experimentierfeld der Brache in der Praxis der temporären Nutzung eine besondere Rolle. Die Praxis der temporären Nutzung in experimentellen, kreativen Mischformen fördert außerdem die Bewusstseinsbildung bei Bewohnerinnen für die Möglichkeiten von leerstehenden Bestandsgebäuden und -arealen. So entwickelt sich die Zwischennutzung als ein neues Planungsinstrument im Umgang mit urbanen Leerräumen, weil damit die in der Stadtentwicklung wichtigen Komponenten »Sichtbarkeit und Impulsfunktion« (Dissmann 2011, 163) umgesetzt werden können. Es handelt sich hierbei, wie der Name besagt, um eine zeitlich begrenzte Handlungsweise, und um einen Möglichkeitsraum, in dem unterschiedlichste Interessen erfüllt werden können. Wenn urbane Leerräume »aus der Zeit gefallen sind« (ebd., 157), dann handelt es sich bei Zwischennutzungen um die temporäre Rückholung dieser Räume in die urbane Dynamik.

Die temporäre Nutzung von Brachen und urbanen Leerräumen wird dort als mögliche Lösung gesehen, wo klassische Stadtplanung und marktwirtschaftliche Verwertung in der Aufrechterhaltung der urbanen Dynamik versagen (vgl. Misselwitz et al. 2007). Dennoch handelt es sich bei der Zwischennutzung nicht um eine Alternative zur Immobilienverwertung (vgl. Arlt 2006). Viel eher werden inzwischen die Praktiken der Pionierinnen der Zwischennutzung auch im Sinne einer neoliberalen Verwertung von urbanen Räumen angewandt. Durch die gesteigerte Dynamik von Nutzungswechseln werden heutzutage auch im formellen Immobilienmarkt die Praktiken der Zwischennutzung gefördert und somit nicht mehr nur von jenen ausgeübt, die mittels kultureller Subversion den öffentlichen Raum der Städte bespielen (vgl. Temel 2006). Dadurch entsteht eine große Vielfalt an temporären Nutzungen von urbanen Leerräumen. Sie reicht von zentralen Orten für die Kulturproduktion über temporäre Arbeitsplätze für prekäre Kreativarbeit bis hin zu Pop-Up Stores namhafter Modemarken (vgl. Angst et al. 2010).

In diesem Zusammenhang liegt die Praxis des Füllens eines Raumes mit Funktion als Lösung für die Aufrechterhaltung oder Wiederherstellung der urbanen Dynamik nahe. Die in den Disziplinen Architektur und Städtebau oftmals außer Acht gelassene Frage nach der Konstruktion von Nutzungen wird dort ab Ende der 1990er Jahre gestellt und bearbeitet (vgl. Kohoutek/Kamleithner 2006). So findet sich seitdem in vielen Beispielen der Zwischennutzung die Praxis eines kreativen Suchens nach neuen Funktionsmöglichkeiten. »Das Spektrum möglicher Nutzung, die sich in der Regel als Zwischennutzungen verstehen und somit temporären Charakters sind, ist offen, (...): Stadion, Königreich, Film, Bolzplatz, Fußball, Garten, Naturschutz, Spielplatz, Weg, Feiern, Hühnerhof, Indianerdorf, Paradies, Bazar« (Dissmann 2011, 126). Damit wird die spezifische Sichtweise der temporären Orte durch die Raumpioniere erkennbar: Sie werden nicht als leer wahrgenommen, sondern als »Projektionsflächen« und »Palimpseste«, auf denen sich Spuren abbilden (Temel 2006, 64). Gleichzeitig sind Zwischennutzungen nicht nur Lückenfüller, sondern haben vielfältige Wirkungen im urbanen Raum (vgl. Lecke-Lopatta 2012).

Eine Vielzahl an Publikationen im deutschsprachigen Raum beschäftigt sich mit unterschiedlichen Aspekten der temporären Nutzung leerstehender Gebäudestrukturen. Anlass für die Auseinandersetzung mit der Thematik ist zunächst die

Unzulänglichkeit bestehender Planungsinstrumente in strukturschwachen Gebieten und schrumpfenden Städten (vgl. Oswalt 2005a/b, Oswalt/Rieniets 2006). Die Publikationen behandeln das Thema der temporären Nutzungen unter anderem anhand von künstlerischen Interventionen, deren historischen Vorläufern mittels Beispielstädten und im Zusammenhang mit der Stadtplanungsgeschichte (vgl. Borries et al. 2013, Feuerstein/Fitz 2009). Ebenso erscheinen Publikationen, in denen sich das Interesse der Disziplinen Architektur und Städtebau am Nicht-Geplanten, Alltäglichen und Informellen im Zusammenhang mit temporären Phänomenen ausdrückt (vgl. Doßmann, Wenzel/Wenzel 2006, Oswalt/Overmeyer/Misselwitz 2013) oder in denen Beispiele und Analysen von temporären Räumen gesammelt sind (vgl. Haydn/Temel 2006).

Die Praktik der Zwischennutzung findet sukzessive Eingang in die Planungsagenden von Städten und in Publikationen, die zum einen konkrete Analysen zur Leerstandsthematik in europäischen Städten vorstellen und zum anderen Anleitungen für die Handlungsweisen der Zwischennutzung geben (vgl. Angst et al. 2010, Hertzsch/Verlic/Dangschat 2013, Huber/Overmeyer 2014). Mit der Institutionalisierung und Formalisierung eines bis dahin selbstorganisiert stattfindenden Prozesses werden auf operativer Ebene Institutionen eingerichtet, die eine einfachere Praxis der Aneignung ermöglichen. Mittlerweile gibt es »Agenten« (Angst et al. 2010, 64), die als private Informationsvermittelnde oder sogenannte öffentliche Zwischennutzungsagenturen die Akteurinnen rund um die Nutzung von Leerstand auf temporärer Basis vernetzen. Dazu gehören zum Beispiel die ZwischenZeitZentrale in Bremen, die Kreativagentur in Hamburg oder auch virtuelle Plattformen des kollektiven Mappings wie leerstandsmelder.de/.at.

Durch die Auseinandersetzung mit Zwischennutzung erhält die zeitliche Dimension eine neue Bedeutung in der Architektur- und Städtebaupraxis (Misselwitz et al. 2007, 86). Planung zielt in diesem Kontext auf eine zeitlich begrenzte Intervention ab, ohne dass dabei eine Gesamtentwicklung festgeschrieben wird (vgl. ebd.). Dadurch, dass vom Bestand ausgegangen wird und dieser nicht das projektierte Endprodukt darstellt, kommt es zu einer Änderung der Handlungsweisen in den Planungsdisziplinen. In jenem Teilbereich der Disziplinen Architektur und Städtebau, der sich mit Zwischennutzung befasst, wird daran gearbeitet, wie die Eigendynamik des Bestandes entfaltet werden kann.

Dadurch wird auch die Rolle der Architektinnen und Städtebauerinnen innerhalb des Planungsprozesses relativiert. Im Rahmen der Zwischennutzung sind die Personen, die die temporären Orte nutzen, zentrale Akteurinnen und »Autoren der Raumproduktion« (ebd., 86). Gleichzeitig treten Planende nun als Ermöglichende oder Betreuende auf (vgl. Fingerhuth 2014, Misselwitz et al. 2007).

Nicht zuletzt aufgrund der Komplexität der Ausgangslage mit unterschiedlichen Interessenslagen, rechtlichen Vorgaben, Vorhanden- beziehungsweise Nicht-Vorhandensein von motivierten Akteurinnen (oder Milieus), Wünschen nach finanzieller Stabilität etc. stellt sich die Zwischennutzung längerfristig nicht in allen Fällen als adäquates Instrument für den Umgang mit Leere heraus. So bleiben Zwischennutzungen als »kleine, Akupunkturen vergleichbare Interventionen von hoher Innovation in ihrer Wirkung auf die Städte beschränkt« (Eisinger/Seifert 2012, 257) und liefern keine Antworten auf großmaßstäbliche Planungen.

Angelus Eisinger und Jörg Seifert (2012) gehen mit ihrem Konzept *UrbanRESET* explizit auf eine neue Praxis des Reaktivierens von urbanen Bestandsstrukturen ein und entwickeln eine eigene Zugangsweise auf Basis von Fallbeispielen, die jenseits von Masterplanung und Zwischennutzung stehen. *UrbanRESET* sieht sich als »Alternative zu Tabula-rasa-Strategien, als gezielte Suche nach Potenzialen eines dominanten Bestands« (Eisinger/Seifert 2012, 42).

Das Konzept *UrbanRESET* stellt die urbanistischen Aspekte des Bestands in den Vordergrund, wobei anstatt der baulich-räumlichen die städtebauliche Kreativität als Ressource betrachtet wird. Dabei stehen nicht die Definition allgemeingültiger Begriffe oder die Bildung von Typen für diese Bestandsstrukturen im Vordergrund, sondern neue Handlungsweisen, die städtebauliche Kreativität erfordern und fördern. Diese neuen Handlungsweisen grenzen Angelus Eisinger und Jörg Seifert von »mehr oder minder kompetenten Routinen« (ebd., 14) zur Stadtproduktion ab. Die städtebauliche Kreativität wird von den Herausgebern nicht nur den Fachdisziplinen zugeschrieben, sondern als eigenständige urbane Praxis verstanden (vgl. ebd.).

Die urbane Praxis zeichnet sich dadurch aus, dass sie die von den Herausgebern identifizierten immanenten Potenziale von Bestandsstrukturen und die »urbanen Optionen des Vorhandenen« aufgreift (ebd., 7). Für das Aktivieren des Potenzials gesellschaftlicher Imagination müssen bisher nicht erkannte Sinnzusammenhänge aus den vielfältigen Bedingungen des Ortes heraus entwickelt werden (vgl. ebd.). Die Sinnzusammenhänge basieren dabei auf einer einmaligen und lokal spezifischen urbanen Imagination, die anhand der Erkenntnisse über den Ort, seine Geschichte und seinen Alltag die Konkretisierung einer abstrakten Aufgabe fördern (ebd., 14). Die Orientierung an der Spezifik von Orten und Handlungsweisen verdeutlicht die Negierung eines allgemeingültigen Rezepts. *UrbanRESET* ist »keine Anleitung für das Finden der Stadt der Zukunft in den Strukturen der Stadt von gestern, sondern zeitgemäße, zukunftsfähige Umformung« (ebd., 257).

Die von Angelus Eisinger und Jörg Seifert angeführten Fallbeispiele dienen als Ausgangsbasis für drei Begriffe, die das Konzept *UrbanRESET* auf den Punkt bringen, »reconsider«, »relaunch« und »reintegrate« (ebd., 248 ff.). Dabei ist mit *reconsider* ein Umdenken gemeint, das den Bestand mit immanentem Potenzial wertschätzt. *Relaunch* bezeichnet den Prozess der systematischen Suche nach einem geeigneten Transformationskonzept, welches anschließend ausformuliert wird. *Reintegrate* steht für die Konturierung, Anpassung und Umsetzung des *relaunch*-Konzeptes.

Städtebauliche Kreativität agiert dabei prozessual (vgl. ebd.). Die drei Elemente *reconsider*, *relaunch* und *reintegrate* sind nicht als Etappen oder nacheinander folgende Phasen zu verstehen, sondern stehen in einem dynamischen Verhältnis zueinander. So entwerfen Angelus Eisinger und Jörg Seifert auch keine Strategie oder Arbeitsanleitung für *UrbanRESET*-Prozesse, sondern geben schlagwortartige Hinweise für eine an ihrem Konzept orientierte Planungspraxis: »Identität und die Geschichte des Ortes«, »Sehen-Aufzeigen-Argumentieren«, »Entwerfen heißt Entscheiden«, »Bilder in Narrationen einweben«, »Dialogfähige Advokaten«, »Robustheit/Resilienz«, »Das Große und das Kleine«, »Experten des Urbanen« und »Austausch mit gesellschaftlicher Zeit« (ebd., 254). Diese

Praxis urbaner Kreativität steht in einem Gegensatz zu der im Kapitelabschnitt über die Brache als Ruine beschriebenen Art der Stadtplanung, in deren Rahmen das Realisieren von Stadt durch hoch-kompetente Routinen erstrebenswert erscheint (vgl. ebd.).

Zusammenfassend, zeigt dieser Kapitelabschnitt die Perspektivenvielfalt in den Disziplinen Architektur und Städtebau seit der Moderne, auf die die offenen Definitionen urbaner Leere verweisen. Die Erweiterung der Perspektiven lässt unterschiedliche räumliche und zeitliche Dimensionen der Leere erkennbar werden, welche sich in der Heterogenität der Handlungsweisen widerspiegeln. Das besondere Zeitverständnis verdeutlicht sich dort wo Planende und außerdisziplinäre Raumpionierinnen die Transformation der Leere nicht als linear verlaufende, zielgerichtete Strategie entwerfen. Das Verständnis der Leere als Bruch innerhalb eines kontinuierlichen Wandels wird nicht als Anlass dafür gesehen, Strategien zu entwickeln, um in ursprüngliche Abläufe zurückzukehren. Die unterschiedlichen Möglichkeiten der Leere gelten vielmehr als multiple Zukunftsszenarien im Sinne von Kontingenz,[14] die durch temporäre Aneignungen und räumliche Interventionen getestet werden. Bei Durchsicht des derzeitigen Fachliteraturstandes zur Leere bleibt eine Reihe von Fragen zur Qualität und Emergenz von Leere im Zusammenhang mit den Routinen der Disziplinen Architektur und Städtebau offen.

C.4 Urbane Leere und raum-zeitliche Komplexität

»Man vollzieht einen Bruch, zieht eine Fluchtlinie; man riskiert aber immer, auch hier auf Organisationen zu stoßen, die das Ganze erneut schichten (...)« (Deleuze/Guattari 1977, 16).

Die Auseinandersetzung mit disziplinären Befunden zur Brache zeigt, dass in diesem Themenfeld Erkenntnisse zu erwarten sind, die es ermöglichen, komplexe urbane Transformationsprozesse unserer Zeit zu verstehen. Der dargestellte Forschungsstand vermittelt Einblicke in die entstandene Komplexität der Sichtweisen, Konzepte und Handlungsweisen rund um die Thematik der Brache in den Disziplinen Architektur und Städtebau. Für ein Verständnis des Konzepts der Brache sowie den damit einhergehenden Handlungslogiken innerhalb der Planungsdisziplinen sind besonders die ▷KAPITELABSCHNITTE C.2. und ▷C.3. relevant, da sie auf Veränderungen des Raumverständnisses in Bezug auf Brachen und damit einhergehende Handlungslogiken innerhalb der Disziplinen verweisen. Durch eine Strukturierung dieser parallel existierenden, heterogenen Bracheninterpretationen werden im Folgenden die Spezifika und Gemeinsamkeiten in den europäischen und lateinamerikanischen Planungsdisziplinen zusammengefasst und die für die in diesem Buch präsentierte Arbeit relevante Forschungslücke herausgearbeitet.

In der verarbeiteten Fachliteratur des ▷KAPITELABSCHNITTS C.2 dominiert die Vorstellung der Brache als ein Ereignis, das einen kontinuierlichen Prozess unterbricht. Diese Unterbrechung wird als Problem gesehen, dem mit einer möglichst raschen Überbrückung begegnet werden soll, indem mit linearen Planungsstrategien der Eindruck einer kontinuierlichen Transformation erweckt wird. Im Gegensatz dazu betont die Literatur im ▷KAPITELABSCHNITT C.3 das Prozesshafte des Phänomens der Brache und ihre Transformationsmöglichkeiten als Potenzial. Damit werden komplexere Handlungslogiken evident, welche nicht mehr nur den Expertinnen der Disziplinen Architektur und Städtebau als Akteurinnen zuzurechnen sind.

Generell zeigt die Fachliteratur die Vielfältigkeit und Komplexität des Brachenphänomens auf. Auffallend ist, dass besonders lateinamerikanische Autorinnen wie Adriana de Araujo Larangeira (2004), Nora Clichevsky (2002, 2007a) und Adriana Fausto-Brito (2005) in ihren Definitionen und Beschreibungen der Brache über die Physis des Phänomens hinausgehen. So werden funktionale, soziale, ökologische, ökonomische und normative Dimensionen der Brache sowohl als wesentliche Charakteristika bei der Definition als auch beim Erstellen von Strategien berücksichtigt. In der europäischen Literatur werden für ein erweitertes Verständnis des Phänomens zusätzlich Anleihen aus anderen Disziplinen gemacht. In der Zusammenschau der lateinamerikanischen sowie europäischen Fachliteratur zeichnet sich ein Bild der Brache als Leere ab, in welchem der Raum als ein vielfältiges Phänomen erscheint.

Infolge der unterschiedlichen Begrenzungen dargestellter Brachenkonzepte wird eine neue Bezeichnung des Phänomens notwendig. Mit der Einführung der offeneren Bezeichnung urbane Leere soll, in Übereinstimmung mit dem Ziel der hier vorgestellten Arbeit, in den Planungsdisziplinen eine Perspektivenerweiterung zu generieren, eine Reduzierung auf rein physisch-räumliche Aspekte vermieden werden. Es handelt sich um eine Bezeichnung, die in sich Widersprüche birgt und damit gleichzeitig vorschnelle Festlegungen und Definitionen verhindert. »Das Urbane« bringt eine Fülle an gesellschaftlichen und historischen Bedeutungen, Praktiken, Ergebnissen etc. mit sich und kann damit zu keinem Zeitpunkt als leer gelten (vgl. Marcús/Vazquez 2017). Die Verwendung der Bezeichnung urbane Leere soll ein Gestaltsehen (vgl. Fleck 2012) bereits zu Beginn erschweren und die gedanklichen Bilder von Architektinnen und Leserinnen zunächst bewusst offen halten. Im weiteren Verlauf dieses Buches wird daher anstatt des Begriffes der Brache urbane Leere verwendet.

Die Leere als (Un)möglichkeitsraum

Sowohl in der europäischen als auch in der lateinamerikanischen Literatur findet eine Auseinandersetzung mit der Diskontinuität, d. h. nicht-linearen Entwicklungsprozessen, als Notwendigkeit sowie als Möglichkeit für komplexe Herausforderungen der Stadtentwicklung in instabilen Zeiten statt (vgl. Eisinger/Seifert 2012, Solà-Morales 2009).

Die Leere als Bruch innerhalb eines kontinuierlichen Wandels eröffnet Möglichkeiten des Handelns abseits routinierter Abläufe. Die Relevanz des Themenbereichs der Möglichkeiten als Potenzial wurde in den Ausführungen von Christine Dissmann (2011), Sophie Wolfrum (2007, 2013, 2015) und Jens Fischer et al. (2003), Angelus Eisinger und Jörg Seifert (2012) sowie Ignasi Solà-Morales (2009) u. a. zur Brache als Möglichkeitsraum evident. Besonders europäische Autorinnen und Architektinnen weisen in rezenten Publikationen auf die Leere als Möglichkeitsraum als etwas Neues hin und diskutieren die Transformation von Leere anhand von realen Beispielen, die sich durch städtebauliche Kreativität (vgl. Eisinger/Seifert 2012) auszeichnen. Diese Suche nach bisher unbeachteten Orten und das Interesse an andersartigen Praktiken in den europäischen Planungsdisziplinen kann sowohl auf eine disziplinäre Krise in Bezug auf die eigenen Handlungsmodelle und Instrumente zurückgeführt werden, als auch in Verbindung gebracht werden mit der in Europa gegebenen Notwendigkeit, sich verstärkt mit diskontinuierlichen Transformationen und Krisen auseinanderzusetzen.

Warum die urbane Leere in Europa in erster Linie als positiv konnotierte Möglichkeit und als Potenzial erörtert wird und die bereits angeführten Phänomene der Leere als Dominanzraum oder einzigem Überlebensraum (vgl. Mitchell 2013) nahezu außer Acht gelassen werden, ist eine offene Frage, bei der das verengte Gestaltsehen (vgl. Fleck 2012) innerhalb der Planungsdisziplinen eine wesentliche Rolle spielt. Die Antwort kann auf die Begeisterung der (europäischen) Disziplinen Architektur und Städtebau zurückgeführt werden, etwas für die Disziplinen »Neues« entdeckt zu haben, das im Widerspruch zu disziplinären Handlungsweisen und Denkstilen (vgl. ebd.) steht.

Urbane Leere als Ort widersprüchlicher Handlungsweisen

Die Disziplinen Architektur und Städtebau in Europa zeigten zuletzt vermehrt Interesse an jenen alltäglichen Transformationsprozessen der urbanen Leere, die dort als Gegensatz zu den hoch-kompetenten Strategien der Brachenkonversion mittels Masterplänen und großmaßstäblichen Investitionen gesehen werden. Es ergibt sich aus Sicht der europäischen Disziplinen Architektur und Städtebau eine scheinbare Gegensätzlichkeit zwischen dem Planen im »technokratisch ausgebauten, vollgeschriebenen und funktionalisierten Raum« (de Certeau 1988, 15) als Strategie und dem alltäglichen, kreativen Umgang mit der urbanen Leere als Taktik. Die im Kapitelabschnitt zur Leere beschriebenen Taktiken rund um den Transformationsprozess erscheinen für die Disziplinen Architektur und Städtebau als andersartige alltägliche Praktiken. Entgegen dieser Sichtweise treffen am Ort der urbanen Leere allerdings verschiedene Handlungslogiken zusammen. Dabei mischen sich Architektinnen und Planungsexpertinnen mit »Raumpionierinnen« (Fischer et al. 2003, 65) und Alltagsexpertinnen.

Das breite Spektrum von involvierten Akteurinnen schlägt sich in den Analyseergebnissen von europäischen und internationalen Beispielen der Brachentransformation nieder (vgl. Baum/Christiaanse 2012, Eisinger/Seifert 2012, Ziehl et al. 2012). In den Brachentransformationen erfährt die Rolle von Architektinnen und Planerinnen als Konstrukteurinnen von physischem Raum eine Verschiebung und wird u. a. durch

Bezeichnungen wie Aktivistinnen, Ermöglicherinnen, Betreuende oder Raumpionierinnen erweitert (vgl. Fingerhuth 2014, Fischer et al. 2003, McGuirk 2014). Mit diesem Rollenverständnis einhergehend erkennen die Vertreterinnen dieser Denkweise gleichzeitig die Vielzahl an Akteurinnen an, die an der Raumproduktion beteiligt sind und eigene Handlungsweisen einbringen. Dass es sich dabei um keinen einheitlichen Denkstil innerhalb der Disziplinen Architektur und Städtebau handelt, zeigt die Diskussion im ▷KAPITELABSCHNITT C.2. Denn in der Baupraxis (wie auch in der Theorie) teilen sich Spezialistinnen noch allzu oft den Raum unter einander auf und agieren bezüglich ihrer Raumfragmente, anstatt den Raum und die Beziehungen der Fragmente ins Zentrum zu stellen (vgl. Löw/Sturm 2005).

Aus letztgenannter Handlungs- und Gedankenlogik heraus lässt sich erklären, warum auch am Ort der urbanen Leere eine dichotome Trennung zwischen strategischen und taktischen Praktiken und vollen und leeren Nutzungsräumen postuliert wird, obwohl die Literatur die Diversität der Handlungsweisen und Nutzungsmöglichkeiten aufzeigt. Aus der vorliegenden Fachliteratur wird zum einen ersichtlich, dass die urbane Leere Handlungsweisen fördert, die außerhalb von gängigen Routinen der Disziplinen Architektur und Städtebau stehen (vgl. Baum/Christiaanse 2012, Eisinger/Seifert 2012, Ziehl et al. 2012). Zum anderen wird deutlich, dass die urbane Leere als Randthema in der funktionalistischen, technokratischen Stadtplanung und als Bruch in der vermeintlich kontinuierlichen Stadtentwicklung eine Herausforderung für routinierte, städtebauliche Handlungsweisen darstellt.

Die taktischen Handlungsweisen rund um die urbane Leere werden innerhalb der Disziplinen Architektur und Städtebau als Gegensatz zu deren Handlungslogik des strategischen Planens wahrgenommen. Die Unterscheidung zwischen geplanter Stadt und alltäglichem Städtischen, wie sie u. a. vom katalanischen Anthropologen Manuel Delgado (2007) getroffen wird, spiegelt diese Denkweise wider. Manuel Delgado schreibt explizit, dass die Planung der Städte notwendig sei, während das alltäglich praktizierte Städtische nicht geplant werden kann und soll (vgl. ebd.). Im Gegensatz zu dieser dichotomen Denkweise deuten die Beispiele in der in diesem Kapitel angeführten Fachliteratur an, dass Architekturschaffende sowohl in taktische als auch strategische Praktiken im Transformationsprozess der urbanen Leere involviert sind. Die Diversität und Widersprüchlichkeiten von Handlungsweisen, die am Ort der urbanen Leere stattfinden, sind in der Literatur nicht zusammenhängend dargestellt. So ist der Aspekt der urbanen Leere als Ort, an dem taktische und strategische Handlungsweisen aufeinandertreffen und miteinander in eine dynamische Verbindung treten, bisher nicht erforscht.

Besonders in den Zuordnungen von taktischen und strategischen Handlungsweisen zeigen sich lokal spezifische Unterschiede in Europa und Lateinamerika. Werden in der Literatur in Lateinamerika besonders informelle Praktiken der Aneignung von Raum als Alltagsphänomen hervorgehoben und erforscht (vgl. Brillembourg/Klumpner 2013, Lepik 2010), findet sich in Europa im Zusammenhang mit solchen Praktiken die Zuschreibung der Neuartigkeit (vgl. Baum/Christiaanse 2012, Eisinger 2012, Eisinger/Seifert 2012, Ziehl et al. 2012). Diese Zuordnungen verdeutlichen, dass die Spezifik der urbanen Leere in Europa noch nicht hinreichend erforscht ist. Werden die Handlungsweisen der Transformation von Leere in einem internationalen

Kontext betrachtet (wie zum Beispiel im Buch »City as Loft«, Baum/Christiaanse 2012), so muss nicht nur die Spezifik der Orte auf ökonomischer, sozialer, politischer und kultureller Ebene miteinbezogen werden, sondern auch die Spezifik der dortigen Handlungsweisen vor dem Hintergrund eines globalen Phänomens. Martina Baum (2012) beschreibt die schwierige Suche nach Beispielen für das *loft*-Konzept außerhalb von Europa und Nordamerika. Es stellt sich die Frage, ob diese »neuen« Handlungs-ansätze zur Transformation außerhalb dieser beiden Kontinente tatsächlich noch »in den Kinderschuhen stecken« (Baum/Christiaanse 2012, 13, Übersetzung JL), oder ob nicht die Konzepte und Dimensionen der Handlungsweisen in jenen Weltregionen einer genaueren Untersuchung bedürfen.

Obwohl die vorgestellten Konzepte, wie zum Beispiel jenes des *lofts* (vgl. Baum/ Christiaanse 2012), neue Perspektiven im Umgang mit urbanem Bestand eröffnen, ergeben sich zugleich Lücken im Hinblick auf eine lokal spezifische und über Dicho-tomien hinausgehende Erforschung der urbanen Leere. So wird von einigen Autorin-nen und Autoren das Vertiefen des nur ansatzweise vorhandenen Wissens zur Bra-chentransformation sowie ein disziplinübergreifendes Verständnis von räumlichen Veränderungsprozessen gefordert (vgl. Baum/Christiaanse 2012, u. a., Clichevsky 2007a/b, Eisinger/Seifert 2012, Solà-Morales 2009, Wolfrum 2013). Die bisher fehlenden Untersuchungen der urbanen Leere in Bezug auf lokale Spezifika sowie die Wider-sprüchlichkeiten dort stattfindender Handlungsweisen erscheint besonders rele-vant im Hinblick auf die Erweiterung des Denkstils der Disziplinen Architektur und Städtebau. An der urbanen Leere treten urbane Transformationsprozesse mit ihren Widersprüchlichkeiten von geplanten und alltäglich praktizierten Handlungsweisen besonders hervor, weshalb sie sich als Forschungsobjekt zu deren tiefergehender Untersuchung eignet.

D

Wie erweitert die Leere Perspektiven?

»Die Leere ist das Gegenstück zum Echten, zum Wahren, und nicht zuletzt zum Erwartungsgemäßen« (Dissmann 2011, 21).

D.1 Aspekte der Leere

Zu Beginn der hier präsentierten Forschung stand das Interesse an der Reflexion über die eigenen disziplinären Sichtweisen und Methoden zur Raumproduktion im Vordergrund. Besonders die von den Disziplinen Architektur und Städtebau wahrgenommenen Widersprüche zwischen sogenannten alltäglichen Handlungsweisen und jenen in den Disziplinen warfen Fragen auf, wurden in der Fachliteratur allerdings bislang nur als dichotomes Phänomen beschrieben. Diese Widersprüche treten in den Vordergrund, wenn raumgestaltende Disziplinen wie Architektur und Städtebau in Krisen keine adäquaten Lösungen finden und die Stadt durch alltägliche Praktiken verstärkt selbstorganisiert gestaltet wird. Das Forschungsinteresse entstand ausgehend von der im Praxisalltag beobachteten Problematik unzulänglicher architektonischer und städtebaulicher Lösungen, sowie der Einsicht, dass eine tiefergehende Auseinandersetzung mit komplexen urbanen Phänomenen notwendig ist (vgl. Dell 2014, Othengrafen 2014). Denn die »Unterscheidung von hintergründigen und vordergründigen Phänomenen«, die »Komplexität von Akteurinnen« und die unterschiedlichen Wirkungskräfte sind immer schwieriger zu verstehen (Brighenti 2013, xvi, Übersetzung JL). Daraus ergibt sich ein am Verstehen komplexer urbaner Transformationsprozesse ausgerichtetes Forschungsinteresse, welches über eine monodisziplinäre Betrachtungsweise hinausgeht.

Da besonders an den Bruchstellen der vermeintlich kontinuierlichen Stadtentwicklung die Herausforderungen für bisherige (architektonische und städtebauliche) Handlungsweisen sichtbar werden, fiel die Wahl des Forschungsobjekts auf die urbane Leere. Analog zur Tatsache, dass Stadt in der zeitgenössischen Stadtforschung nicht mehr als Einheit, sondern als komplexes und heterogenes Phänomen betrachtet wird, kann und muss auch die urbane Leere als Teil dieser in ihrer Vielfältigkeit und Komplexität gesehen werden. Die komplexen Abläufe und Akteurskonstellationen im Transformationsprozess der urbanen Leere stehen im Gegensatz zu oftmals linearen, planerischen Erwartungen und lassen sich nicht auf den Handlungsbereich der Disziplinen Architektur und Städtebau eingrenzen. Wie aus der vorliegenden Fachliteratur hervorgeht, ist die urbane Leere ein vielfältiger Ort der Urbanität und Raumproduktion, der im vermeintlichen Widerspruch zur architektonischen und städtebaulichen Planungspraxis mit ihren linearen Planungsabläufen steht. Diese Forschungsarbeit fokussiert insbesonders einen Aspekt ihrer Vielfältigkeit: das Zusammentreffen unterschiedlicher (sowohl taktischer als auch strategischer) Handlungsweisen, die in der urbanen Leere in dynamischer Verbindung stehen. Ziel der Erforschung der urbanen Leere ist ein profundes Verständnis ihrer komplexen Transformation im Hinblick auf das Zusammenspiel von unterschiedlichen Handlungslogiken und Raumdimensionen.

Die relationale Leere in Raum und Zeit

Die Komplexität der urbanen Leere ist durch eine Vielfalt an räumlichen und zeitlichen Aspekten bedingt. Urbane Leere lässt sich nicht auf eine physisch-materielle Raumdimension reduzieren, auch wenn die Stadtbrache als Forschungsgegenstand den Ausgangspunkt bildet. Vor diesem Hintergrund wird in der Forschungsarbeit von Raum und Zeit als relationalen, sich wechselseitig bedingenden Phänomenen ausgegangen (vgl. Amin/Thrift 2002, Massey 2005, May/Thrift 2001). Um urbane Leere als eine dynamisch-komplexe Transformation betrachten zu können, sind Raumkonzepte erforderlich, die über die Erfassung des Materiellen hinausgehen und die Dimension der Zeit miteinbeziehen. Theoretische Raum- und Zeitkonzepte können in Anbetracht der Komplexität urbaner Transformationsprozesse helfen, »mehr Raum‹ zu sehen, auch die Ebenen, Modalitäten oder Konstitutionsprozesse zu erkennen, die nicht erst aus der Notwendigkeit zum Überleben sichtbar werden« (Rau 2013, 55). Indem mit den relationalen Raum- und Zeitkonzepten sowohl Raum als auch Zeit in Beziehung und nicht mehr als Substanzen beziehungsweise neutrale Behälter gesellschaftlicher Verhältnisse betrachtet werden, entfällt auch die rein geographische Lesart von räumlichen Phänomenen (vgl. Prigge 1986). Im Entstehungs- und Handlungsprozess müssen sowohl Raum als auch Zeit als heterogene und dynamische Elemente verstanden werden (vgl. Massey 2005).

Aus diesen Überlegungen folgt die Entscheidung, die Thematik der urbanen Leere mittels gesellschaftstheoretischer Konzepte zu untersuchen. Dieter Läpple zeigt die Relevanz einer solchen Betrachtungsweise in den folgenden beiden Zitaten auf.

»Wenn aber ›Raum‹ und ›Zeit‹ in den gesellschaftlichen und natürlichen Veränderungsprozessen so unmittelbar miteinander verknüpft sind, dann müßte das Raumproblem gleichermaßen ein konstitutives Moment jeglicher Form menschlicher Vergesellschaftung und dementsprechend auch Bestandteil einer Gesellschaftstheorie sein« (Läpple 1991, 162).

»Der *gesamtgesellschaftliche Raum* ergibt sich somit als eine *komplexe und widerspruchsvolle Konfiguration* ökonomischer, sozialer, kultureller und politischer Funktionsräume, die zwar ihre jeweils spezifische Entwicklungsdynamik haben, zugleich jedoch in einem gegenseitigen Beziehungs- und Spannungsverhältnis stehen« (ebd., 199).[1] Die Heterogenität von Räumen wurde auch von anderen Autoren wie Mike Crang und Nigel Thrift (2000, 3 ff.) thematisiert, indem sie deren Vielfalt als »spaces of language, spaces of self and other, interiority and exteriority, metonymic spaces, spaces of agitation, spaces of experience, spaces of writing...« erfassen. In dieser Arbeit wird mit dem Begriff Raumdimensionen auf die Vielfältigkeit von Raum hingewiesen.

Zur Fragestellung, auf welche Weise mit der komplexen und widerspruchsvollen Konfiguration von Räumen und ihren Entwicklungsdynamiken methodologisch umzugehen sei, wurden von Dieter Läpple (1991) und Gabriele Sturm (2000) konzeptionelle Vorschläge entwickelt, die der Vielfältigkeit von Raum Rechnung tragen und die bei der Forschung für die Orientierung im Raum dienen können. Sowohl in Dieter Läpples Konzept des Matrix-Raumes als auch Gabriele Sturms Quadranten-Konzept werden vier Dimensionen von Raum identifiziert, wobei Gabriele Sturm explizit die Zeitdimension in ihr Modell integriert.

Gabriele Sturm (2000) benennt die vier Quadranten nach der materiellen Gestalt des Raumes, der strukturierenden Regulation im Raum und des Raumes (z. B. wie Räume durch Gesetze oder Pläne entstehen), dem historischen Konstituieren des Raumes (z. B. Handlungsweisen von Menschen zur Raumproduktion) und dem kulturellen Ausdruck im Raum und des Raumes (z. B. Symbole oder Denkmäler). Die Quadranten spiegeln eine jeweils sehr »eigenständige Facette einer komplexen Raumvorstellung« wider und sind »in ihrer Gesamtheit notwendig, um Raum entstehen lassen zu können« (ebd., 199).

In der urbanen Leere als Element eines gesamtgesellschaftlichen Raumes finden sich alle vier Dimensionen des Quadranten-Konzeptes von Gabriele Sturm wieder. Zur Anschaulichkeit folgt eine kurze Beschreibung der urbanen Leere anhand des Konzeptes, wobei auf die bereits bekannten Aspekte der urbanen Leere aus der Fachliteratur zurückgegriffen wird.

Die vielfältige physische Gestalt der urbanen Leere wird in der Literatur der Disziplinen Architektur und Städtebau in ihrer materiellen Ausprägung und Beziehung zur städtischen Umgebung als Lücken, Perforierungen, Zwischenräume etc. ausführlich behandelt (siehe ▷KAPITELABSCHNITT C.2). Die physische Erscheinung der urbanen Leere steht in Wechselwirkung mit der normativen Dimension (Gesetzen, Flächenwidmungsplänen, Eigentumsverhältnissen, Stadtentwicklungskonzepten, Wirtschaftssystemen etc.), mit der Dimension des historischen Konstruierens (welche Handlungen wie das Aneignen von ungenutzten Räumen beinhaltet) und mit Spuren, Zeichen und Symbolen (welche an der urbanen Leere als Palimpsest ablesbar sind). Diese Spuren, Zeichen und Symbole spiegeln sich als kultureller Ausdruck in einem Bild der Leere wider, welches zum Beispiel in den Disziplinen Architektur und Städtebau die Form von relativ unspezifischen Metaphern als *void*, Zwischenraum oder Möglichkeitsort annimmt. In diesem Zusammenhang wird auch deutlich, dass die architektonische und städtebauliche Sicht auf Brachen als leere Orte nicht von allen Stadtbewohnerinnen und anderen Disziplinen geteilt wird, nachdem sie voll von Erinnerungen und Geschichten sein können. So sehen zum Beispiel Biologinnen die Stadtbrache als einen Ort der Vielfalt von Flora und Fauna.[2] Das Bild der Leere in den Planungsdisziplinen ist ein stark reduziertes und eingegrenztes, weshalb die mit ihr einhergehenden komplexen Herausforderungen nicht adäquat erfasst werden können (siehe ▷KAPITEL B). Dieses Bild wirkt sich einerseits auf die Methoden und Instrumente der Disziplin aus und ist andererseits geprägt von rechtlichen und normativen Rahmenbedingungen. Diese Methoden und Instrumente bestimmen wiederum wesentlich die Handlungen der Architekturschaffenden und manifestieren sich als materieller Ausdruck in der urbanen Leere.

Die kurze Beschreibung der urbanen Leere anhand des Quadranten-Modells verdeutlicht die Vielfältigkeit der räumlichen und zeitlichen Aspekte der urbanen Leere sowie die komplexen Zusammenhänge zwischen den Raumdimensionen und Handlungen. Dies zeigt, in Anlehnung an Gabriele Sturms Modell, dass sich eine Untersuchung der urbanen Leere nicht nur auf einen Quadranten beziehungsweise eine Raumdimension beschränken kann. Für eine Identifizierung von Ordnungsmustern im Raum ist allerdings nicht nur die Berücksichtigung der Vielfalt der räumlichen Aspekte, sondern besonders die Klärung ihrer Zusammenhänge und Qualitäten wichtig, wobei über ein disziplinäres Verständnis der Leere hinausgegangen werden soll.

Urbane Leere ist nicht nur Ergebnis sozialer Handlungsprozesse, sondern beeinflusst auch selbst ihren sozialräumlichen Kontext. Dieser Aspekt lässt sich auf der Grundlage des Konzeptes der *Assemblage* (vgl. De Landa 2013, Deleuze/Guattari 1977, 1992, Farías/Bender 2010, McFarlane 2011a) und der *Akteur-Netzwerk-Theorie* (ANT) (vgl. Latour 2005, Law 2006) analytisch in die vorliegende Forschungsarbeit einbeziehen. Der Akteur-Netzwerk-Theorie zufolge beginnt jedes Handeln, und damit die Formierung von Netzwerken, dort, wo ein Problem wahrgenommen wird (vgl. Callon 2006, Law 2006). Die Entstehungsprozesse sind dabei von einer Komplexität der Akteurinnen/Aktanten und Netzwerke geprägt, die laut John Law (2006) dann besonders hervortritt, wenn die Dinge nicht mehr funktionieren und es zu einem Bruch in bislang als kontinuierlich wahrgenommenen Entwicklungen kommt. In den Planungsdisziplinen treten diese Brüche auf, wenn bewährte Methoden nicht mehr greifen, Geplantes durch ökonomische und gesellschaftliche Krisen verändert wird, wodurch Leerräume und Brachen entstehen können. Der Bruch in einem vermeintlich kontinuierlichen Stadtentwicklungsprozess kann in Bezug auf die Thematik der urbanen Leere als Aufforderung gelesen werden, sich tiefergehend mit diesen Prozessen auseinanderzusetzen.

Das Assemblage-Konzept basiert auf der Untersuchung der heterogenen Verbindungen zwischen Objekten, Räumen, Materialien, Maschinen, Körpern, Subjekten, Symbolen und Formeln (vgl. Farías 2010). Gemeinsames, wesentliches Anliegen des Assemblage-Konzeptes sowie der Akteur-Netzwerk-Theorie ist eine gleichberechtigte, symmetrische Betrachtung von menschlichen Akteurinnen, nicht-menschlichen Aktanten und ihren Wechselwirkungen bei der Formierung von Netzwerken oder Assemblagen (vgl. Deleuze/Guattari 1992, Latour 2005). In diesem Sinne betrachtet die in diesem Buch präsentierte Forschungsarbeit die urbane Leere als einen Aktanten, der innerhalb eines Transformationsprozesses in dynamischer Verbindung mit Architektinnen oder Wohnenden und Plandokumenten oder Eigentumstiteln etc. steht und mit ihnen gemeinsam ein Akteurs-Netzwerk bildet. Die Konzeptualisierung der urbanen Leere als nicht-menschlichen Aktanten eröffnet die Möglichkeit, Wirkungsweisen, die durch eine Trennung materieller und sozialer Phänomene nicht erfasst werden, im Transformationsprozess zu identifizieren und ihren Einfluss auf Handlungsweisen zu untersuchen (vgl. Latour/Yaneva 2008).

Damit steht diese Forschung in der Tradition einer Praxis des kritischen Hinterfragens von strukturalistischen, vorgefertigten Konzepten und Kategorien zur Stadt. »Meta-Narrative von strukturellem Wandel als Erklärungsmuster für urbanes Alltagsleben« und »der verstellte Blick auf die Komplexitäten und Vielfältigkeit von heutiger Stadt« werden so der wissenschaftlichen Reflexion zugänglich (Farías 2010, 1, Übersetzung JL). Entgegen dem Vorschlag von Dieter Läpple unterscheidet die ANT nicht zwischen Mikro-, Meso- und Makroebenen, da bei einer Untersuchung von Wirkungsweisen zwischen einzelnen Akteurinnen, Aktanten und Assemblagen diese Differenzierung nicht maßgeblich ist beziehungsweise die Qualitäten von Mikro-, Meso- und Makroebenen der Untersuchung von Verknüpfungen inhärent sind (vgl. Latour 2006). Raum, und damit auch das Phänomen der urbanen Leere, ist ein Produkt von Wechselwirkungen, die »von der Unermesslichkeit des Globalen bis zum winzig Kleinen« (Massey 2005, 9) reichen. In der vorliegenden Arbeit werden folglich Wechselwirkungen und Akteurinnen/Aktanten rund um die urbane Leere auf globaler, nationaler und regionaler Ebene bis hin zur Stadt- und Alltagsebene erforscht.

»In its focus on process and emergence, the assemblage approach is not to describe a spatial category, output or resultant formation, but a process of doing, practice and events produced through different« temporalisations and contingencies« (Li zit. nach McFarlane 2011a, 209). Die Untersuchung des »process of doing« erfolgt in der hier vorgestellten Arbeit mit der Erforschung der Entstehung von unterschiedlichen Handlungsweisen im Transformationsprozess der urbanen Leere. Die empirische »Erforschung und Beschreibung lokaler Prozesse der Musterbildung, sozialer Orchestrierung von Ordnung und Widerstand« (Law 2006, 438) als eines der Hauptanliegen der ANT ist damit auch für diese Arbeit relevant. Um Kategorien zu entwickeln anstatt sie zu setzen ist eine empirische Erforschung der urbanen Leere notwendig (vgl. Färber 2014). Auf diese Weise wird ein methodologisch begründetes Konzept zur empirischen Erschließung des Untersuchungsgegenstandes der urbanen Leere entwickelt, welches bisher fehlt. Das Konzept der Assemblage sowie die Akteur-Netzwerk-Theorie helfen dabei, den physischen Raum der urbanen Leere nicht abgekoppelt von oder determinierend für beziehungsweise determiniert von sozialem Handeln zu sehen, sondern als ein Element innerhalb von komplexen, heterogenen Verknüpfungen in der Vielfalt der Stadt und der Gesellschaft (vgl. Latour/Yaneva 2008).

Eine disziplinäre Perspektivenerweiterung

Ein empirisch fundiertes Konzept der urbanen Leere ermöglicht eine kritische Konfrontation der unspezifischen Metaphern in den Disziplinen Architektur und Städtebau, wie *void*, Zwischenraum oder Möglichkeitsort und führt zurück zum eingangs beschriebenen Interesse an den eigenen disziplinären Sichtweisen der Raumproduktion. Der gewählte Fokus auf die Vielfältigkeit der Handlungslogiken rund um die urbane Leere lässt die Widersprüche in der disziplinären Wahrnehmung der urbanen Leere in Erscheinung treten. Obwohl in der urbanen Leere vielfältige Handlungslogiken zusammentreffen, werden innerhalb der Disziplinen Architektur und Städtebau zumeist nur strategische Handlungsweisen als Teil des Transformationsprozesses erkannt. Taktische Aktivitäten werden als Gegensatz oder Ausnahme betrachtet. Diese fest verankerte Betrachtungsweise birgt als Gestaltsehen eine Art Blindheit gegenüber anderen Sichtweisen und Konzeptualisierungen (vgl. Fleck 2012). Eine empirische Auseinandersetzung mit der urbanen Leere mit einem Fokus auf heterogene Handlungslogiken ermöglicht eine Erweiterung der disziplinären Sichtweisen auf die Vielfältigkeit der Raumproduktion. Zweck der empirischen Erforschung der urbanen Leere ist damit die Erweiterung der Perspektive der Disziplinen Architektur und Städtebau auf mögliche, unbekannte Handlungslogiken und die Auflösung ihrer wahrgenommenen Widersprüchlichkeit.

Die Forschungsarbeit fokussiert nur auf jene Aspekte der dynamisch-komplexen urbanen Leere, die in einem Zusammenhang zu Handlungsweisen an der Schnittstelle von Alltag und Planung stehen. Für die Forschung interessant sind jene Orte der urbanen Leere, an denen Krisen eines institutionalisierten Planungssystems verstärkt zur Aneignung durch Alltagspraktiken geführt haben. Die zeitlichen Übergänge vom Brachfallen eines Ortes bis zu seiner Reaktivierung und Wiedernutzung gelten in den Planungsdisziplinen als diskontinuierliche Brüche, die eine Herausforderung für das bisherige Handeln des institutionalisierten Planungssystems darstellen. Die urbane Leere bietet in jenen Momenten des Umbruchs oder der Krise eine unerwartete räumliche Möglichkeit für Alltagspraktiken, die von den Disziplinen Architektur und Städtebau als »inkongruen[t] mit dem gewohnten Denkstil« (Fleck 2012, 66) gesehen werden. Die urbane Leere als Ort dieser Widersprüchlichkeit ist somit der Gegenstand dieser wissenschaftlichen Auseinandersetzung.

Aus der Eingrenzung auf die oben genannten Aspekte des Transformationsprozesses der Leere und Öffnung des analytischen Blickfeldes hin zur Vielfalt raumzeitlicher Dimensionen ergibt sich folgende forschungsleitende Frage: Wie manifestieren sich in der urbanen Leere die widersprüchlichen Handlungslogiken eines räumlichen Transformationsprozesses? Fragen nach dem wie, wann, mit wem und warum bestimmte Handlungsweisen in der urbanen Leere unter spezifischen Umständen von Stadtbewohnerinnen entwickelt und umgesetzt werden, werden dafür unter Einbezug der Handlungsweisen der Disziplinen Architektur und Städtebau sowie zum urbanen und gesellschaftlichen Kontext dieses Geschehens gestellt: Wann taucht die urbane Leere auf und wie wird sie von wem aufgegriffen? Wo und wie ergeben sich bei alltäglichen und planerischen Aktivitäten mit der physischen Form der urbanen Leere im Laufe des Transformationsprozesses Widersprüche und Möglichkeiten? Warum treffen mit dem Wandel der urbanen Leere eine Vielzahl an Handlungsweisen und Möglichkeiten der Aneignung aufeinander?

Die Auseinandersetzung mit dem komplexen Phänomen der urbanen Leere und die Klärung damit verbundener Fragen sollen für die Disziplinen Architektur und Städtebau zeigen, dass das Verständnis für ein Phänomen der urbanen Transformation durch empirische Untersuchungen vertieft werden kann. Die urbane Leere eignet sich als Untersuchungsobjekt, um die Komplexität der Wirkungskräfte in Städten zu verstehen und aus einem multidisziplinären Blickwinkel betrachten zu können. Ein Ergebnis dieser räumlich mehrdimensional angelegten Forschung soll damit eine offene, erweiterte Perspektive der Disziplinen auf das Phänomen der urbanen Leere und ihren Wandel sein. Ein weiteres erwartetes Resultat ist der empirische Nachweis einer notwendigen tieferen Zusammenarbeit zwischen raumbezogenen Disziplinen. Besonders in Bezug auf die Disziplinen Architektur und Städtebau werden anhand der Auseinandersetzung mit der urbanen Leere Anknüpfungspunkte geschaffen, die einen Wandel der disziplinären Handlungslogik auslösen können, sowie die Entwicklung räumlich vielseitiger Methoden und Instrumente für die Gestaltung von urbanen Transformationsprozessen fördern (siehe in diesem Zusammenhang die *paradoxe Theorie der Veränderung* nach Perls/Hefferline/Goodman 2006). Durch die Forschungsergebnisse sollen außerdem Anknüpfungspunkte und Ergänzungen aus dem empirischen Feld für die Theorien der Assemblage, der ANT und der relationalen Raumtheorien geboten werden.

D.2 Wege zur disziplinären Perspektivenerweiterung

Dieser Abschnitt befasst sich mit dem methodologischen Zugang zum Forschungsfeld und orientiert sich dabei am Bedarf wissenschaftlicher Erkenntnisse zur urbanen Leere. Das Themenfeld der urbanen Transformationsprozesse erfordert einen multidisziplinären Zugang sowie empirisch fundierte Erkenntnisse für die Entwicklung von lösungs- und alltagsorientierten Gestaltungsansätzen. Besonders die Disziplinen Architektur und Städtebau müssen sich aufgrund ihrer Fokussierung auf den physischen Raum mit den bisher unbeachteten Aspekten des Raumes und seinen Qualitäten auseinandersetzen, um erfolgreich zu Lösungen beitragen oder in einer transdisziplinären Zusammenarbeit gemeinsame Herangehensweisen entwickeln zu können. Für die angestrebte Erweiterung der Perspektive auf die vielfältigen Handlungsweisen in der urbanen Leere ist eine Reflexion und Untersuchung von disziplinären Handlungslogiken in Relation zu anderen, alltäglichen Handlungsweisen wesentlich.

Die Untersuchung von urbaner Leere basiert notwendigerweise sowohl auf mehrdimensionalen raumzeitlichen Kriterien als auch auf der Auseinandersetzung mit dem alltäglichen Zusammentreffen von Akteurinnen/Aktanten vor Ort (*in situ*). »Consequently, the task of observing and interpreting in-between spaces requires both historical and territorial reconstruction of such spaces, and an in situ exploration through which the researcher can make sense of the events and the encounters (...) that contribute to the creation of an interstice« (Brighenti 2013, xviii). Die hier präsentierte Forschungsarbeit geht somit von der physisch-materiellen Brache aus und versucht, den offeneren Begriff der urbanen Leere sowohl auf den relationalen Raum als auch auf die Zeit anzuwenden und an konkreten Orten empirisch zu überprüfen.

Urbane Leere als Herausforderung für den gewohnten Denkstil

Die Suche nach konkreten Orten für die Erforschung von urbaner Leere und der Anspruch einer Erweiterung der disziplinären Perspektiven sind eng mit den ursprünglichen Inspirationsquellen dieser Arbeit verbunden. Diese sind Ludwik Flecks Gedanken zu Denkkollektiven, die Ideen zum Wandel von Norbert Elias (1997, 1999) Gedanken zu Wandlungen als Produkt von gesellschaftlichen Spannungen und die *paradoxe Theorie der Veränderung* aus der Gestalttherapie (vgl. Perls/Hefferline/Goodman 2006). Wissensfortschritt ist nach Ludwik Fleck (2012) die kollektive Weiterentwicklung des Denkstils durch Ergänzung, Erweiterung oder Umwandlung. Die Auseinandersetzung mit Objekten und Objektbereichen aus dem Alltag können den *Denkzwang* lockern und laut Ludwik Fleck Bedeutungsmöglichkeiten wahrnehmbar machen. Dafür ist es nach Ludwik Fleck notwendig, dem eigenen Denkstil widersprechende beziehungsweise irritierende Phänomene und Elemente zu erkennen und zu erforschen. Denn

»... was wir als Unmöglichkeit empfinden, ist nur Inkongruenz mit dem gewohnten Denkstil« (Fleck 2012, 66).

In Anlehnung an Ludwik Flecks Konzept der disziplinären Denkkollektive bildete die Darstellung des Denkkollektivs Architektur und Städtebau den Ausgangspunkt. Die Auseinandersetzung mit diesem Denkkollektiv fand in ▷KAPITEL C anhand des Stands der Fachliteratur zur urbanen Leere statt. Dabei wurden europäische und lateinamerikanische Perspektiven und Herangehensweisen des Denkkollektivs dargelegt und die jeweilige Spezifik und Andersartigkeit reflektiert. Mit dem Wissen über den aktuellen Denkstil in seinen europäischen und lateinamerikanischen Ausprägungen als Ausgangspunkt versuchte ich dort durch Aufgreifen von und Auseinandersetzung mit Aspekten der urbanen Leere, den Denkzwang zu lockern. Damit wurden einerseits neue Bedeutungsmöglichkeiten sichtbar (vgl. ebd.) und andererseits der (Hinter-)Grund disziplinärer Erfahrungen und Routinen bewusst hervorgehoben (vgl. Perls/Hefferline/Goodman 2006). Die Objektbereiche sind jene, die zunächst innerhalb des Denkkollektivs als widersprüchlich zu bestehenden Annahmen gelten und als Orte des Bruches und der Krise beschrieben werden. Die »Irritation des eigenen Relevanzsystems ist der Wegweiser zum Verstehen fremden Sinns« (Kruse 2015, 71).

Im konkreten Fall der vorliegenden Forschung wurden empirische Beispiele gewählt, die sich in besonderer Weise durch das Zusammenspiel von strategischen und taktischen Handlungsweisen auszeichnen (siehe ▷KAPITEL B und ▷ABSCHNITT C.4). In der Fachliteratur gelten taktische Handlungsweisen rund um die urbane Leere zunächst als Widerspruch zu den bekannten Handlungslogiken des strategischen Planens. Besonders Handlungsweisen der Taktik finden sich an Orten wieder, wo gesellschaftliche Spannungen Wandlungen hervorrufen (vgl. Elias 1999). Aufgrund der dynamischen und diskontinuierlichen Entwicklung von Lateinamerikas Städten werden zwei Orte der urbanen Leere zur Analyse herangezogen, die die oben genannten Charakteristika aufweisen und sich in Buenos Aires, Argentinien, befinden. Mit der Wahl eines Forschungsortes außerhalb Europas werden zusätzliche Perspektiven dem europäischen Blick auf die urbane Leere hinzugefügt. Dies hat in der Analyse zur Folge, dass das europäische Verständnis der urbanen Leere eine Erweiterung erfährt. Im Sinne Ludwik Flecks soll damit das Gestaltsehen beziehungsweise die derzeitig verengte Sichtweise von urbaner Leere als Möglichkeitsraum und deren Transformation als etwas Neuartiges vermieden werden (siehe ▷ABSCHNITT C.2).

Die Analyse von Orten der urbanen Leere führt zu Erkenntnissen komplexer Wirkungskräfte in urbanen Transformationsprozessen. Der Transfer der Erkenntnisse zum Ausgangspunkt des Denkkollektivs der Architektur und des Städtebaus ermöglicht den Disziplinen mittels einer Reflexion der lokalen Spezifik der urbanen Leere in Lateinamerika und Europa neue Blickwinkel. Mit dieser »Entverselbstständlichung« (Kruse 2015, 72) ist eine Erweiterung des Denkstils beabsichtigt, die auch den Wissenstransfer von Lateinamerika nach Europa fördern soll.

Die Anforderungen des Forschungsziels sind eine empirisch fundierte Theoriebildung für die urbane Leere unter Berücksichtigung von lokaler Spezifik, Komplexität, Prozessaspekten und Multiperspektivität. Ausgehend von diesen Anforderungen wurden zwei Methoden gewählt, mit denen besonders auf diese Aspekte eingegangen werden kann: die Grounded Theory (GT) nach Anselm Strauss und Juliet Corbin (1996) und die Situational Analysis (als Aktualisierung und Ergänzung der GT) von Adele Clarke (2012). Die Herangehensweise der Grounded Theory setzt zunächst die Identifikation des zu erforschenden Phänomens voraus, um sich diesem anschließend möglichst offen und durch empirische Arbeit anzunähern.

> »Das Ziel in der Grounded Theory besteht nicht im Produzieren von Ergebnissen, die für eine breite Population repräsentativ sind, sondern darin, eine Theorie aufzubauen, die ein Phänomen spezifiziert, indem sie es in Begriffen der Bedingungen (unter denen ein Phänomen auftaucht), der Aktionen und Interaktionen (durch welche das Phänomen ausgedrückt wird), in Konsequenzen (die aus dem Phänomen resultieren) erfaßt« (Steinke zit. nach Strübing 2014, 82).

Der Stand der Fachliteratur zeigt einen Mangel an empirisch begründeten Theorien der urbanen Leere und ihrer Transformation. Für das Forschungsziel eines tiefergehenden Verständnisses des Phänomens der urbanen Leere ist eine Beschreibung der urbanen Leere mittels Metaphern, wie sie im Architektur- und Städtebaudiskurs praktiziert wird, nicht ausreichend.

> »Eine Beschreibung bietet uns einen Hintergrund, um den Kontext zu verstehen, in dem ein gegebenes Phänomen vorkommt, oder um zu verstehen, warum es auftritt. Dadurch bleibt es oft bei diesem sehr allgemeinen Bild, weil kein Versuch gemacht wird, die spezifischen Bedingungen mit dem untersuchten Phänomen durch ihre Wirkung auf Handlung/Interaktion zu verbinden« (Strauss/Corbin 1996, 139).

Im Gegensatz dazu ist es das Ziel der Grounded Theory, »Theorien zu entwickeln und nicht nur Phänomene zu beschreiben« (ebd., 139), um die Lücke zwischen empirischer Forschung und Theorie zu schließen. Die Prinzipien der Grounded Theory decken sich mit dem Forschungsziel dieser Arbeit, mittels der empirischen Erforschung der urbanen Leere Erklärungen für ihr Entstehen und ihre Transformation zu finden.

Der Praxisbezug, die realweltlichen Problemstellungen sowie die lösungsorientierte Perspektive innerhalb der Disziplinen Architektur und Städtebau findet in der Grounded Theory eine Entsprechung. Die Grounded Theory fokussiert auf das Erklären realweltlicher Probleme. »Grounded theory is a perspective on how to build theory that is grounded in the perspective of those in the field« (Gibson/Hartman 2014, 3). Die Integration von Perspektiven aus dem empirischen Feld ermöglicht für die Erforschung der vielfältigen Handlungsweisen in der urbanen Leere Erkenntnisse, die über eine Zuschreibung von Kategorien hinausgehen.

Kategorien werden in der Grounded Theory erst nach der Identifikation des erforschten Phänomens und in einem empirisch begründeten, iterativen Forschungsprozess gebildet. Anselm Strauss und Juliet Corbin (2010) sehen Kategorien als zu entwickelnde abstrakte Konzepte anstatt als vorgefertigte Ausgangsbasis für die Forschung. Durch »die Entdeckung und Spezifikation von Unterschieden wie auch Ähnlichkeiten zwischen und innerhalb von Kategorien« (ebd., 89) ermöglicht die Grounded Theory das Eingehen auf die Spezifik und Komplexität der urbanen Leere.

Durch die Forschungsphasen[3] der Grounded Theory, welche durch eine Abwechslung von empirischen Erhebungen und Auswertungsprozessen gekennzeichnet sind, kann besonders auf den Wandel der urbanen Leere und auf den Forschungsprozess selbst eingegangen werden. Die Prozesshaftigkeit der Grounded Theory ermöglicht eine Betrachtung von einem Phänomen wie urbane Leere in seinem beständigen Wandel. Durch die Berücksichtigung der Dynamik eines Forschungsgegenstandes kann mit der Grounded Theory auf die Spezifik der Transformation des Phänomens urbaner Leere eingegangen werden.

Anselm Strauss und Juliet Corbin definieren Prozesse als »miteinander verknüpfte Handlungs- und Interaktionssequenzen« (ebd., 118). Das Erforschen des Prozesses der urbanen Leere erfolgt hier somit durch das »Festlegen warum und wie Handlungen/ Interaktionen – in Form von Ereignissen, Handlungsweisen oder Geschehnissen – sich verändern, gleichbleiben oder zurückentwickeln; warum es ein Fortschreiten von Ereignissen gibt oder was angesichts sich ändernder Bedingungen die Kontinuität einer Handlungs-/Interaktionslinie ermöglicht und mit welchen Konsequenzen das verbunden ist« (ebd., 119). Die Arbeitsschritte der Grounded Theory bieten Orientierung und erleichtern somit die Darstellung von Diskontinuitäten sowie kontingenten Handlungsspielräumen, wie sie für die Transformation der urbanen Leere charakteristisch sind. Adele Clarke (2012) meint, dass das konzeptuelle Vokabular der Grounded Theory, welches Brüche, Wendepunkte, Entwicklungspfade etc. beinhaltet, dabei hilft, sehen zu können, »wie Dinge auch anders sein hätten können« (Huges zit. nach Clarke 2012, 9).

Einerseits ist der Zugang der Grounded Theory für die Erforschung des Transformationsprozesses der urbanen Leere besonders geeignet, da mit ihm über eine längere Zeitspanne auf sich verändernde Bedingungen und kurzzeitige Handlungsspielräume eingegangen werden kann. Andererseits gilt der Ablauf des Forschungsprozesses der Grounded Theory aus Sicht eines relationalen Raum- und Zeitverständnisses als zu linear, um tatsächlich auf die komplexen Wirkungszusammenhänge der urbanen Leere eingehen zu können. Aus diesem Grund greift diese Arbeit ergänzend Adele Clarkes Situational Analysis auf (vgl. Clarke 2012). Mit ihrer Weiterentwicklung der Grounded Theory geht Adele Clarke auf relationale Raum- und Zeitkonzepte und die Akteur-Netzwerk-Theorie sowie auf postmoderne Konzepte wie Multiperspektivität ein.

Adele Clarke begründet die Entwicklung der Situational Analysis auf Basis der Grounded Theory damit, dass Forschung Kompetenzen braucht, um die tatsächliche Komplexität multiperspektivisch erlebter und gestalteter Umwelt empirisch erfassen zu können (ebd.). Die Situational Analysis soll mit einer situationsbasierten Herangehensweise eine Ergänzung zum Aktionsfokus der Grounded Theory bieten. Von einer relationalen Sichtweise ausgehend versteht Adele Clarke die Situation als empirisch zu erforschende Analyseeinheit sowie als Konfiguration von Zuständen (vgl. Both 2015).[4] Zusätzlich zu den Handlungsweisen, welche mithilfe der Grounded Theory erfasst werden können, gilt somit die gesamte Situation mit ihren narrativen, visuellen und historischen Diskursen als Analyseeinheit. Während Anselm Strauss

Beschreibungen dieser Diskurse beziehungsweise Handlungsweisen als »Kontext« bezeichnet, sind für Adele Clarke (2012) die Gegebenheiten einer Handlung *in* der Situation und müssen im Forschungsprozess spezifiziert werden. Mit dieser Sichtweise rückt Adele Clarke vom Fokus auf das Subjekt innerhalb der Grounded Theory ab und übernimmt durch die Integration von nicht-menschlichen Aktanten Ansätze der Akteur-Netzwerk-Theorie in ihre Methode.[5]

D.2.2 Erheben und dokumentieren

Durch die Verwendung von sensibilisierenden Konzepten (vgl. Clarke 2012) kann bei der Datenerhebung auf die Problematik der Perspektivenverengung sowie auf die Reflexion des Beobachterinnenstandpunktes eingegangen werden. »[W]hereas definitive concepts provide prescriptions of what to see, sensitizing concepts merely suggest directions along which to look« (Blumer zit. nach Clarke 2012, 118). Bei der Datenerhebung muss das Ziel, die Komplexität der urbanen Leere zu erfassen, berücksichtigt werden. Der Situational Analysis zufolge soll eine Vielfalt von Datenmaterial, welches aus diskursiven textlichen, visuellen und archiv-historischen Dokumenten als auch aus ethnographischen Transkripten und Feldnotizen besteht, die Komplexität des postmodernen Lebens widerspiegeln (vgl. ebd.). In Bezug auf die Erforschung der urbanen Leere bedeutet dies, dass die zu erhebenden Daten in unterschiedlichen räumlichen und zeitlichen Dimensionen zu suchen sind und die oben beschriebene Vielfalt aufweisen sollten.

Nachdem die Komplexität der urbanen Leere in Relation zum urbanen sowie gesellschaftlichen Kontext untersucht wird, werden notwendigerweise sowohl Methoden der Architektur- und Planungsdisziplinen als auch der Sozialwissenschaften angewandt. Obwohl bestimmte Methoden im wissenschaftlichen Diskurs einzelnen Disziplinen zugeordnet werden, bedeutet die Erforschung von Raum, dass disziplinäre Grenzen bei den Methoden der Raumerkundung verschwimmen. So greift die Stadtforschung auf eine Vielfalt von Methoden unterschiedlichen disziplinären Ursprungs zurück. Das disziplinüberschreitende Forschungsdesign der hier präsentierten Arbeit hat das Ziel über die derzeitige Perspektive der Disziplinen Architektur und Städtebau hinauszugehen, ohne dabei die Reflexion über den eigenen disziplinären Standpunkt außer Acht zu lassen. »Das produktive Moment der Transdisziplinarität entsteht in erster Linie durch Offenheit, Reflexivität und durch die Reibung an den Schnittstellen unterschiedlicher wissenschaftlicher Felder. Denn erst durch die Differenz, die Spannung und durch Grenzüberschreitungen entsteht Neues« (Streule 2013, o. A.).[6]

Elke Krasny (2008) beschreibt Alltagswissen darüber, wie die Stadt verwendet, navigiert, bewohnt oder zu eigen gemacht werden kann, als nicht-explizites, intimes »tacit knowledge« (Polanyi zit. nach Krasny 2008, 37). »Dieses stille und stillschweigend vorausgesetzte Wissen als Chance für die Planung zu begreifen, verlangt nach einer radikal anderen Form des Zuhörens« (ebd.). Diese Art des Zuhörens lässt sich nicht mit der Methode des Interviews alleine erreichen, sondern erfordert vielmehr eine

Verknüpfung mit dem Verstehen von alltäglichen Handlungslogiken und der physisch-materiellen Dimension des Raumes. Im Zusammenhang mit der Erforschung der mehrdimensionalen räumlichen urbanen Leere und der Vielfalt von Handlungsweisen rund um ihre Transformation sind Methoden gefragt, mit denen auf diese Aspekte eingegangen werden kann.

Vor diesem Hintergrund wird eine qualitative Herangehensweise mit Datenerhebung und -dokumentation durch Kartierung (bzw. Mapping), Foto- und Plananalyse, Wahrnehmungsspaziergänge sowie Expertinneninterviews und teilnarrativen Interviews gewählt. Die kritische Auseinandersetzung mit der eigenen Herangehensweise erfolgt durch Forschungstagebücher sowie durch den reflexiven Umgang mit den Forschungsnotizen. Die Kartierung und Wahrnehmungsspaziergänge erlauben es, Daten zur physischen Dimension der urbanen Leere und ihren Wirkungszusammenhängen mit dem urbanen Alltag zu erheben, während bei den Interviews das Herausfiltern von Alltagswissen und »Expertinnenwissen«[7] im Hinblick auf die Handlungsweisen rund um die Transformationen der urbanen Leere an zentraler Stelle steht.

Kartierte Spaziergänge in der urbanen Leere

In den Disziplinen Architektur und Städtebau werden die in der Praxis mehrheitlich durchgeführten Bauplatzbesichtigungen, Quartiersbegehungen, Fotodokumentationen oder Skizzenerstellungen vor Ort kaum systematisch als Methoden zur Erkenntnisgewinnung eingesetzt (vgl. Eckardt 2014). Die in der Entwurfspraxis notwendige Lösungsorientierung führt zu einer stark selektiven und simplifizierenden Verwendung der aus diesen Methoden hervorgehenden Daten. Diese Herangehensweisen können allerdings als wissenschaftliche Methoden sehr wohl zu einer Erfassung der Komplexität von Raum beitragen, weshalb sie auch in anderen Disziplinen entsprechend angewandt werden.

Besonders das Gehen ist in den Disziplinen Architektur und Städtebau ein kognitives und entwurfstechnisches Mittel, mit dem Räume erforscht und sichtbar gemacht werden können (Careri 2002, 26). Für die Erforschung der urbanen Leere ist das bewusste Gehen im und Wahrnehmen von Stadtraum eine Möglichkeit, um einerseits die materiell-physischen Aspekte des Raumes sowie ansatzweise die dort stattfindenden Wechselwirkungen zu dokumentieren, andererseits Alltagsrhythmen und die in zeitlichen Abständen sichtbar werdenden Transformationen wahrzunehmen. Lucius Burckhardt (2006) entwickelte in Folge seiner Raumerkundungen und reflektierten Auseinandersetzung mit diesen die sogenannte Spaziergangswissenschaft. »Die Spaziergangswissenschaft ist also ein Instrument sowohl der Sichtbarmachung bisher verborgener Teile des Environments als auch ein Instrument der Kritik der konventionellen Wahrnehmung selbst« (ebd., 265). Die Spaziergangswissenschaft eignet sich aufgrund der Auseinandersetzung mit sowie Hinterfragung und Darstellung von der Determiniertheit von Wahrnehmung besonders für die vorliegende Arbeit, da sie sich »mit dem während des Spaziergangs Vorgefundenen als auch mit dem Vor-Formulierten« befasst (ebd., 258). Damit werden im Sinne der angestrebten Perspektivenerweiterung »neue und ungewohnte Beurteilungen altbekannter Situationen möglich« (ebd., 259).

Die Dokumentation der Wahrnehmungen und Erzählungen, die sich aus den Spaziergängen ergeben, erfolgt in dieser Forschungsarbeit über Kartierungen (vgl. Wildner/Tamayo 2004), Fotodokumentationen (vgl. Eckardt 2014) sowie über dichte Beschreibungen (vgl. Geertz 1997, 2006) unter Einbeziehung der Notizen aus den Forschungstagebüchern.

Eine weitere Form der visuellen Stadterkundung in den Disziplinen Architektur und Städtebau ist die Fotodokumentation, die jedoch als wissenschaftliche Methode in der Architektur kaum systematisch Anwendung findet (vgl. Eckardt 2014). Besonders in den Human- und Sozialwissenschaften gibt es eine Skepsis gegenüber visuellen Daten und der damit einhergehenden Problematik der Fotografinnenperspektive auf Fotografierte (siehe die Konzepte *Agency and Othering* (Banks 2007, 11 ff., Eckardt 2014)). In dieser Arbeit wird auf diese Aspekte mittels eines dokumentierten und reflektierten Produktions- und Analyseprozesses visueller Daten eingegangen (vgl. Heßler/Mersch 2009), was u. a. durch das Verfahren des Kodierens von Daten und des Memoschreibens in der Grounded Theory (vgl. Strauss/Corbin 1996) ermöglicht wird. Durch die visuelle Dokumentation in Form von Fotos über längere Zeitabschnitte hinweg kann auf den Transformationsaspekt der urbanen Leere eingegangen werden. So werden Veränderungen in Stadtvierteln sichtbar gemacht und Baufortschritte festgehalten. Über die eigene Fotodokumentation hinaus können im Sinne einer historischen Raumanalyse (vgl. Rau 2013) durch Pläne und historisches Fotomaterial Entstehungsprozesse, Planungsphasen oder Entwicklungsstadien nachgezeichnet werden.

Erzählungen zum Wandel der urbanen Leere

Die soeben angeführten Methoden beziehen sich in erster Linie auf den physisch-materiellen Aspekt von Räumen. Eine Erforschung der urbanen Leere, welche nicht nur die räumliche Materialität, sondern auch die Handlungsweisen einbezieht, erfordert eine Erweiterung des Methodenspektrums. Die Methode der Befragung mithilfe von Interviews bietet die Möglichkeit Handlungslogiken zu ergründen, »Situationsdeutungen oder Handlungsmotive« zu erfahren und »Alltagstheorien und Selbstinterpretationen« differenziert zu erheben (Hopf 2007, 350). Das Erzählen im Interview macht die zeitliche Dimension als Transformation der urbanen Leere über »die diachrone Darstellung eines Wandels einer Sache bzw. eines Themas« erschließbar (Lucius-Hoene/Deppermann zit. nach Kruse 2015, 153).[8]

Die Wahl des teilnarrativen Interviews ermöglicht es, auf Teilaspekte des urbanen Transformationsprozesses sowie auf die Handlungsweisen von Architektinnen und Stadtbewohnerinnen einzugehen (vgl. Helfferich 2009, Kruse 2015). Mit der gleichzeitigen Offenheit und spezifischen Schwerpunktsetzung der teilnarrativen Interviews kann im iterativ-zyklischen Forschungsprozess flexibel auf den jeweiligen Erkenntnisstand eingegangen werden, ohne dabei den roten Faden des Forschungsvorhabens zu verlieren. Während des Interviews versucht die Interviewerin, durch die gleichzeitige Strukturierung des Erzählten immer wieder narrative Teilerzählungen zu generieren (vgl. Helfferich 2009).

Ein leitfadengestütztes Interview, das sich an eine spezifische Gruppe von Interviewten wendet, ist das sogenannte Expertinneninterview (vgl. Bogner/Menz 2005a, b, Kruse 2015, Meuser/Nagel 2005).[9] Die Verwendung von Expertinneninterviews im Rahmen dieser Forschung ist vor dem Hintergrund einer Beschäftigung mit den Perspektiven und Handlungslogiken von Akteurinnen der Disziplinen Architektur und Städtebau zu sehen, welche sich selbst als Expertinnen beziehungsweise Experten bezeichnen. Dabei folgt die sich als schwierig erweisende Definition von Expertinnen beziehungsweise Experten nicht der Logik einer spezifischen Disziplin. Vielmehr orientiert sich die vorliegende Arbeit an einem »wissenssoziologischen Experten-Begriff«, nach welchem das Wissen von Expertinnen und Experten aufgrund seiner spezifischen Struktur als »Sonderwissen« definiert wird (Meuser/Nagel 2005, 75 f.). In diesem Sinne gelten in diesem Buch auch jene Personen als Expertinnen oder Experten, die um ein spezifisches Alltagswissen im Umgang mit der urbanen Leere verfügen. Das Expertinneninterview ist theoriegenerierend und zielt auf das implizite Wissen, die Deutungsmuster und Handlungsroutinen dieser Expertinnen und Experten ab. Das Expertinneninterview ist in Anbetracht der Forschungsfrage nach Handlungslogiken für diese Untersuchung relevant, da es erlaubt, »die Genese fachlicher Wissenssysteme (...) aufzuarbeiten« (Kruse 2015, 168).

Um die Verknüpfung von Erzählungen mit materiell-räumlichen Aspekten der urbanen Leere und ihrer Umgebung abbilden zu können, sind zusätzlich zu leitfadengestützten Interviews auch *in-situ*-Methoden notwendig. Mit dem sogenannten *go-along* (vgl. Kusenbach 2003), der gleichzeitigen Erkundung des Ortes, an dem das Interview stattfindet, kann die Grenze zwischen dem Interview und dem physischen Raum in der Forschung aufgebrochen werden. Margarethe Kusenbach (2003) beschreibt die Methode des *go-along* als besonders geeignet für die Untersuchung von Umweltwahrnehmungen, räumlichen Praktiken, Biographien, sozialer Architektur und spezifischer sozialer Bereiche. Die Methode ist insofern relevant für diese Forschung, da Erfahrungen, Perspektiven und Wahrnehmungen *in-situ*, also in diesem Fall an Orten der urbanen Leere, beobachtet und erkundet werden können.

D.2.3 Analysieren und auswerten

Die Auswertung der Daten in Hinblick auf die Transformation der urbanen Leere orientiert sich an der Methode des Kodierens der Grounded Theory (vgl. Strauss/ Corbin 1996, 39 ff.) sowie an der Methode des Mappings der Situational Analysis (vgl. Clarke 2012). In einem iterativ-zyklischen Prozess wird nach der Grounded Theory das in einem bestimmten Forschungsabschnitt erhobene Datenmaterial mit dem Ziel des Entdeckens, Benennens und Kategorisierens von Phänomenen sowie des Entwickelns von Kategorien kodiert (vgl. Strauss/Corbin 1996). Anselm Strauss und

Juliet Corbin beschreiben dies als einen »Prozess des Aufbrechens, Untersuchens, Vergleichens, Konzeptualisierens und Kategorisierens von Daten« (ebd., 43). Mit dieser Herangehensweise werden Kategorien in Bezug auf die urbane Leere langsam und aus den empirischen Daten heraus entwickelt und keine vorgefertigten, auf die Disziplinen Architektur und Städtebau bezogenen Kategorien übernommen. Das Ziel eines tiefergehenden Verständnisses der Transformation der urbanen Leere wird mit dieser Methode durch die »umfassende und hinreichend detaillierte Entwicklung der Eigenschaften von theoretischen Konzepten und Kategorien« erreicht (Strübing 2014, 32).

Wesentlich im Hinblick auf die Widersprüchlichkeit und Diskontinuität der urbanen Leere ist die Beachtung von Verschiedenheit(en) und Auslassungen in den Daten (vgl. Clarke 2012) im Analyseprozess. Ziel des Analyseprozesses ist es, nicht nur die »Verschiedenheit(en), sondern selbst Widersprüche und Ungereimtheiten in den Daten abzubilden, sowie auf andere mögliche Deutungen« und wenigstens einige »Besorgnisse und Auslassungen hinzuweisen« (ebd., 58). Mit dem Fokus auf Verschiedenheiten ermöglicht diese Methode andere Lesarten der urbanen Leere, die über ein Verständnis als leeren Behälter hinausgehen. Um diese anderen Lesarten zu identifizieren und sichtbar zu machen, übernimmt diese Arbeit die Analysemethode des Mappings von Adele Clarke (2012). Die graphische Visualisierung von Wirkungszusammenhängen, Positionierungen und Wandlungen liegt Herangehensweisen innerhalb der Disziplinen Architektur und Städtebau nahe.

Das Ziel der Karten der Situational Analysis ist das Verstehen, Visualisieren und verständlich Machen der vielfältigen Lesarten und Wirkungszusammenhänge eines Phänomens. Zur Unterstützung des systematischen Denkens wurden im Rahmen der vorliegenden Forschung zwei der von Adele Clarke vorgeschlagenen Herangehensweisen der Situational Analysis (Situations-Maps und Social World/Arenas Maps) angewendet, mit deren Hilfe auf jeweils unterschiedliche Aspekte und Analyseebenen eingegangen werden kann. Situations-Maps werden hier benutzt, um die Elemente in der Situation der urbanen Leere und ihre Wirkungszusammenhänge in räumlichen Dimensionen zu artikulieren. Social Words/Arenas Maps beziehungsweise Karten sozialer Welten helfen, die Beziehungen innerhalb und Orte der urbanen Leere zu kartographieren, indem Aushandlungsprozesse wie das Herstellen von Legitimation analysiert werden (vgl. Strübing 2014). Situations-Maps können somit das systematische Verstehen von (widersprüchlichen) Handlungslogiken wie jene der Taktiken und Strategien rund um die urbane Leere erleichtern. Das Ergebnis von Maps der Situational Analysis sind »dichte Analysen« der unterschiedlichen Aspekte urbaner Leere (Clarke 2012, 25).

Parallel zur Auswertung anhand von Situations-Maps wurde auf Basis der empirischen Daten eine räumlich mehrdimensionale RaumZeit-Karte zum Ablauf des Transformationsprozesses der urbanen Leere entwickelt. Diese Art der Kartierung basiert sowohl auf der Idee des Mappings als Analysetool (vgl. ebd.) als auch auf dem Quadranten-Konzept von Gabriele Sturm (2000) und inkludiert menschliche Akteurinnen sowie nicht-menschliche Aktanten entlang einer Zeitleiste, die den Transformationsprozess der Fallbeispiele abbildet. Die Erstellung einer Karte bietet die Möglichkeit, sich den unterschiedlichen räumlichen Dimensionen des komplexen Phänomens urbaner Leere anzunähern. Eine Karte trägt zur Lesbarkeit des Phänomens der urbanen Leere bei, da mit ihr ein Visualisierungs-, Übersetzungs- und Ordnungsvorgang vollzogen wird (vgl. Heßler/Mersch 2009, Wildner/Tamayo 2004).

Als später im Verlauf des Forschungsprozesses hinzugezogenes Beispiel für eine RaumZeit-Karte dienen die interaktiven Zeitleisten von Albena Yaneva (2011, 2012), die mit dieser Art der Herangehensweise (in digitaler Form) und vor dem Hintergrund der Akteur-Netzwerk-Theorie »architecture in the making« (Yaneva 2011, 122) visualisiert. Die in der Raumproduktion entstehenden Kontroversen zwischen Akteurinnen untereinander und Aktanten sind wichtig, um die Komplexität der Prozesse zu verstehen. »Mapping controversies means ›analysing controversies‹ and covers the research that enables us to describe the successive stages in the production of architectural knowledge and artefacts, buildings and urban plans« (ebd., 122). Albena Yaneva arbeitet mit einem relationalen Raumverständnis, indem das materielle Objekt der Brache als »a building as a plethora of material and subjective considerations, and as the result of a protracted process involving multiple concerns« (ebd., 126) gesehen und über eine rein materielle Betrachtungweise hinaus gegangen wird.

Bei der Analyse der Fotos aus den Archiven der Forschungsorte wurde die visuelle Segmentanalyse nach Roswitha Breckner (2010, 2012) angewandt. Die Methode ermöglicht es, »visuelle Wahrnehmungen in beschreibende und interpretierende Sprache zu transformieren, ohne den spezifisch bildlichen Sinn dabei zu verfehlen« (Breckner 2012, 143). Besonders für die von den Organisationen rund um die Fallbeispiele zur Verfügung gestellten Fotos war die Segmentanalyse eine aufschlussreiche Methode, bei der Ergebnisse der Interview-Auswertungen bestätigt und in manchen Fällen ergänzt werden konnten. Die visuelle Segmentanalyse diente auch als Inspiration für die Integration von Fotosegmenten in die RaumZeit-Karte, indem einzelne Darstellungen von wesentlichen Aktanten (Plakate, Verkaufsschilder, Baumaterial etc.) in der Karte den jeweiligen Situationen und Zeiträumen zugeordnet werden. Zusätzlich bilden die in diesem Buch präsentierten Abbildungen die in der Forschung evident gewordenen multiplen Perspektiven im Zeitverlauf der Transformation der urbanen Leere anhand einer Auswahl an analysierten Fotodokumenten ab.

D.2.4 Interpretieren und transferieren

Die Interpretation der Daten erfolgt in Anlehnung an Anselm Strauss und Juliet Corbins Vorgehensweise des theoretischen Kodierens, welche, in diesem Fall unterstützt durch die Situational Analysis, anhand empirischer Daten zu einer fortschreitenden Theorieentwicklung führt. Durch die iterativ-zyklische Vorgehensweise wird die Interpretation sukzessive zu einer in den Daten verankerten Konzeptualisierung verstärkt.

Adele Clarke fordert von Forscherinnen, dass sie im Forschungsprozess die Situiertheit ihrer Interpretationen reflektieren, denn: »Interpretation per se is conditioned by cultural perspective and mediated by symbols and practices« (Clarke/Friese/Washburn 2015, 28). Aus diesem Grund erfolgt am Ende des Kapitels eine

Reflexion über den Forschungsprozess in einem fremden kulturellen Kontext (siehe ▷KAPITELABSCHNITT D.3). Ebenso werden im Abschlusskapitel die Spezifika des Forschungsfeldes in Lateinamerika ausführlich erörtert und in Hinblick auf einen möglichen Wissenstransfer in die europäischen Disziplinen Architektur und Städtebau analysiert (siehe ▷KAPITELABSCHNITT F.2).

Um einen Transfer der Ergebnisse der Wissensproduktion zurück in die Disziplinen zu ermöglichen, erweisen sich die RaumZeit-Karte und die Abbildungen auf Basis des analysierten Fotoarchivs als wesentlich. Die Diagrammatik, die in der Erstellung der RaumZeit-Karte sowie des Bildteils angewandt wird, dient einerseits während des Forschungsprozesses als Methode um Wissen über urbane Leere(n) zu produzieren, bietet allerdings andererseits einen Zugang, der einen Transfer der wissenschaftlichen Erkenntnisse in die Disziplinen Architektur und Städtebau ermöglicht. Da die Disziplinen Architektur und Städtebau im Wesentlichen Instrumente und Methoden der Diagrammatik verwenden, um durch Skizzen, Pläne und Grafiken Lösungen zu entwickeln, wird mit der bewussten Wahl einer diagrammatischen Darstellung (vgl. Heßler/Mersch 2009) der Erkenntnisse (zusätzlich zu den dichten Beschreibungen) wieder an die disziplineigenen, bekannten Routinen der Wissensproduktion angeknüpft. Dadurch soll ein Wissenstransfer erleichtert werden.

D.3 Reflexionen über die Forschung in einem anderen kulturellen Umfeld

Persönliche Perspektivenerweiterung im transkulturellen Kontext

Die in dieser Arbeit angestrebte Perspektivenerweiterung innerhalb der Disziplinen Architektur und Städtebau ging einher mit einer Erweiterung der persönlichen Perspektiven im Verlauf des Forschungsprozesses. Diese persönliche Perspektivenerweiterung ist eng mit der Betrachtung zweier unterschiedlicher kultureller Bereiche im Rahmen dieser Forschung verbunden. Das Arbeiten in einem mir fremden kulturellen Kontext brachte eine Vielzahl von Lernerfahrungen mit sich, die sich nicht primär aus den Daten ergaben, sondern aus der Interaktion mit Akteurinnen und lokalen Gegebenheiten (vgl. Lindner 1981). Die Feldforschung war in diesem Sinn auch durch meine Vorerfahrungen geprägt, nicht durch interkulturelle Kompetenzen, die in einem Ausbildungskontext vermittelt werden sollten. Dennoch wären solche Kenntnisse im Zugang zum Feld möglicherweise hilfreich gewesen, um in Interaktionen situativen Herausforderungen in Bezug auf den mir fremden kulturellen Kontext begegnen zu können.

»Die Herausforderung betrifft nicht nur das Denken und die neueren Formen der Wissensproduktion, sondern auch die kognitive (und emotionale) Auseinandersetzung mit verschiedenen Formen der Kulturbegegnung. Die zunehmenden

interkulturellen Kontakte in Studium, Lehre und Forschung machen Kompetenzen in interkultureller Kommunikation nötig, das Lernen durch die Begegnung
mit dem ›Fremden‹ oder ›Andersartigen‹ (das interkulturelle oder transkulturelle
Lernen), welches gewisse kognitive Fähigkeiten, beispielsweise das Wissen um
die Kulturbedingtheit von Wissen und Lehrinhalten, sowie ein kritisches Hinterfragen eigener Denkmuster und Werte voraussetzt.« (Hahn 2004, 379)

Mit der Begegnung mit dem Fremden während der Feldforschung wurde mir selbst
auch immer meine eigene Fremdartigkeit vor Augen geführt. Meinen Interviewpartnerinnen und -partnern war ich in vielfacher Hinsicht fremd. Ein wesentlicher Umstand
war, dass ich weder Argentinierin, noch Lateinamerikanerin, sondern Europäerin bin.
In vielen Interviewsituationen stellte sich heraus, dass meine Herkunft, Ausbildung
und Lebenssituation in Europa weit von der Realität meines Gegenübers entfernt war.
Der Umstand der Andersartigkeit wurde verstärkt durch mein Erscheinungsbild als
relativ große, hellhäutige Frau. Parallel dazu zeigten sich in Interviews mit Gesprächspartnerinnen und -partnern, mit denen ich eine Zugehörigkeit zum Denkkollektiv
der Disziplinen Architektur und Städtebau teile, viele gewohnte Diskurslinien und
Sichtweisen, an die ich durch meine eigenen Erfahrungen anknüpfen konnte. Mit der
Bezeichnung Architektin war ich für viele der Interviewten leichter einzuordnen als
mit der Bezeichnung Stadtforscherin, weshalb es mir mit der Verwendung ersterer
auch leichter fiel, auf Baustellen und in Planungsbehörden Interviewpartnerinnen
und -partner zu finden.

Diese Beschreibungen verweisen auf die in theoretischen postkolonialen Debatten dominierende Annahme, dass sich Zuschreibungen wie »fremd« oder »anders«
nicht (mehr) an Kulturen als klar unterscheidbaren Entitäten festmachen lassen. Besonders die postkolonialen Theorien von Eduard Said, Gayatri Chakravorty Spivak,
Homi K. Bhabha u. a. haben zur kritischen und differenzierten Auseinandersetzung
mit kulturellen Zuschreibungen und damit verbundenen Machtverhältnissen beigetragen. Eine umfassende Auseinandersetzung mit postkolonialen Theorien ist an
dieser Stelle nicht möglich, wesentliche Punkte, wie die Reflexion über die eigene
Position als europäische Forscherin in Lateinamerika, finden jedoch implizit Eingang
in die Arbeit, u. a. durch die Herangehensweise der Situational Analysis.

Auch das theoretische Konzept der Transkulturalität geht über ein statisches
Verständnis von kulturellen Entitäten hinaus. Das Konzept ist im Zusammenhang
mit den Reflexionen über die Kontaktaufnahme in der Feldforschung und den (Un-)
Gleichheiten in Interviewsituationen im Rahmen dieser Forschung in zweifacher
Hinsicht passend: erstens für die Reflexionen zu den Forschungsphasen sowie zweitens für die Konklusionen zu den Transfermöglichkeiten zwischen Lateinamerika
und Europa (siehe ▷KAPITEL F). »Contact, interaction, and entanglement make the
transcultural a field constituted relationally, so that asymmetry, as one attribute of
relationships (together with categories such as difference, non-equivalence, disso-
nance), is an element that makes up this field« (Juneja/Kravagna 2013, 25). Mit dieser
Aussage geht Monica Juneja auf ein kritisches Verständnis von Transkulturalität[10]
als Transformationsprozess unter Einbezug von Differenzen ein, der sich durch die
erweiterten Kontakte und Beziehungen zwischen den Kulturen entfaltet (vgl. ebd.).
Dieses Verständnis von Transkulturalität bietet Anknüpfungspunkte für den For-

schungszweck dieser Arbeit, der disziplinären Perspektivenerweiterung durch den Wissenstransfer zwischen Lateinamerika und Europa als Prozess.

(Be)deutung von Sprache im Transferprozess

Die Reflexion der erweiterten Kontakte und Beziehungen zwischen den Kulturen in der Feldforschung zeigt, dass ohne meine Vorerfahrungen, lokalen Kontakte und spezifischen Sprachkenntnisse des argentinischen Spanisch mein Einstieg in die Feldforschung langsamer verlaufen wäre und eine längere Vorbereitungszeit vor Ort erfordert hätte. Gleichzeitig erwies sich die »Phase der Kontaktaufnahme als zusätzlicher Datenreichtum« (Lindner 1981, 62), da es mir im Rahmen dieser möglich war, mir meine eigenen Perspektiven als Europäerin, Architektin und Forscherin in Feldtagebüchern zu vergegenwärtigen.

Einerseits ermöglichten mir meine Sprachkenntnisse einen leichten Zugang zum Feld, andererseits zeigten sich in diesem Zusammenhang auch Herausforderungen für den Transfer von Wissen zwischen unterschiedlichen kulturellen Bereichen. »Sensibilisierung für Sprache geht Hand in Hand mit einer Sensibilisierung für die kulturellen bzw. sozialen Realitäten, die wir sprachlich generiert vorfinden und die wir selbst sprachlich generieren – und dabei i.d.R. mit einem viel zu hohen Maß an Selbstverständlichkeit, gleichgültig in welcher Sprache bzw. in welchem kulturellen Kontext« (Kruse et al. 2012, 290).

Das hohe Maß an Selbstverständlichkeit führte dazu, dass ich im Vorfeld wenig zum Verstehen fremden Sinns und damit über die Übersetzung meiner Interviews und sonstiger Daten reflektiert hatte. Sinnvoll wäre die Anwendung des integrativen Basisverfahrens nach Jan Kruse und Christian Schmieder (2012) gewesen, welches als sensibilisierendes, forschungspraktisches Instrumentarium für die Analyse qualitativer Daten entwickelt wurde und besonders bei der Interpretation fremdsprachiger Interviews hilfreich ist. Als alternative Strategie wurde erst sehr spät mit dem Übersetzen der Texte begonnen, d. h. während des gesamten Forschungsprozesses bis Abschluss der Analyse arbeitete ich mit dem Originalmaterial in spanischer Sprache (vgl. Kruse et al. 2012). Erst im Rahmen der Verschriftlichung meiner Forschungsarbeit wurden einzelne Aussagen von mir übersetzt und bei Bedarf oder Zweifel über die Deutung mit einer argentinischen Kollegin diskutiert.

Mapping der eigenen Positionen im Feld

Der enge Austausch mit argentinischen Kolleginnen und Kollegen war über den Übersetzungsprozess hinaus auch in Bezug auf die Analysephase wesentlich, um die im Datenmaterial vorhandenen Perspektiven und Positionen zu verstehen, als auch um das Bewusstsein für den persönlichen kulturellen Hintergrund zu schärfen. Ergänzend zu diesen Diskussionen, die in Memos und im Feldtagebuch festgehalten wurden, war in der Datenauswertung die Methode der Situational Analysis zentral um die Vielfältigkeit der Perspektiven festzuhalten.

Die von Adele Clarke (2012) entwickelte Analysemethode des Mappings von Situationen und Diskursen beziehungsweise Handlungsweisen ermöglicht im Besonderen die Integration und Reflexion der Perspektive der Forscherin im Feld. Besonders die in dieser Arbeit gewählte Herangehensweise, bei der zwei unterschiedliche kulturelle Bereiche betrachtet werden, verlangt nach einem multiperspektivischen Ansatz. In der Situational Analysis wird die Rolle der Forschenden explizit im Prozess der Datenerhebung festgehalten und reflektiert sowie im Analyseprozess in den zu erstellenden Mappings repräsentiert.

Wesentlich für die Situational Analysis ist, dass mit ihr empirisch auf die Situation als Ganzes fokussiert und dabei die Unterschiede untersucht werden können, die sich aus den Perspektiven von diversen Akteurinnen ergeben, anstatt a priori nur die Perspektive der Forscherin einzunehmen. Der analytische Fokus muss, so Adele Clarke, »über ›das wissende Subjekt‹ hinausgehen« (ebd., 30). Im Hinblick auf die bezweckte Perspektivenerweiterung der eigenen Disziplinen durch den Wissenstransfer zwischen Lateinamerika und Europa ist die Reflexion des eigenen Beobachterinnenstandpunktes wesentlich. In diesem Sinne visualisierte ich in den erstellten Karten der Situational Analysis (Situations-Maps und Social Worlds/Arenas Maps) die eigenen Positionen als Forscherin im Verlauf der Feldforschung.

Im folgenden Kapitel zu den Erkenntnissen aus der empirischen Untersuchung findet sich parallel zur reflektierenden Vorgehensweise der Situational Analysis im Forschungsprozess auch in der angefertigten RaumZeit-Karte die Darstellung meiner Feldforschungsphasen sowie in den Abbildungen meine Perspektive anhand der Feldforschungsfotos in Ergänzung zu den Perspektiven der Kooperativenmitglieder.

E

Empirische Leere: Widersprüche und Möglichkeiten im Transformationsprozess von Brachen

In diesem Kapitel wird parallel zu den Beschreibungen von Akteurinnen und Situationen mit Fokus auf Handlungsweisen eine RaumZeit-Karte zu Transformationsprozessen der urbanen Leere anhand von zwei Fallbeispielen in Buenos Aires, Argentinien, erarbeitet. Die erhobenen Daten wurden entlang der Forschungsfrage, wie sich in der urbanen Leere widersprüchliche Handlungslogiken innerhalb eines räumlichen Transformationsprozesses manifestieren, mittels Situational Analysis und Mapping (vgl. Clarke 2012) ausgewertet. Die Abfolge der Kapitelabschnitte baut dabei auf die »prozessuale Verfolgung von ›sensitizing concepts‹« (Kruse 2015, 632) auf, um den Erkenntnisprozess und die Perspektivenerweiterungen sichtbar zu machen.

Im ersten Teil des ▷KAPITELS E.1 erfolgt eine Annäherung an die Komplexität der Leere über die empirischen Fallbeispiele in drei Schritten, die als Perspektivenerweiterungen begriffen werden.

Im ersten ▷UNTERKAPITEL E.1.1 werden die Entstehung der urbanen Leere, das Zusammentreffen unterschiedlicher sozialer Welten und die diskontinuierlichen Prozesse rund um die urbane Leere anhand des empirischen Materials identifiziert und in dichten Beschreibungen dargelegt. Der Fokus liegt hier auf der Zeitspanne von der Entstehung der urbanen Leere bis zum Beginn der Transformation.

In einem weiteren Schritt werden im ▷UNTERKAPITEL E.1.2 entlang der chronologischen Erläuterung des Transformationsprozesses der urbanen Leere die Widersprüche in den Handlungsroutinen und Möglichkeiten als Handlungsoptionen in dichten Beschreibungen dargelegt und parallel dazu die zeitlichen und materiellen Interrelationen anhand der Fotodokumentation dargestellt. Hier wird die Zeitspanne von der Phase der Transformation bis zum Ende der Feldforschung in den Blick genommen.

Anhand der zeitlichen und räumlichen Verknüpfung der vorgefundenen Handlungslogiken erfolgt schließlich im ▷UNTERKAPITEL E.1.3 eine Strukturierung der Leere(n) mittels unterschiedlicher relationaler raumzeitlicher Typen.

Die drei Perspektivenerweiterungen lassen sich anhand der RaumZeit-Karte, welche im ▷KAPITELABSCHNITT E.2 erarbeitet wird, nachvollziehen. Die RaumZeit-Karte dient der Abbildung und Nachvollziehbarkeit der handelnden Personen und Aktanten, der Situationen und Wechselwirkungen in unterschiedlichen räumlichen Dimensionen.

E.1 Drei Annäherungen an die Komplexität der urbanen Leere als Perspektivenerweiterungen

»Die Bedingungen *der* Situation sind *in* der Situation enthalten. So etwas wie ›Kontext‹ gibt es nicht« (Clarke 2012, 112).

In Anlehnung an Adele Clarke wird in diesem Buch auf eine einführende Beschreibung der lokalen und historischen Entwicklung der Stadt Buenos Aires als Kontext verzichtet. Vielmehr entfalten sich anhand der Beschreibungen und Visualisierungen von Situationen aus den Fallbeispielen mit der Integration von mehrdimensionalen räumlichen Perspektiven und zeitlichen Rückgriffen sukzessive die Bedingungen der Entstehung und Transformation der Leere. Adele Clarke sieht in der Situation das Ergebnis eines Zusammenwirkens kollektiver und individueller Elemente, wobei Handlungsweisen, die in der Situation stattfinden, »an menschliche Körper und dingliche Gegenstände gebunden« sind (Both 2015, 211). Mit dieser Herangehensweise ergänzen die Situationsbeschreibungen einander und machen mit dem fortschreitenden Lesen die Wechselbeziehungen von Personen/Aktanten, Handlungsweisen und raumzeitlichen Aspekten erkennbar und nachvollziehbar. Im Sinne des Forschungszweckes soll damit bereits beim Lesen eine schrittweise Erweiterung der Perspektive als Lesende auf die urbane Leere – parallel zum Nachvollzug meines Forschungsprozesses – ermöglicht werden.

E.1.1 Bruchstellen im Transformationsprozess – Perspektive(n) 1

Ausgehend von den Forschungsfragen wird in diesem Abschnitt zunächst ergründet, wann die urbane Leere in funktionaler und materieller Hinsicht in den Fallbeispielen auftaucht und wie sie von wem aufgegriffen wird. Abgeklärt werden sollen ▷(1) die Entstehung der urbanen Leere und ▷(2) die Akteurinnen, welche die Leere in spezifischer Form aufgreifen, sowie ▷(3) die mit ihr verbundenen Brüche[1] im Verlauf der Stadtentwicklung in Buenos Aires.

Um zu verstehen, wie es zu jenen Momenten kommt, an denen eine Transformation der Leere möglich erscheint, wird in ▷ABSCHNITT (1) zunächst die Genese der spezifischen Situation der urbanen Leere in Buenos Aires beschrieben. Die Beschreibung bezieht dabei Ereignisse und Handlungen auf unterschiedlichen räumlichen und zeitlichen Ebenen ein, die sich rund um die physisch-materiellen Orte der urbanen Leere in Buenos Aires anhand des Datenmaterials für die Fragestellung als relevant erwiesen haben.

Danach erfolgt in ▷ABSCHNITT (2) eine Beschreibung von handelnden Kollektiven rund um die urbane Leere, welche mithilfe einer Social Worlds/Arenas Map (vgl.

Clarke 2012) visualisiert wird. Wie bereits im vorhergehenden Methodologiekapitel beschrieben, ermöglichen die Social Worlds/Arenas Maps als Kartografie kollektiver Verpflichtungen, Beziehungen und Handlungsorte herauszufinden, »welche Geschichten erzählt werden sollen« (ebd., 150). Die Analyse von sozialen Welten versucht »intermediäre und absolut soziale Räume und Orte von kollektivem Handeln zu definieren« (ebd., 148). Der intermediäre Ort beziehungsweise die im Zentrum stehende Situation der dargestellten Social Worlds/Arenas Map ist die urbane Leere als physisch-materieller Ort zu jenem Zeitpunkt, an dem an der Schnittstelle von taktischen und strategischen Handlungsweisen der Transformationsprozess beginnt. Während des Forschungsprozesses wurde eine Vielzahl von Situations-Maps angefertigt, um die im Folgenden dargelegten Zusammenhänge und Veränderungen von Akteurinnen und ihren kollektiven Handlungsweisen in dichten Beschreibungen sichtbar zu machen. Die dargestellte Social Worlds/Arenas Map ist die Synthese einer Vielzahl von Kartierungen und Analysen.

In ▷ABSCHNITT (3) werden in den Fallbeispielen jene Brüche in Handlungsroutinen und diskontinuierlichen Prozessen identifiziert und beschrieben, in denen sich das Aufeinandertreffen der unterschiedlichen sozialen Welten der Planungsadministration, der sozialen Organisationen, der Architekturschaffenden und der prekär Wohnenden zu Beginn des Jahres 2001 manifestiert.

(1) Die Entstehung der Leere in Buenos Aires: Friedhof der Fabriken

Wann taucht die urbane Leere auf? Dieser Frage wurde während des ersten Feldforschungsaufenthaltes zunächst allgemein und in späteren Feldforschungsaufenthalten in Buenos Aires in fokussierterer Form nachgegangen. In Interviews mit Planenden, Architekturschaffenden, Stadtforschenden sowie Beamtinnen und Beamten innerhalb stadtplanungsrelevanter Institutionen wurde auf unterschiedliche Weisen auf die urbane Leere in Buenos Aires verwiesen. Die Gesprächspartnerinnen fokussierten dabei in erster Linie die physisch-materielle Leere als Brache oder Leerstand und verorteten sie anhand von Karten und Luftaufnahmen der Stadt. Die folgenden Beschreibungen basieren auf der Auswertung von Daten aus Interviews und Besichtigungen vor Ort sowie (historischen) Satelliten- und Planaufnahmen der Stadt, Fotodokumentationen und Archivmaterial (Zeitungsartikel und Chroniken).

In der Morphologie der Stadt Buenos Aires werden die Brüche einer diskontinuierlichen Stadtentwicklung aufgrund des geplanten, ursprünglich orthogonalen und regelmäßigen Stadtrasters besonders sichtbar. Aus der Vogelperspektive zeichnete sich zum Beispiel bis vor Kurzem noch die langgestreckte Brache der unvollendeten Autobahn *Autopista 3* (AU3) innerhalb des konsolidierten Stadtgefüges[2] ab. Die Häuserblocks, deren Bewohnerinnen durch die Junta der Militärdiktatur (1976–1983) enteignet wurden, verfielen mit der Zeit und wurden Jahrzehnte lang nicht beachtet. Sie bildeten somit einen Bruch innerhalb des Gefüges der betroffenen Stadtquartiere, der bis in die 2010er Jahre bestand (vgl. Gerscovich/Lehner 2015). Ein weiteres Beispiel für ein in der Ausführung abgebrochenes Stadtentwicklungsprojekt ist der weitgehend stillgelegte und in Ruinen liegende Vergnügungspark *Parque de la Ciudad*, dessen Areal als öffentlicher Raum für lange Zeit ungenutzt und unzugänglich im Süden der Stadt lag und der für die Olympischen Jugend-Sommerspiele 2018 umgebaut wurde (vgl. Alvarez de Celis 2005, Breckner et al. 2017).[3] Der Übergang von der Industrie- zur Dienstleistungsgesellschaft an vielen Orten der Welt zeigt sich in Buenos Aires an den untergenutzten Bahnverschubflächen für den Gütertransfer, die sich als brachliegende Areale an mehreren Orten der Stadt in Satellitenaufnahmen ausfindig machen lassen (vgl. Lehner/Gerscovich 2015).

Aus der Perspektive einer Passantin werden radikale Brüche infolge einer Abänderung der Bauordnung anhand diskontinuierlicher Fassaden- und Gebäudehöhen erfahrbar, die im Inneren der Baublocks verschattete, nicht nutzbare Leerräume entstehen ließen (vgl. Wolter 2016). Weitere kleinteiligere urbane Leeren sind in Buenos Aires die verfallenen traditionellen Wohngebäude, die sogenannten *casas de chorizo* (vgl. Gregorio 2006), die besonders ab den 1980er Jahren im Stadtzentrum sichtbar waren. Die verlassenen (und später besetzten) *casas de chorizo* im Stadtzentrum kontrastieren den Trend der urbanen Fragmentierung in der Peripherie durch sogenannte Inseln der Reichen (vgl. Janoschka 2002) mit Gated Communities, Shopping Malls, Business Parks und zugehöriger Autobahninfrastruktur (vgl. Gorelik 2004, Welch Guerra 2005) und informellen Siedlungen in den Zwischenräumen der Inseln.

Ein für Buenos Aires spezifisches Phänomen wurde von den während der Feldforschung Interviewten als »Friedhof der Fabriken« (arg. span. *cementerio de fabricas*) bezeichnet. Mit dieser Bezeichnung wurde auf die Folgen der nationalen, auf internationale Trends gestützten Restrukturierung der Wirtschaft und Industrieproduktion durch die Militärjunta in den 1970er Jahren in Argentinien verwiesen, welche sich als Bruch in der Entwicklung von der importsubstituierenden Industrialisierung hin zur Deindustrialisierung manifestierten. Auf nationaler Ebene setzte die Militärjunta im Sinne des neoliberalen Paradigmas auf den Aufbau von Finanzmärkten bei gleichzeitigem Abbau der Industrie und Verkauf staatlicher Betriebe (vgl. Schvarzer 2006). Auf städtischer Ebene bewirkte diese Strategie einschneidende ökonomische, soziale und räumliche Veränderungen in den darauffolgenden Jahrzehnten (vgl. Alvarez de Celis 2005). Besonders die südlichen Stadtteile von Buenos Aires mit einer hohen Anzahl von Produktionsbetrieben und einer umfangreichen Arbeiterinnenschaft waren von der Schließung von Produktionsstätten und den damit einhergehenden Transformationen betroffen (vgl. Alvarez de Celis 2005). Diese Transformationen wurden auf lokaler Ebene mit einer Verordnung der Militärjunta weiter verschärft, mit der ab 1977 neue Industriebetriebe außerhalb eines 60km-Radius um das Stadtzentrum verbannt wurden (vgl. ebd.).[4] Das Bild der Militärjunta vom städtischen Süden als einer Ansammlung von »unangenehmen Dingen wie Müll, Armut und Fabriken« (Cacciatore zit. nach Alvarez de Celis 2005, 116, Übersetzung JL), die es loszuwerden galt, trug wesentlich bei zur Absiedlung der Industriebetriebe, damit zu steigender Arbeitslosigkeit und dem Verfall in dem Gebiet während der Diktatur und darüber hinaus.[5]

Innerhalb dieses Friedhofs der Fabriken wurden die beiden Fallbeispiele dieser Forschung gefunden: eine ehemalige Getreidemühle im Stadtviertel Constitución und eine inaktive Druckerei beziehungsweise Textilfabrik im Stadtviertel Barracas.

Die Schließung der Mühle und der Druckerei beziehungsweise Textilfabrik mit der darauffolgenden Entstehung der funktionalen Leere in beiden Gebäuden ist einerseits mit den oben genannten Entwicklungen verknüpft, andererseits gaben jeweils spezifische Ereignisse Anlass zur Beendigung der Produktion.

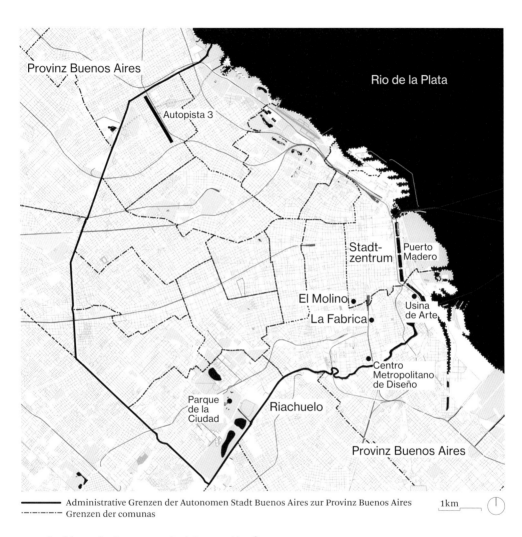

———— Administrative Grenzen der Autonomen Stadt Buenos Aires zur Provinz Buenos Aires
–·–·–·– Grenzen der comunas

1km

▶1   Stadtkarte der Autonomen Stadt Buenos Aires[6]

Die Mühle im Stadtteil Constitución wurde erst 1998 endgültig geschlossen, obwohl bereits 1974 erste Studien für ein neues Werk in der umliegenden Provinz Buenos Aires erstellt wurden.[7] 1978 begann in der Provinz der Bau neuer, größerer Siloanlagen, welche bis in die 1990er Jahre für die Lagerung des Getreides genutzt wurden (vgl. Vignau 2005). Die anschließende Verarbeitung des Getreides erfolgte zunächst weiterhin am zentralen Standort in Constitución, an dem die Produktion allerdings bereits zu

Beginn der 1990er Jahre verringert und mit der Verlagerung der Getreideproduktion in die Provinz 1998 endgültig beendet wurde. Ein Interviewpartner erwähnte, dass die endgültige Einstellung der Produktion am Standort innerhalb der Stadt auch wegen eines tödlichen Betriebsunfalls eines Arbeiters erfolgte.[8]

Im Fall der Textilfabrik ist die Einstellung des Betriebes nicht deutlich zu datieren, da die Angaben von Interviewten[9] und aus der Literatur widersprüchlich sind. Die Zeitspanne, in der die Schließung der Fabrik erfolgte, erstreckt sich vom Jahr 1957 bis zum Beginn der 1970er Jahre. Die Schwierigkeit einer genauen Datierung liegt unter anderem daran, dass die Fabrik mehrere Standorte in unmittelbarer Nähe hatte (▶ ABB. 3.1–3.3) und das Datum für den Verkauf der einzelnen Liegenschaften nicht mit jenem aus den Erzählungen von Interviewten zur Einstellung der Produktion übereinstimmt. Der Grund für die Schließung schon vor den Interventionen der Militärdiktatur in die Industrieproduktion kann auf den bereits in den 1930er Jahren beginnenden Niedergang der Textilproduktion in Argentinien zurückgeführt werden (vgl. Belini 2008). Dieser Umstand wurde dadurch erschwert, dass der Vielzahl von Erben nach dem Tod des letzten Gründers Francisco Piccaluga keine wirtschaftliche Weiterführung des Betriebs gelang. Einer der Standorte wurde schließlich als Schuhfabrik genutzt, ein anderer fungiert bis heute als Standort der Argentinischen Post. Im Jahr 1972 erfolgte die öffentliche Versteigerung jenes Standortes der Fabrik, der im Rahmen dieser Forschung als Fallbeispiel untersucht wurde. Ein Teil der Textilfabrik wurde zunächst vom Verlag Amorrortu Editores als Druckerei und für die Lagerung von Büchern genutzt. Diese Nutzung wurde in den 1990er Jahren eingestellt.

Sowohl die Geschichte der Mühle als auch die der Textilfabrik ist von jahrzehntelangen Unternehmenstraditionen gekennzeichnet. Die Unternehmensgeschichte der Molino Argentino S.A. (dt. Argentinische Mühle AG) (▶ ABB. 56) begann Ende des 19. Jahrhunderts mit dem italienischen Migranten Domingo Badino, der zunächst einen Gemischtwarenhandel im Stadtteil Constitución betrieben hatte. 1897 wurde mit dem Bau der Getreidemühle im selben Stadtteil begonnen (▶ ABB. 2.1–2.4). Anhand von Originalplänen und Fotos lassen sich über die Jahrzehnte erfolgte Adaptierungen und Erweiterungen des Grundstücks durch zusätzliche Gebäudeteile ablesen. Wesentliche funktionale Gebäudeteile wie der Schornstein, der Silo oder das Hauptgebäude in der Mitte des Häuserblocks fanden in den Interviews mit den heutigen Nutzerinnen und Personen aus der Nachbarschaft immer wieder Erwähnung (▶ ABB. 2.1, 2.4, 17, 55). Die übergeordnete, symbolische Bedeutung der Mühle für den Stadtteil zeigte sich sowohl in Gesprächen mit Personen aus der Nachbarschaft als auch in der Benennung eines gegenüberliegenden Wohnungsbaus der 1960er Jahre als Molino (dt. Mühle).

Bildteil 1[10]

Abb. 2/1–4: Historische Fotos von der Mühle

▶2.1
Innenhof der Mühle
mit Hauptgebäude

▶2.2
Historische Straßen-
fassade der Mühle
an der Calle Solís

▶2.3
Neue Straßenfassade an der Calle Solís

▶2.4
Historische Ansichten der Mühle und des Hafens

Abb. 3/1–3: Historische Fotos von der Textilfabrik

▶3.1 Piccaluga Fabriksgebäude im Stadtviertel Barracas (links) und Verkaufsgebäude im Stadtzentrum (rechts)

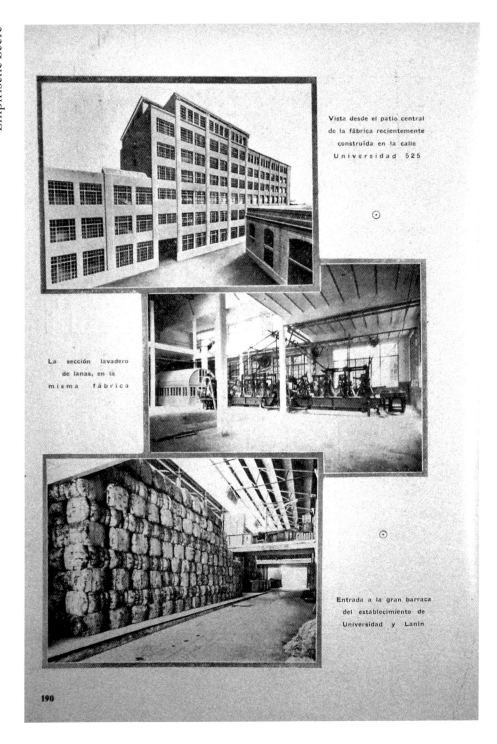

Vista desde el patio central
de la fábrica recientemente
construída en la calle
Universidad 525

La sección lavadero
de lanas, en la
misma fábrica

Entrada a la gran barraca
del establecimiento de
Universidad y Lanin

190

▶3.2 Piccaluga Gebäudeteile zur Aufbereitung und Lagerung von Rohmaterialien

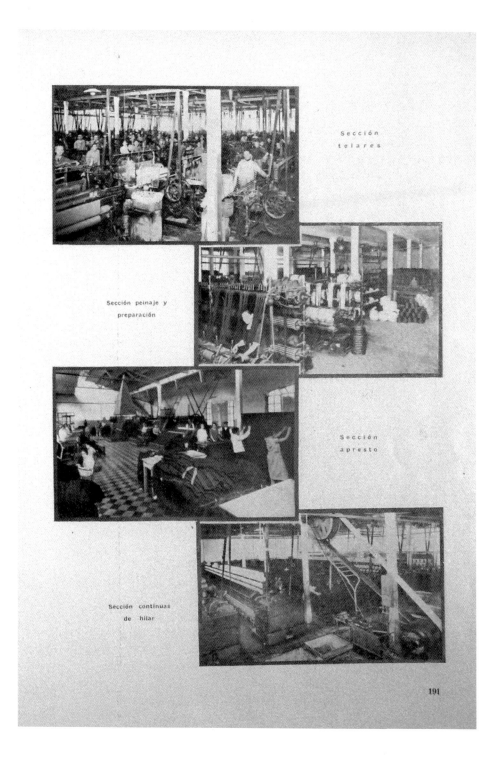

Sección
telares

Sección peinaje y
preparación

Sección
apresto

Sección contínuas
de hilar

191

►3.3   Piccaluga Produktionshallen für Spinnerei, Weberei und Färberei

Während sich die Suche nach den ehemaligen Eigentümern der Mühle aufgrund des weiterhin existierenden Familienunternehmens einfach gestaltete, konnten bei der Textilfabrik beziehungsweise beim Verlag keine Kontakte hergestellt werden. Die auch heute noch landesweit bekannte Textilfabrik wurde im Jahr 1891 von dem aus Italien immigrierten Unternehmer Luis Barolo und zwei Teilhabern gegründet. Nach dem Tod des Gründers im Jahr 1922 wurde das Unternehmen von einem der Teilhaber, Francisco Piccaluga, unter dem Namen F. Piccaluga & Cia weitergeführt. Der Erfolg des Unternehmens lässt sich an der Anzahl der Beschäftigten an den drei Standorten im südlichen Stadtteil Barracas ablesen: Mehr als 3000 Beschäftigte waren in der Spinnerei, Weberei und Färberei tätig (vgl. Alvarez de Celis 2005, Belini 2008). Fotos aus jener Zeit (▶ ABB. 3.1–3.3) der drei nahestehenden Gebäudekomplexe zeugen aufgrund der abgebildeten modernen Bautechnologie, der Maschinen und der Fassadengestaltung von der Blütezeit des Unternehmens. Erzählungen von älteren Bewohnerinnen des Viertels verdeutlichen den Einfluss der Fabrik auf das unmittelbare Alltagsleben. So war zum Beispiel das nahegelegene, heute noch bestehende Lokal aufgrund des Schichtbetriebs in der Textilfabrik und weiteren Betrieben rund um die Uhr geöffnet (▶ ABB. 31). Die Passantinnen und Passanten, die während der Spaziergänge im Stadtteil angesprochen wurden, hatten alle einen familiären Bezug zur Fabrik. Anders als in den Gesprächen über die Mühle wurden hier keine markanten Bauelemente bei den Gesprächen genannt. Die meisten Gesprächspartnerinnen verorteten die Textilfabrik in dem Gebäudeteil, der heute als Post genutzt wird, die Nutzung anderer Gebäudeteile als Verlag oder Schuhfabrik war nur wenigen Gesprächspartnerinnen und -partnern bekannt. Letztere Nutzungen wurden in den 1990er Jahren eingestellt, zu einem Zeitpunkt als der regierende Präsident Carlos Menem (Regierungszeit 1989–1999) mit der Privatisierung sämtlicher staatlicher Firmen, der 1:1-Parität des argentinischen Pesos an den US-Dollar und der Außenöffnung der Wirtschaft eine radikale, neoliberale Strukturanpassung nach Leitlinien des Internationalen Währungsfonds (IWF) durchführte.[11] Die Öffnung des argentinischen Marktes führte zum Bankrott von lokalen mittleren und kleineren Firmen (Alvarez de Celis 2005), die auf die globale Konkurrenz nicht vorbereitet waren, sowie zu einer stark steigenden Arbeitslosigkeit, prekären Arbeitsverhältnissen und der Verarmung der bisher in Lateinamerika relativ großen Mittelschicht (vgl. Kessler/Di Virgilio 2008).

Am Ende der 1990er Jahre zeigte sich im Süden von Buenos Aires ein Bild von verfallenen, von Leerstand geprägten Stadtvierteln, in denen kaum noch Produktion stattfand und anstatt Arbeitenden viele Arbeitslose präsent waren (vgl. Herzer 2012). Gleichzeitig entstanden zur Jahrtausendwende – noch vor der großen nationalen Wirtschaftskrise 2001 und dem darauffolgenden Verschwinden Argentiniens von den internationalen Finanzmärkten – Projektideen von Personen aus Politik und Architektur für einzelne aus dem Industriezeitalter stammende brachliegende Gebäude. Ein Beispiel für ein solches Transformationsprojekt ist die Konversion des ehemaligen Hafenareals Puerto Madero in ein neues Stadtviertel (vgl. Cuenya 2012, Cuenya/Corral 2011). Ebenso gab es Pläne für die Umnutzung eines Elektrizitätswerkes (welches von 1916–1990 bestand) in das Musiktheater Usina de Arte sowie die Transformation des alten Fischmarktes (welcher von 1934–1938 bestand) in das Centro Metropolitano de Diseño zur Förderung der Kreativwirtschaft (vgl. Lehner/Gerscovich 2015).[12] Zu diesem Zeitpunkt, der einerseits von Verfall, andererseits der Entstehung von Ideen zur Transformation einzelner Ikonen des Industriezeitalters gekennzeichnet war, standen die hier behandelten brachliegenden Gebäude der Getreidemühle und der Textilfabrik zum Verkauf. In dieser Situation ergaben sich am Ende der 1990er Jahre für die beiden Orte vielfältige Möglichkeiten zur Transformation.

Am Ende der 1990er Jahre zeigte sich im Süden von Buenos Aires ein Bild von verfallenen, von Leerstand geprägten Stadtvierteln, in denen kaum noch Produktion stattfand und anstatt Arbeitenden viele Arbeitslose präsent waren (vgl. Herzer 2012). Gleichzeitig entstanden zur Jahrtausendwende – noch vor der großen nationalen Wirtschaftskrise 2001 und dem darauffolgenden Verschwinden Argentiniens von den internationalen Finanzmärkten – Projektideen von Personen aus Politik und Architektur für einzelne aus dem Industriezeitalter stammende brachliegende Gebäude. Ein Beispiel für ein solches Transformationsprojekt ist die Konversion des ehemaligen Hafenareals Puerto Madero in ein neues Stadtviertel (vgl. Cuenya 2012, Cuenya/Corral 2011). Ebenso gab es Pläne für die Umnutzung eines Elektrizitätswerkes (welches von 1916–1990 bestand) in das Musiktheater Usina de Arte sowie die Transformation des alten Fischmarktes (welcher von 1934–1938 bestand) in das Centro Metropolitano de Diseño zur Förderung der Kreativwirtschaft (vgl. Lehner/Gerscovich 2015). Zu diesem Zeitpunkt, der einerseits von Verfall, andererseits der Entstehung von Ideen zur Transformation einzelner Ikonen des Industriezeitalters gekennzeichnet war, standen die hier behandelten brachliegenden Gebäude der Getreidemühle und der Textilfabrik zum Verkauf. In dieser Situation ergaben sich am Ende der 1990er Jahre für die beiden Orte vielfältige Möglichkeiten zur Transformation.

(2) Möglichkeitsräume der Mühle und der Fabrik

> »Indem man ein dichtes Verständnis der Perspektiven aller kollektiven Akteure entwickelt, d. h. von den in dieser Arena involvierten Sozialen Welten, wird auch der Sinn der Handlungen in der Arena verstehbar« (Clarke 2012, 152).

In diesem Abschnitt werden soziale Welten mit eher strategischen als auch solche mit taktischen Handlungsroutinen innerhalb der Transformation der urbanen Brachen identifiziert. Mittels einer Social Worlds/Arenas Map (► ABB. 4) wird der Frage nachgegangen, wer die urbane Leere wie be- und aufgreift. Durch die Beschreibung der sozialen Welten und deren Darstellung in einer Social Worlds/Arenas Map der urbanen Leere werden die Perspektiven von sozialen Gruppen in der Brachentransformation und damit die kollektiven Aushandlungsprozesse sichtbar und verständlich gemacht.

Das Themenfeld der ausgearbeiteten Social Worlds/Arenas Map ist die Transformation der urbanen Leere, wobei all jene sozialen Welten dargestellt sind, die in den beiden Fallbeispielen vorgefunden wurden.[13] Als Basis für die Erstellung der Social Worlds/Arenas Map dienten als Datenmaterial die ausgewerteten Expertinneninterviews sowie Interviews mit den Kooperativenmitgliedern und Grundstückseigentümern, Publikationen der involvierten sozialen Organisation Movimiento de

Ocupantes e Inquilinos (MOI, dt. Besetzer- und Mieterbewegung), Fotomaterial von beiden Fallbeispielen und das Programm zur Implementierung des Gesetzes 341, auf welches später genauer eingegangen wird.

Die folgende Beschreibung der Social Worlds/Arenas Map soll eine Übersicht über die in den Fallbeispielen präsenten sozialen Welten, die Art ihrer Verbindungen zur physisch-materiellen Brache und ihre Perspektiven auf diese geben.[14] Als zentrale soziale Welten tauchen in der Social Worlds/Arenas Map die Architekturschaffenden, die staatlichen Institutionen, die sozialen Organisationen und die Kooperativen der selbstorganisierten, prekär Wohnenden mit unterschiedlichen kollektiven Handlungsweisen und Diskursen auf. Die nachfolgende Beschreibung verschiedener präsenter sozialer Welten/Arenen fokussiert im Detail auf die vier soeben angeführten sozialen Welten, anhand derer sich zeigt, dass sich sowohl strategische als auch taktische Handlungsweisen in der Situation der urbanen Leere wiederfinden.

Ausgehend von der Situation Ende der 1990er Jahre, in der sowohl die Mühle als auch die Textilfabrik (bzw. das Verlagsgebäude) zum Verkauf standen, werden auf den ersten Blick zunächst die Verkäufer beziehungsweise Eigentümer sichtbar. In beiden Fallbeispielen waren die Eigentümer der Grundstücke und Gebäude gleichzeitig auch die Leiter der beiden Betriebe und damit Teil der für die Untersuchung relevanten sozialen Welt. Die Eigentümerinnen gehören jener sozialen Welt an, in der im Sinne Michel de Certeaus die primären Handlungsweisen Strategien sind und die einen Ort aufweist, »der als etwas *Eigenes* umschrieben werden kann« (de Certeau 1988, 23). Aus einem Gespräch mit einem der heutigen Mühleneigentümer ging hervor, dass der Verkauf von einem Miteigentümer abgewickelt worden war und es von Seiten des Unternehmens kein Interesse daran gab. Diese Ausgangslage erklärt unter Umständen, warum der Verkauf unter Verzicht auf die Realisierung eines maximalen Preises und somit jenseits der erwartbaren Entscheidungslogik eines Unternehmes erfolgte. Die Brache wurde dabei nicht nur als Immobilie und finanzieller Gewinn gesehen, sondern auch als eine Möglichkeit, bisher unbeachtete Nutzungsoptionen zu realisieren. Im Fall der Fabrik kam kein Kontakt mit den vier Geschwistern zustande, die Eigentümer des Verlags sind, obwohl der Verlag bis heute an einem anderen Standort weiter besteht. Die Beweggründe für den Verkauf, die über die schwierige Situation für lokale Unternehmen in Argentinien zu dieser Zeit hinausgehen könnten, sind nicht bekannt. Nach dem Verkauf der Grundstücke war die soziale Welt der Eigentümer nicht mehr im Transformationsprozess präsent, auch wenn das Gespräch mit dem Mühleneigentümer und die von ihm aufbewahrten historischen Fotos durchaus von einem Interesse am Wandel des ursprünglichen Firmensitzes zeugen.

Eine weitere soziale Welt, die nur im Zeitraum des Grundstücksverkaufs auftaucht, ist die soziale Welt des Immobilienmarktes. Als Mittler zwischen Verkaufenden und Kaufenden der beiden Grundstücke sind die Immobilienmaklerinnen zentrale Akteurinnen in deren Transformation. Der Immobilienmarkt in Buenos Aires ist geprägt von einer Mehrheit von Wohnungseigentümerinnen gegenüber Mietenden, auch wenn seit der Jahrtausendwende diese Zahl bei gleichzeitigem Anstieg von Mietenden rückläufig ist (vgl. EAH 2017, Lorences 2015, Vera Belli 2018). Die Charakteristik einer Mehrheit an Wohnungseigentümerinnen geht auf die Einführung des Wohnungseigentumsgesetzes[15] 1948 zurück, welches eine individuelle Existenzabsicherung angesichts der häufigen Wirtschaftskrisen und hohen Inflation beabsichtigte (vgl. Gazzoli 2007). Eine individuelle Absicherung durch Wohnungseigentum war und ist für einen wachsenden Teil der Bewohnerinnen von Buenos Aires allerdings aufgrund der limitierten Finanzierungsmöglichkeiten mit Wohnungskrediten nicht möglich (vgl. Rodriguez et al. o.J.).[16]

Wie bereits im vorherigen Abschnitt beschrieben befanden sich viele Stadt-bewohnerinnen Ende der 1990er Jahre in prekären Arbeitsverhältnissen oder waren arbeitslos. Dies betraf sowohl die sogenannten *sectores populares*[17] als auch eine neue verarmte Mittelschicht (vgl. Kessler/Di Virgilio 2008). Die Prekarität der Betroffenen spiegelte sich auch in deren Wohnsituation. Der sogenannte Wohnungsnotstand (arg. span. *emergencia habitacional*) beschreibt den andauernden Mangel an adäquatem Wohnraum in der urbanen Agglomeration Buenos Aires (vgl. Di Virgilio, Rodriguez/ Mera 2016, Lorences 2015, Rodriguez et al. 2007).[18] Dieser hatte sich besonders durch die weitgehende Auflösung des Mieterinnenschutzes mit dem Gesetz 21.342 und durch die Beseitigung der informellen Siedlungen während der Militärdiktatur in den 1970er Jahren verschärft (vgl. Gazzoli 2007). Als Folge kam es in den 1980er Jahren zu einer Welle von Besetzungen des innerstädtischen Leerstands und zur vermehrten Entstehung von informellen Siedlungen am Stadtrand. Jene, die die rigiden Auflagen (wie Bürgschaften oder hohe Kautionen) für den Zugang zu einer Mietwohnung nicht erfüllen konnten, zogen in sogenannte *hoteles y pensiones*, *inquilinatos* oder *conven-tillos*.[19] In diesen meist überbelegten Unterkünften können temporär Zimmer mit Gemeinschaftsküchen und -bädern gemietet werden, wobei die Bewohnerinnen als Hotelgäste und nicht als Mietende im rechtlichen Sinn gelten (vgl. Rivas 1991). Die Situation der prekär Wohnenden und Wohnungslosen in Buenos Aires ist heterogen und von unterschiedlichen informellen und prekären Wohnverhältnissen gekenn-zeichnet, welche in der gesamten Metropolregion Buenos Aires zu finden sind (vgl. u.a. Bricchetto 2006, Di Virgilio, Rodriguez/Mera 2016, Wainstein-Krasuk/Borthagaray/ Igarzábal de Nistral 2006). Diese unterschiedlichen Wohnsituationen sind dadurch charakterisiert, dass die Wohnenden im Sinne Michel de Certeaus (1988) nicht über Orte als etwas Eigenem verfügen und unterschiedliche Taktiken anwenden müssen, um Orte alltäglich gebrauchen, manipulieren und umfunktionieren zu können.

Auf der Suche nach einer möglichen Verbesserung der Wohnsituation orga-nisierten sich die Bewohnerinnen in prekären Wohnsituationen in Gruppen und Kooperativen. Mit dieser kollektiven Organisation wurden sie von individuellen Ak-teurinnen zu einer weiteren sozialen Welt in der Transformation der urbanen Brache. Diese soziale Welt ist aufgrund der unsicheren Wohnverhältnisse durch das taktische Handeln in bestimmten Momenten geprägt.

»Als [2001] die ganze Sache mit den *hoteles* explodierte. Also, die Familien kamen aus dieser Situation. Eine Situation der Angst vor Delogierungen, mit Rechts-schutz. Ein Rechtsschutz, der dich angeblich schützen sollte, der aber rein gar nichts beschützt.«[20]

»Wir wohnen in der Nähe von hier (...). 22 Jahre lang hatten wir das gleiche Zuhause. (...) Später starb der Eigentümer und der Sohn verkaufte das Grund-stück mit Mietern und allem. Und wir gingen weg, weil die neue Eigentümerin selbst an dem Ort wohnen wollte. (...) Ja, mit Anwalt und allem drum und dran.

Schlussendlich mussten wir gehen. Das Ganze geschah in großer Eile (...), die Sachen zurücklassend, weil dort wo wir hinzogen nicht genug Platz war. (...) Der Ort, an den wir zogen, wurde auch verkauft. Danach nichts. Wir verloren viele unserer Sachen.«[21]

Aufgrund der vielen Delogierungen und der untragbaren Wohnverhältnisse organisierten sich viele Familien bei der Suche nach Wohnlösungen selbst. Auf Anraten der städtischen Verwaltungseinheit für Wohnungsbau, die zu diesem Zeitpunkt noch *Comisión Municipal de la Vivienda* (CMV, dt. Städtisches Wohnungsbauamt)[22] hieß, gründeten viele Familien Kooperativen. Die Kooperative La Fabrica, die sich später in modifizierter Form in der Brache wiederfand, wurde von Familien mit unterschiedlichem nationalen Hintergrund gegründet. »Es waren [Leute] aus unterschiedlichen Ländern und wir entschlossen uns, sie [die Kooperative] America Unida [geeintes Amerika, Anm.] zu nennen.«[23] Nach der Zersplitterung der Kooperative kamen neue Mitglieder u. a. aus Besetzungen des öffentlichen Gebäudes Patronato de la Infancia (PADELAI, dt. frei übersetzt: Haus des Kindes), von einer Gewerkschaft der Aerolineas Argentinas sowie von der Asociación de Mujeres Meretrices de Argentina (AMMAR, dt. Verein der argentinischen Sexarbeiterinnen) dazu. Im Fall der Kooperative El Molino (dt. die Mühle), die später die Brache der Mühle nutzte, waren es zwei unterschiedliche Gruppen von Familien aus *hoteles y pensiones*, die sich zusammenschlossen und zunächst in den zwei Kooperativen 20 de Julio (dt. 20. Juli) und Los Invencibles (dt. Die Unbesiegbaren) organisiert hatten.

Nachdem die selbstorganisierten Gruppen der zukünftigen Kooperativen La Fabrica und El Molino über längere Zeit am Ende der 1990er Jahre keine geeigneten Grundstücke oder Gebäude fanden und es zu Delogierungen von Seiten des Staates kam, kontaktierten die Gruppen zu unterschiedlichen Zeitpunkten (Kooperative La Fabrica 1999 und El Molino 2000) eine soziale Organisation, die sich bis heute auf die Betreuung von Mietenden und Besetzenden fokussiert. »Und in dieser Situation kommt MOI hinzu. MOI bietet uns etwas an, sagt uns, wie sie arbeiten, was die wesentlichen Punkte sind, was sie bisher machten, und wir suchten so etwas. Und die Suche nach Gebäuden begann.«[24] Die Entscheidung, sich an eine soziale Organisation zu wenden, wurde aufgrund des allgemeinen Misstrauens gegenüber sozialen Organisationen und ihren politischen Verbindungen nicht von allen Familien gleichermaßen mitgetragen.[25]

»Alle im MOI. Alle, die wir sind, sind Teil der Organisation, weil wir alles was wir als Kooperative machen, Evaluierung, Betreuung, alles was du willst, haben wir von der Organisation und aus Erfahrung gelernt. Was wir machten ist, zu nehmen was sie uns beigebracht hatten. Und außerdem hat uns die Organisation MOI zu unseren Treffen [mit der Stadtadministration] begleitet. Es waren Fragen wie ›Müssen wir das bezahlen? Woher bekommen wir Werkzeuge um mit dem Bau zu beginnen...‹« [26]

Die soziale Organisation Movimiento de Ocupantes e Inquilinos (MOI, dt. Besetzer- und Mieterbewegung), an die sich die organisierten Familien wandten, war aus den massiven Besetzungen einzelner leerstehender Gebäude im Stadtzentrum von Buenos Aires in den 1980er Jahren hervorgegangen (vgl. Barbagallo/Rodriguez 2007, 2012). Zivilgesellschaftliche Bewegungen haben in Buenos Aires eine lange Tradition und sind gekennzeichnet durch ein ambivalentes Verhältnis zu politischen Parteien, dem Staat und sogenannten *punteros politicos*[27] (vgl. Ippolito-O'Donnell 2012, Oxhorn 2011). Die Besetzung des brachliegenden öffentlichen Gebäudes PADELAI im Zentrum von Buenos Aires durch mehrere Familien gab 1989 Anlass zur Gründung des Movimiento de Ocupantes e Inquilinos durch Forschende, Studierende unterschiedlicher Disziplinen und Anderen (vgl. Barbagallo/Rodriguez 2007, 2012). Das Zitat »Wir wurden in den Zwischenräumen des Stadtzentrums geboren« (Barbagallo/Rodriguez 2012, 8) verdeutlicht sowohl die Verbindung der sozialen Organisation mit diesem Ereignis als auch den Fokus auf zentrale urbane Gebiete und bestehende Gebäude. Ziel der Organisation war es zunächst, Besetzende und Mietende vor Ort in den bewohnten Gebäuden zu unterstützen. Aus den ersten Erfahrungen von MOI entwickelte sich ein Fokus auf das Arbeiten mit vormals leerstehenden Bestandsgebäuden und ein integrales Verständnis vom Wohnraum als *hábitat* (dt. Habitat), welches andere Bereiche des Alltagslebens wie Gesundheit, Arbeit, (Weiter-)Bildung und Kultur einschließt. Die Verbindung der Idee des Habitats mit dem Anspruch auf Zugang zu Infrastruktur und Einrichtungen erklärt, warum das *Recht auf Stadt*[28] auch in weiteren Aktivitäten von MOI ein zentrales Element darstellt. Mit dieser Herangehensweise bildeten sich im Laufe der 1990er Jahre unter anderem durch den Einfluss einiger Mitglieder der Central de Trabajadores de la Argentina (CTA, dt. Gewerkschaftsverband der Arbeiter von Argentinien), des uruguayischen Modells der Wohnbaukooperativen[29] und der Secretaria Latinoamericana de Vivienda Popular (SeLViP, dt. Lateinamerikanische Vereinigung für Wohnraum) wesentliche Grundelemente der Organisation heraus, wie Selbstverwaltung, aktive Teilnahme am Konstruktionsprozess und kollektives Eigentum. Die Arbeit mit diesen Grundelementen erweiterte sich um die aktive Teilnahme an politischen Prozessen, die die Produktion von Wohnraum beeinflussen. Die Teilnahme wurde durch die günstige Gelegenheit der Zuerkennung des Status als autonome, nationale Verwaltungseinheit an Buenos Aires mit eigener Stadtregierung und eigenem Parlament erleichtert (vgl. Barbagallo/Rodriguez 2007, 2012, Zapata 2017). Dies bedeutete konkret, dass die Organisation Ende der 1990er Jahre ihre Ideen zur selbstverwalteten Wohnraumproduktion über sogenannte partizipative runde Tische mit den Akteurinnen des Stadtparlaments von Buenos Aires einbringen konnte. Damit befindet sich die soziale Organisation an der Schnittstelle zwischen den prekär Wohnenden, die mittels taktischer Handlungsweisen agieren, und der sozialen Welt der Gesetzgebung und des Staates. Das Resultat dieses Partizipationsprozesses von Abgeordneten des Stadtparlaments, sozialen Organisationen[30] und Kooperativen von prekär Wohnenden war das Gesetz für selbstverwalteten Wohnungsbau Ley 341 (dt. Gesetz 341).

Mit der Erarbeitung des Gesetzes 341 wurden die sozialen Welten der Politik und des Stadtparlaments Teil der Situation, auch wenn das Gesetz nicht direkt an die Transformation der urbanen Brachen gekoppelt ist, sondern vielmehr die Thematik der Wohnraumproduktion und des sozialen Wohnungsbaus fokussiert. In der Umsetzung des Gesetzes 341 waren ausführende Planungsinstitutionen der Stadtadministration aktiv einbezogen. Die städtische Verwaltungseinheit für Wohnungsbau CMV (später umbenannt in Instituto de Vivienda de la Ciudad Autónoma de Buenos Aires, IVC) wurde nach der Verabschiedung des Gesetzes 341 und einer später modifizierten Version (Gesetz 964) mit der Erstellung des Wohnungsbauprogamms Programa de Autogestión para la Vivienda (PAV, dt. Programm der Selbstverwaltung für Wohnungsbau) beauftragt (vgl. Zapata 2017). Die Programmentwicklung erfolgte in der ersten Etappe in enger Zusammenarbeit mit den sozialen Organisationen und den prekär wohnenden Familien. Die Leitlinien des Programms basierten auf dem Recht auf adäquaten Wohnraum in Artikel 31 der Stadtverfassung, in dem unter anderem die Nutzung von leerstehenden Immobilien und die Selbstverwaltung (span. *autogestión*) als zentrale Elemente genannt werden. In den geführten Interviews[31] mit der Stadtadministration wurde deutlich, dass sich die städtische Verwaltung auf eine »effiziente« Nutzung von Immobilien sowie Grund und Boden in öffentlichem Eigentum konzentriert. Eine große Anzahl an in Stadteigentum befindlichen, dennoch ungenutzten Immobilien wird jedoch durch Wohnungssuchende besetzt.[32] Hier wird das Aufeinandertreffen von strategischen Handlungsweisen der Administration, wie zum Beispiel der effizienten Nutzung, mit den taktischen Aneignungen von urbanen Leerständen in einem günstigen Moment durch Wohnungssuchende deutlich. Der Aspekt der Selbstverwaltung innerhalb des Gesetzes brachte eine notwendige Veränderung im Rollenverständnis der Administration mit sich, da die zukünftigen Bewohnerinnen des »sozialen Wohnungsbaus« nun aktiver Teil der Wohnraumproduktion wurden und nicht erst bei Fertigstellung die Schlüssel bekamen (siehe folgendes ▷UNTERKAPITEL E.1.2).

Auch die soziale Welt der Architekturschaffenden und Planenden innerhalb der Transformation urbaner Leere sollte sich mit der Implementierung des Gesetzes 341 verändern. Das Gesetz 341 sah drei wesentliche Punkte in der selbstverwalteten Wohnraumproduktion vor: den Kauf von urbanem Grund und Boden oder eines Gebäudes mittels eines Hypothekarkredites (mit individuellem Eigentum der zukünftigen Bewohnerinnen oder kollektivem Eigentum einer nicht-gewinnorientierten Organisationsform), die selbstverwaltete Durchführung der Bauarbeiten (inklusive Renovierungen, Erweiterungen oder Recycling von Bestandsgebäuden) und die finanzierte Unterstützung durch interdisziplinäre professionelle Teams (aus den Bereichen Architektur, Soziales, Recht und Buchhaltung) (vgl. Zapata 2017). Dadurch treffen die sozialen Welten der Architekturschaffenden und jene der Wohnungssuchenden aufeinander, welche bisher im Rahmen des sozialen Wohnungsbaus nicht direkt über Handlungsweisen verknüpft waren.[33] Bis zum Gesetz 341 basierten die Tätigkeiten von Architekturschaffenden im Rahmen des sozialen Wohnungsbaus auf der Teilnahme an staatlichen Ausschreibungen und auf den wirtschaftlichen Anforderungen (der Gewinnmaximierung) großer Bauunternehmen (vgl. ebd.). Damit einher geht einerseits eine disziplinäre Routine und Handlungsweise, welche sich an den Wohnungsbaustrategien des Staates und der Unternehmerinnen orientiert. Andererseits manifestiert sich ein Bild des Wohnungsbaus in der sozialen Welt von Architekturschaffenden als materielle Behausung, welches ungenügend mit alltäglichen Bedürfnissen der Wohnenden in Bezug auf Gesundheit, Arbeit, (Weiter-)Bildung und Kultur verknüpft ist.

Im Gegensatz zu dieser Sicht auf Wohnraum als Behausung, welche eine Mehrheit der Architekturschaffenden teilt, findet sich eine andere Sichtweise bei jenen Architekturschaffenden, die in Zusammenarbeit beziehungsweise als Teil der sozialen Organisation MOI im Rahmen des Gesetzes 341 an der Wohnthematik arbeiten. Diese Sichtweise geht über die baulichen Rahmenbedingungen von Wohnungsbau hinaus und inkludiert Überlegungen zu den alltäglichen Handlungsroutinen der Wohnenden. Das der dominanten Perspektive innerhalb der sozialen Welt der Architekturschaffenden widersprechende Segment kann mit Adele Clarke als *subworld* (dt. Subwelt) oder mit Rue Bucher als *reform movement* bezeichnet werden (vgl. Clarke/Leigh Star 2008). Die Subwelt als »professions in process« charakterisiert eine »Veränderung, Neuorganisation oder Neuausrichtung« in den Beziehungsmustern einer sozialen Welt, wie beispielsweise einer Profession (Bucher zit. nach Clarke/Leigh Star 2008, 119). In einem Interview[34] betont der Architekt, welcher in beiden Fallbeispielen arbeitet, dass ein Dach über dem Kopf zu wenig ist, um adäquaten Wohnraum (span. *hábitat*) zu schaffen und bedauert, dass die Mehrheit seiner Kollegschaft am Bild des »Daches über dem Kopf« festhält.

Auf der Suche nach dem Ursprung der soeben beschriebenen Subwelt tritt auch die Universität als weitere soziale Welt ins analytische Blickfeld. Der Architekt der sozialen Organisation MOI beziehungsweise der Kooperativen erklärte im Interview sein erweitertes Verständnis von Wohnraum und *Recht auf Stadt* anhand des Konzeptes *arquitectura-ciudad* (dt. Architektur-Stadt), welches auf Theorie- und Lehrinhalten basiert, die als Widerstand zu den Ideen der Militärdiktatur von einer kleinen Gruppe von Lehrenden und Studierenden an der Universidad de La Plata und später an der Universidad de Buenos Aires entwickelt wurden. In der Auseinandersetzung mit dem ab den 1980er Jahren präsenten Phänomen der Gebäude- und Landbesetzungen erfolgt schließlich die Beteiligung der Studierenden und Lehrenden an der Besetzung des bereits erwähnten öffentlichen Gebäudes PADELAI durch Wohnungssuchende. Mit diesem Ereignis wurden Mitglieder der Architektur-Subwelt teilweise auch zu Mitgliedern der sozialen Organisation MOI.[35] Die Mitglieder nahmen in ihrer Doppelrolle Bezug auf die (argentinische) Geschichte und die Ereignisse rund um die Arbeiterinnenproteste im Jahr 1969, wo sich eine Verbindung von Arbeiterinnen- und Studierendenbewegung ergab.[36]

Die prekär wohnenden Familien machten sich schließlich auf die Suche nach einem Bestandsgebäude zur Lösung ihrer Wohnungsproblematik. Ziel war dabei die Schaffung eines erweiterten Wohnraums als *hábitat* durch die Transformation von brachliegenden Gebäuden in der Stadt, denn mit dem Zugang zu Gesundheitsversorgung, Arbeit und (Weiter-)Bildung erfüllten urbane Brachen durch ihre Lage in zentrumsnahen Stadtvierteln von Buenos Aires die Kriterien der Konzepte *hábitat* und *Recht auf Stadt*. Die Kooperativenmitglieder suchten aktiv nach Gebäuden und Grundstücken, deren Eignung dann von den Architekturschaffenden des interdisziplinären Teams und dem Personal des IVC geprüft wurde. Die finanziellen Mittel für den Erwerb und den Umbau der beiden Gebäude wurden auf Basis des Gesetzes 341 in Form eines 30-jährigen Hypothekenkredits von der Stadt Buenos Aires (durch die städtische Bank Banco de la Ciudad) zur Verfügung gestellt. In dieser Situation kommt es zu Verkaufsgesprächen mit dem Eigentümer der Mühle (im Jahr 2002) und der Eigentumspartei der Fabrik (im Jahr 2001), dem IVC als vorläufigem Käufer und den als Kooperativen organisierten Familien, die bis heute von der sozialen Organisation unterstützt werden.

Während sich der Architekt der Kooperative von den Möglichkeiten der Mühle und der Textilfabrik im Sinne des Konzeptes *arquitectura-ciudad* begeistert zeigte, waren die organisierten Familien zunächst aufgrund der Größe der beiden Fabriken nicht von deren Eignung überzeugt.[37] »... um ehrlich zu sein waren wir nicht so begeistert von den Dingen. Abgesehen davon erschien es [das Gebäude, Anm.] uns (...) als wäre es ein riesiges Monstrum, das wir nie füllen werden können.«[38] Durch die Überzeugungsarbeit des Architekten und der sozialen Organisation MOI wurden jedoch schließlich die beiden Gebäude zu unterschiedlichen Zeitpunkten in den Jahren 2001 (Textilfabrik) und 2002 (Mühle) gekauft.

Somit lassen sich am Beginn der Transformation der urbanen Leeren mit dem Kauf der Mühle und der Textilfabrik eine Reihe von sozialen Welten, die von jeweils unterschiedlichen Handlungsroutinen und Sichtweisen auf die Brachen bestimmt sind, ausmachen. In ihrem Konzept zu den Social Worlds/Arenas Maps betont Adele Clarke die Wichtigkeit, abwesende Welten zu identifizieren, die in der Arena vermutet werden. Auffallend bei der Betrachtung der Transformation der Brache aus dem Blickwinkel der Wohnraumproduktion ist, dass hier zunächst die traditionellen sozialen Welten, wie z. B. der Bauunternehmen, fehlen. Die Exklusion dieser sonst sehr präsenten Welt im Wohnungsbausektor stellt eine Besonderheit dar. An ihre Stelle wird später im Transformationsprozess die neu gegründete Arbeitskooperative für den Umbau der beiden Fabrikgebäude treten (siehe nächstes Unterkapitel). Vom Selbstbau und den selbstorganisierten Besetzungen ausgehend überrascht die Präsenz und Rolle der Immobilienmaklerinnen als Vermittelnde zwischen Eigentümerinnen und zukünftigen Bewohnerinnen, da im Selbstbau meist keine oder nur informelle Vermittelnde (im Nachhinein) für die Formalisierung der Gundstücks- oder Gebäudeaneignungen präsent sind. Ebenso ungewöhnlich im Kontext des informellen selbstorganisierten Wohnens ist die Präsenz des Bankenwesens, hier der Banco de la Ciudad, die den Verkauf abwickelt. Aus der europäischen Perspektive der Architektur- und Städtebauwelt fehlt die Präsenz von weiteren institutionellen Planungseinheiten aus den Bereichen des Denkmalschutzes, der Dekontaminierung oder des Umweltschutzes. Mit der Identifizierung von abwesenden und vermutet präsenten sozialen Welten geht die Notwendigkeit einerseits einer lokal spezifischen Social Worlds/Arenas Map und andererseits einer Darlegung der Perspektiven, die in den unterschiedlichen sozialen Welten eingenommen werden, auf.

Mit der Darstellung der sozialen Welten rund um die Brache und der Beantwortung der Frage, von wem die urbane Leere wie aufgegriffen wurde, kann die Vielfältigkeit an Handlungsroutinen erahnt werden, die am Ort der beiden Fallbeispiele in einem bestimmten Moment zusammentreffen. Aus den Beschreibungen wird sichtbar, dass die Transformation der beiden Brachen und der involvierten sozialen Welten eng an das Gesetz 341 geknüpft sind. Dieses fungiert als »boundary object« (Star/ Griesemer zit. nach Clarke/Leigh Star 2008, 121), womit gemeint ist, dass es an einem Kreuzungspunkt steht, an dem verschiedenste soziale Welten aufeinandertreffen. Anhand der Diskurse und Positionen zum Gesetz 341 können sowohl die Perspektiven und Handlungslogiken der unterschiedlichen sozialen Welten abgelesen werden, als auch Kontroversen und Machtkämpfe (vgl. Clarke/Leigh Star 2008). Die Schnittstelle zwischen der städtischen Planungsinstitution und den prekär wohnenden Familien im Kontext des Gesetzes 341 bildet einen wesentlichen Ausgangspunkt der Analyse im ▷UNTERKAPITEL E.1.2. An der Schnittstelle der Umsetzung des Gesetzes 341 und der Situation in den urbanen Brachen kommt es zu einem Bruch in den Handlungs-routinen der unterschiedlichen sozialen Welten. In einem weiteren Schritt werden nun die Brüche in den Handlungsroutinen erläutert, welche den Moment markieren, an dem der Transformationsprozess der Brache durch das Zusammentreffen unter-schiedlicher Handlungsweisen beginnt.

▶4   Social Worlds/Arenas Map[39]

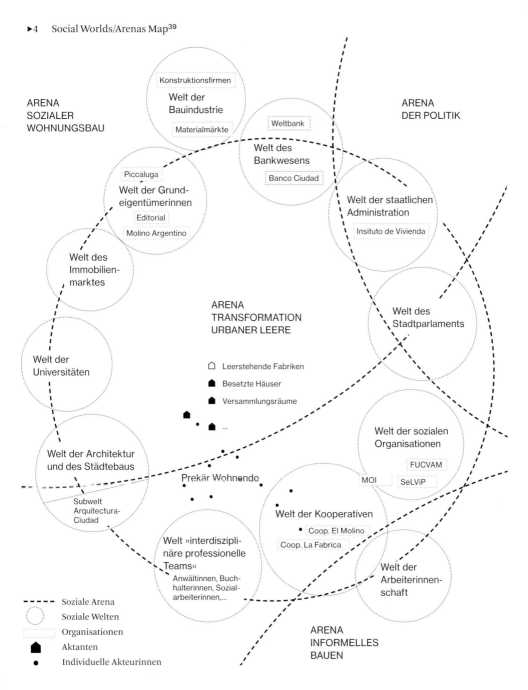

(3) Brüche in sozialen Welten

Durch die Beschreibung der sozialen Welten zeigt sich, dass zu einem bestimmten Zeitpunkt Architekturschaffende, soziale Organisationen, wohnungssuchende Familien und die städtische Administration mit den brachliegenden Fabriken in Wechselbeziehung standen, obwohl sie vorher kaum oder keine Verbindungen untereinander sowie zu den leerstehenden Gebäuden hatten. Mit der Präsenz dieser sozialen Welten manifestieren sich die unterschiedlichen Handlungslogiken der Akteurinnen im Transformationsprozess der urbanen Leere.

Es stellt sich die Frage, warum diese andersartigen Wechselbeziehungen von bisher nicht verbundenen Akteurinnen in der urbanen Leere stattfinden konnten. Bei genauerer Betrachtung der Beschreibungen zeigt sich, dass bestimmte kontinuierliche Prozesse und Handlungen innerhalb der sozialen Welten in der Vergangenheit unterbrochen wurden, somit neue Handlungen gesetzt und Räume dafür gesucht wurden. Diese Art der Bruchstellen ist bei beiden Fallbeispielen an den Schnittstellen zwischen den sozialen Welten beziehungsweise den Subwelten.

Der Verkauf der Grundstücke erfolgte nicht in Übereinstimmung mit der vorherrschenden Marktlogik, da privat Kaufende in Argentinien dem Staat vorgezogen werden. Die langen bürokratischen Abläufe verzögern den Verkauf und werden deshalb von privat Verkaufenden gemieden.[40] Darüber hinaus wurde das Misstrauen gegenüber dem Staat in mehreren Interviews[41] als Grund für das bevorzugte Verkaufen an Private angeführt. Einige Kooperativenmitglieder erzählten mir in Interviews[42] von mehreren Versuchen des Verkaufs anderer Grundstücke, welche alle scheiterten. »Ein bisschen soziales Gewissen mussten sie [die Eigentümer, Anm.] schon gehabt haben«, meinte ein Kooperativenmitglied[43] im Zusammenhang mit dem Verkauf der Textilfabrik.[44] Denn das Grundstück wurde, trotz Schwierigkeiten im Verhandlungsprozess, inmitten der Wirtschaftskrise Ende 2001 an die Kooperative verkauft. Im Fall der Mühle war es die persönliche Überzeugung des Immobilienmaklers vom Wohnungsbauprojekt der Kooperative, die auch den Eigentümer dem Verkauf zustimmen ließ.[45]

> »Als man dem Immobilienmakler sagte, dass das für den Bau einer Wohnungsbaukooperative war (...), gefiel ihm das und er sagte ›Das werden wir machen! Wir werden die Eigentümer überzeugen.‹ Und er übernahm die Aufgabe, die Eigentümer zu überzeugen. (...) Wenn es keine Empfänglichkeit von der Seite gibt, die die Vermarktung der Immobilie überhat, dann wird es bestimmt kein gutes Ende geben. Weil sie andere Dinge im Visier haben.«[46]

Hier wird jener Bruch mit der Marktlogik erkennbar, welcher es ermöglichte, dass Stadtbewohnerinnen des *sector popular* Zugang zu zentral gelegenen Grundstücken mit städtischer Infrastruktur bekamen. Diese Bruchstelle ist eng verknüpft mit dem Umstand, dass die argentinische Wirtschaft zum Zeitpunkt des Kaufs bereits in einer großen Krise war und deshalb Grundstücke in zentralen Lagen zum Zweck des (sozialen) Wohnungsbaus erschwinglich wurden. Erst die zahlreichen Krisen und damit Brüche im Konjunkturzyklus Argentiniens eröffneten den prekär wohnenden Familien durch die Hilfe der staatlichen Institutionen die Möglichkeit des Grundstückkaufs.

Die Brüche in den Lebens- und Wohnbiographien der prekär Wohnenden wurden bereits in allgemeiner Form in der Beschreibung ihrer sozialen Welt angeführt. Wie anhand der Interviewzitate erkennbar, war die Wohnsituation der meisten interviewten Familien vor der Wirtschaftskrise 2001 durch eine große Unsicherheit bezüglich Mietverträgen und -dauer geprägt. Die meisten Familien mit prekären Wohnverhältnissen mussten aufgrund von Kündigungen und Delogierungen mehrmals umziehen. Damit einher ging auch der Verlust vieler persönlicher Gegenstände, wie Möbel, Fotoalben oder Dokumente, die zu Brüchen in der Dokumentation der eigenen Familiengeschichte und den Erinnerungen führten. Schlussendlich führte die anhaltende Unsicherheit und prekäre Wohnsituation aufgrund der steigenden Delogierungen und der Arbeitslosigkeit zur Selbstorganisation der Betroffenen.

In ähnlicher Weise entstand die soziale Organisation MOI aus dem sukzessiven Zusammenbruch des wohlfahrtstaatlichen Modells unter anderem in Wohnungsbaubelangen seit der Militärdiktatur. Die Arbeit, die unzählige soziale Organisationen im Bereich der Wohnungshilfe am Ende der 1990er Jahre leisteten, musste schlussendlich durch die staatlichen Institutionen anerkannt werden, da es in der Stadt Buenos Aires keine staatlichen Strukturen (mehr) gab, die diesen Bereich adressierten (vgl. Zapata 2017). Entgegen bisheriger politischer Abläufe wurden die sozialen Organisationen als politische Akteurinnen so in die Prozesse des Stadtparlaments inkludiert.[47] Die Erfahrungen mit Besetzungen im Stadtzentrum sowie die verschärfte Situation durch Delogierungen führten dazu, dass sich die Aktivitäten der sozialen Organisationen von der Unterstützung bei Besetzungen hin zu einer aktiven Politik für den Kauf von Grundstücken und zur Produktion von Wohnraum änderten.

In der Architektur-Subwelt zeigt sich ein Bruch mit der Perspektive der Mehrheit der Kollegschaft, welche sozialen Wohnraum als »Behälter«[48] für prekär Wohnende sieht. Die staatlichen Institutionen erlebten einen Bruch ihrer tradierten Handlungslogik der schlüsselfertigen Bereitstellung von Wohnraum, die teilweise durch einen selbstverwalteten Prozess ersetzt wurde. Daraus ergibt sich eine weitere Bruchstelle, jene in der Logik von Verwaltung als Bevormundung, die durch eine Kommunikation mit den zukünftigen Bewohnenden auf Augenhöhe unterbrochen wurde.

Die Bruchstellen der urbanen Leere sind nicht nur auf materieller Ebene zu finden. Brüche sind in den unterschiedlichen sozialen Welten auch in den jeweils inhärenten Routinen und Handlungsverpflichtungen erkennbar. Die vielfältigen Bruchstellen verweisen auf jene Momente, »an denen sich die Produktionsbeziehungen bzw. -bedingungen von Raum verändern« (Dell 2014, 8). Die Beschreibungen der sozialen Welten der städtischen Administration, der Architekturschaffenden, der sozialen Organisation und der Kooperativen der prekär wohnenden Familien legen bereits ansatzweise die Vielfältigkeit an Handlungsweisen offen, die sich rund um die sich verändernden Produktionsbeziehungen bzw. -bedingungen verorten und die oftmals von den Disziplinen Architektur und Städtebau unberücksichtigt bleiben. Das nächste Unterkapitel fokussiert den Transformationsprozess der beiden Fallbeispiele im Zeitraum vom Kauf der Grundstücke bis in das Jahr 2014. Dabei werden Wechselwirkungen zwischen den Handlungsweisen der genannten vier sozialen Welten dargelegt und Widersprüchlichkeiten sowie Möglichkeiten in Bezug zur urbanen Leere durch dichte Beschreibungen sichtbar gemacht.

Ausgehend vom Materiellen und Physischen als dem primären Gegenstand der Disziplinen Architektur und Städtebau befasst sich das folgende Unterkapitel mit der Frage, wo und wie sich Widersprüche und Möglichkeiten bei alltäglichen und planerischen Veränderungen der physischen Form der urbanen Leere im Laufe von Transformationsprozessen ergeben. Zur Beantwortung der Frage wurden Daten aus Interviews, historische Pläne, von Kooperativenmitgliedern zur Verfügung gestellte Fotos sowie die im Rahmen dieser Forschung erstellten Fotodokumentationen ausgewertet und die Ergebnisse in dichten Beschreibungen zusammengeführt. Der Fokus der Auswertung lag auf der Zeitspanne zwischen dem Kauf der beiden Grundstücke und dem Ende der Feldforschung im Jahr 2014.[49] Ziel dieser Arbeitsschritte war einerseits das empirische Ergründen und das Aufzeigen der Vielfältigkeit von Handlungsweisen von Akteurinnen und Aktanten im Spannungsfeld des Transformationsprozesses urbaner Leere, die in den Disziplinen Architektur und Städtebau oftmals nicht ins Blickfeld genommen und/oder als »Hintergrund« vernachlässigt werden. Andererseits sollen mit den dichten Beschreibungen des Transformationsprozesses auch die im Zusammenhang mit der urbanen Leere stehenden Veränderungen in den Handlungslogiken der einzelnen sozialen Welten erschlossen werden. Die dichten Beschreibungen des Transformationsprozesses werden durch Bildmaterial ergänzt, welches die Verbindungen der Akteurinnen und ihrer Handlungsweisen mit nicht-menschlichen Aktanten rund um die urbane Leere verdeutlicht. Zur Erarbeitung und Strukturierung der dichten Beschreibungen diente u. a. die RaumZeit-Karte (▷KAPITELABSCHNITT E.2).

Die chronologische Darstellung des Transformationsprozesses in diesem Unterkapitel fokussiert nicht auf materiell-physische Veränderungen der urbanen Brache, sondern nutzt diese als Ausgangspunkt, um deren Verknüpfung mit anderen räumlichen Dimensionen offenzulegen. Die Idee dieser Vorgehensweise basiert auf dem Figur-Grund Prozess der Gestalttherapie[50] (vgl. Goodman/Goodman 1960, Perls/Hefferline/Goodman 2006), bei dem Vorgänge und Bilder im Hintergrund bewusst gemacht und mit dem Vordergrund in Verbindung gebracht werden. Mithilfe dieser geänderten Perspektive werden thematische Aspekte abseits gewohnter Seh- und Handlungsweisen (z. B. die Fokussierung auf das Materielle in den Disziplinen Architektur und Städtebau) zugänglich, wodurch die präzisere Erklärung eines wissenschaftlichen Gegenstands, welcher hier als Figur im Vordergrund verstanden werden kann, möglich wird.

Mit dem Abschluss des Kaufvertrages erhalten die Kooperativenmitglieder und die soziale Organisation MOI Zugang zu den beiden leerstehenden Fabrikgebäuden. Bei den beteiligten Akteurinnen (die städtische Planungs- und Wohnungsbauinstitution IVC, die Kooperativen, die soziale Organisation MOI sowie der Architekt) sind unterschiedliche Sichtweisen auf und Erwartungen an die beiden Orte der urbanen Leere erkennbar, auf welche sich deren zukünftige Handlungsweisen stützen werden. Das Aufeinandertreffen der diversen Handlungsweisen am Ort der urbanen Leere führt zu Situationen[51], in denen eine Änderung oder Erweiterung der Handlungsweisen für die involvierten Personen notwendig erscheint. Entlang der dichten Beschreibungen werden im Folgenden aus der Diversität der Handlungsweisen entstehende Widersprüche oder Möglichkeiten identifiziert und deren Verknüpfung mit der urbanen Leere dargelegt.

Die dichte Beschreibung erfolgt anhand von fünf grob eingeteilten Zeitphasen. Infolge von Verschränkungen und Überlappungen der Situationen im Zeitverlauf lassen sich keine präzisen Trennlinien ziehen. Ebenso sind die Situationen, die von Widersprüchen oder Möglichkeiten geprägt sind, nicht eindeutig einer sozialen Welt oder einer Handlungsweise zuzuordnen, sondern verschränken sich aufgrund der Beziehungen zwischen den Akteurinnen im Zeitverlauf. Die daraus resultierende komplexe Chronologie beginnt in ▷ABSCHNITT (1) unmittelbar nach dem Kauf des ersten Grundstücks im Jahr 2001. Der zweite ▷ABSCHNITT (2) befasst sich mit dem Jahr 2003, in dem Taktiken der Kooperativen den offiziellen Baubeginn vorwegnehmen. Der Lernprozess in selbstverwalteten Strukturen und die Auswirkungen auf die Brachen ab dem Jahr 2004 werden in ▷ABSCHNITT (3) dargelegt. In ▷ABSCHNITT (4) wird mit dem offiziellen Baubeginn in den Jahren 2006/08 die Rolle der urbanen Leere an beiden Orten in Bezug auf das Ankommen in der Nachbarschaft beschrieben. ▷ABSCHNITT (5) behandelt die ab dem Jahr 2012 auftretenden Widersprüche zwischen normativen und wirtschaftlichen Vorstellungen innerhalb der Kooperativen, neuen Stadtentwicklungstendenzen und dem Wunsch der Kooperativen nach einem kontinuierlichen Bauprozess. Abschließend werden die sozialen Welten und ihre Handlungsdynamiken mit den Möglichkeiten und Widersprüchen des Transformationsprozesses in der urbanen Leere zusammenfassend reflektiert.

(1) Das Spannungsfeld zwischen Fremd- und Selbstregulation

Mit dem Kauf der beiden brachliegenden Gebäude als Folge des Gesetzes 341 bzw. im Rahmen des Programms der Selbstverwaltung für Wohnungsbau (PAV) entsteht eine Vielfältigkeit von Handlungsweisen, die sich nicht unmittelbar als materielle Transformationen an den beiden erforschten Orten manifestieren. Für bisherige Planungsroutinen der staatlichen Institutionen bedeutet die zentral im Gesetz verankerte Möglichkeit zur Selbstverwaltung eine Herausforderung. Für die Familien in den Kooperativen geht mit ihr die Verantwortung zur Selbstorganisation sowie gleichzeitig die Möglichkeit des Realisierens des *Rechts auf Stadt* durch die zentrale Lage der Mühle als auch der Textilfabrik einher. Die Charakteristiken der Selbstverwaltung, als einerseits Herausforderung für die städtische Administration (vgl. Brenner 2008), andererseits zentrales Element der Basisdemokratie, treten zum Zeitpunkt der Implementierung des Gesetzes und dem Kauf der Grundstücke im Jahr 2001 bzw. 2002 anhand der Fallbeispiele besonders hervor.[52] »The issue here, however, is less the erosion of state power as such than the possibility of its qualitative transformation into a non-productivistic, decentralized, and participatory institutional framework that not only permits social struggles and contradictions, but actively provokes them« (ebd., 240). In den Fallbeispielen wird diese »qualitative transformation« (ebd.) in der Phase der Implementierung des Gesetzes besonders deutlich. Im Folgenden werden die »social struggles and contradictions« (ebd.) beschrieben, die sich durch die

Implementierung des Gesetzes in die Planungsroutinen der Administration, sowie durch das Aufeinandertreffen von den alltäglichen Praktiken der Selbstorganisation in den Kooperativen an der Schnittstelle zur sozialen Organisation MOI mit jenen des Architekten der Kooperativen ergeben.

Erarbeitung von strukturierenden Regulationen

Aufgrund der im Gesetz verankerten Selbstverwaltung gestaltete sich die Erarbeitung des Programms der Selbstverwaltung für Wohnungsbau (PAV) für die städtische Verwaltungseinheit für Wohnungsbau (IVC) als Herausforderung. Die zusätzlichen Akteurinnen (die sozialen Organisationen, die Kooperativen und interdisziplinären professionellen Teams) mussten in die komplexen bürokratischen Abläufe der Kontrollinstanzen, Finanzierungs- und Baugenehmigungen nicht nur integriert werden; es war vor allem notwendig, den auf Selbstverwaltung hoffenden Personen Raum und Zeit für das Verstehen von Prozessen und Regularien, sowie für die Entwicklung von Gestaltungsideen zu geben, was üblicherweise von der städtischen Administration übernommen wird. Der Transfer der Gestaltungsmacht von der Verwaltung zu den Kooperativen und interdisziplinären Teams ließ sich nicht konfliktfrei in die bisherigen Abläufe und Handlungslogiken der städtischen Verwaltungseinheit für Wohnungsbau (IVC) integrieren.

>»Es war alles sehr selbstverwaltet, auch für uns selbst, da im Institut [IVC] selbst ein starker Widerstand herrschte (...) gegen alles was Selbstverwaltung betrifft, denn bis zu dem Zeitpunkt gab es nur öffentliche Bauten mit Ausschreibungen und ›schlüsselfertige‹ Projekte. (...) Es gab diese Sache der Kooperativen nicht, die außerhalb der großen Bauunternehmen tätig waren. Klar, das erzeugte natürlich starke Widerstände im technischen Bereich der Abteilung.«[53]

Das Zusammentreffen von administrativen Routinen als Strategien des sozialen Wohnungsbaus mit den bisher unbekannten Handlungsweisen der prekär Wohnenden bedeutete, dass deren soziale Welt nun nicht mehr nur als Gruppe von Endnutzenden oder Empfangenden einer sozialen Wohnung fungierte.[54] Das Gesetz 341 veränderte nicht nur die Rolle der staatlichen Planungsinstitutionen gegenüber jenen, die adäquaten Wohnraum benötigen, sondern auch das bürokratische und administrative Vorgehen in der (sozialen) Wohnraumproduktion.

>»Es schlossen sich 10 Familien zusammen, die in einem *hotel* lebten und eine Kooperative gründeten. Sie kamen [zum IVC] und hatten den Raum, etwas aufzubauen, ein Grundstück zu kaufen und den Bauprozess zu verwalten. Das war – und ist immer noch – seltsam [und selten].«[55]

Friktionen entstanden innerhalb der Verwaltungseinheit insbesondere zwischen den sogenannten »Technikern der Administration«[56], die die bisherigen Ablaufroutinen und Aufgaben nicht aufgeben wollten, und dem neuen Personal, das für einen höheren Stellenwert des neuen Programms im IVC kämpfte und einen engen Kontakt mit den Programmteilnehmenden pflegte.

Aus der Zusammenarbeit des IVCs mit den Familien als auch mit den sozialen Organisationen bei der Implementierung des Gesetzes 341 wurden rechtliche Lücken und Schwierigkeiten deutlich, die schlussendlich zu einer Überarbeitung als Gesetz 964 führten. Im Rahmen dieser Überarbeitung wurde einerseits die Verpflichtung einer Registrierung interdisziplinärer technischer Teams beim städtischen Wohnungsbauamt in das Gesetz integriert. Diese sollten aus Mitgliedern aus den Bereichen Architektur, Soziales, Recht und Buchhaltung zusammengesetzt sein und die Kooperativen unterstützen. Andererseits wurden die finanziellen Rahmenbedingungen konkretisiert, um auch finanziell besonders Benachteiligten den Zugang zum Programm zu gewähren.[57] Im selben Jahr, in dem das Gesetz 341 überarbeitet wurde, konnte der Ablauf des PAVs finalisiert werden.

Der zunächst linear gedachte Ablauf des Programms sah in einem ersten Schritt informative Workshops mit den Interessenten vor, welche ihnen Einblicke in die Besonderheit des Programms bezüglich der Konzepte Selbstverwaltung und Genossenschaftswesen geben sollte. Nach diesem Workshop konnten sich die Teilnehmenden für oder gegen eine Registrierung im Programm entscheiden. Für eine Aufnahme im Programm mussten die Interessenten eine kollektive Gemeinschaft in Form eines Rechtsträgers als Kooperative, Verein oder gemeinnützige Organisation gründen. In den beiden untersuchten Fallbeispielen wurde jeweils die juristische Form der Kooperative[58] gewählt und beim Instituto Nacional de Asociativismo y Economía Social (INAES, dt. Institut für Vereinswesen und soziale Ökonomie) registriert mit dem Zweck, den Wohnbedarf der Kooperativenmitglieder zu decken.[59] Danach folgten weitere verpflichtende Workshops zum Thema Selbstverwaltung und Wohnraumproduktion. Weitere Arbeitsschritte waren:

- die Beauftragung eines interdisziplinären professionellen Teams,
- die Auswahl des Grundstücks, für das eine Machbarkeitsstudie erstellt und vor dem IVC präsentiert werden musste,
- die Gewährung des Kredits zum Kauf der Immobilie bzw. des Grundstücks,
- die Einreichung der Pläne beim zuständigen Bau- und Katasteramt der Stadt,
- der Baubeginn,
- die Präsentation der sozialen und kollektiven Organisation der Kooperative vor dem IVC,
- die Eröffnung eines Bankkontos,
- das Erbringen der Nachweise über den Baufortschritt,
- die Präsentation der endgültigen Liste der Bewohnerinnen vor dem IVC und
- das Einleiten des Verwaltungsverfahrens für das Wohnungseigentum und Überschreibung der Eigentumstitel.

Die klar festgelegten Schritte des Programms ließen dennoch viele Umstände des selbstverwalteten Bauprozesses außer Acht und konnten in dieser Form besonders zu Programmbeginn nur schwer umgesetzt werden. Im Fall der Mühle wurde das Grundstück noch vor der Gründung der Kooperative im Namen des IVCs gekauft mit dem Ziel, es später an diese zu überschreiben. So wurden die einzelnen Schritte individuell an die jeweilige Situation der Kooperativen angepasst. Generell waren jedoch alle Teilnehmenden des Programms zunächst mit Warten konfrontiert. Ein wesentlicher Grund für das langsame In-die-Gänge-Kommen war das geringe Budget für das Programm, welches erst vom Stadtparlament verabschiedet werden musste und nicht von allen Parteien Zustimmung fand. Gegenstimmen kritisierten einerseits den zu geringen Einfluss des privaten Bau- und Immobiliensektors und zum anderen den Transfer von staatlichen Aufgaben (wie öffentlichen Baumaßnahmen oder dem sozialen Wohnungsbau) an soziale Organisationen. Schwierigkeiten in der Umsetzung des Gesetzes in ein Wohnungsprogramm resultierten auch aus dem unpräzisen gesetzlichen Rahmen, der Spielräume in der administrativen Praxis eröffnete. Dieser Umstand führte später in den diversen Stadtregierungen von Buenos Aires mit jeweils spezifischen und ideologischen Ausrichtungen zu mehrmaligen Programmanpassungen.

Zentrale Räume der Selbstorganisation von Feiern und Produktionsprozessen

Bei genauerer Betrachtung der Anfangszeit der beiden Kooperativen zeigt sich eine Reihe von Aktivitäten, die nicht unmittelbar mit der Wohnbauproduktion, wie sie von den Gesetzen 341/964 oder vom PAV vorgesehen war, zusammenhängen. Mit dem Abschluss des Kaufvertrages im Dezember 2001 erhält die Kooperative La Fabrica, die als erste im Rahmen des PAVs ein Grundstück kauft, Zugang zur leerstehenden Textilfabrik (▸ ABB. 5). Während der Kaufvertrag im Falle der Textilfabrik bereits im Namen der Kooperative abgeschlossen wurde, erfolgte der Kauf der Mühle im Jahr 2002 zunächst im Namen des IVCs. Zum Zeitpunkt des Mühlenverkaufs gab es innerhalb der sozialen Organisation MOI die beiden Kooperativen 20 de Julio und Los Invencibles, die nach einer Wohnlösung suchten. Die Mühle bot aufgrund der Dimensionen des Grundstücks und des Bebauungsplans Platz für mehr Wohnungen (100 Einheiten), als die Mitglieder einer Kooperative benötigten. Aus diesem Grund schlossen sich die beiden Kooperativen im Jahr 2003 notgedrungen zur Kooperative El Molino zusammen, um ihre prekären Wohnsituationen so schnell wie möglich und ohne weitere Grundstückssuche zu beheben.

Der Zusammenschluss der Kooperativen, der einen Unterpunkt im Programmablauf des IVCs darstellt, bedeutete für die Familien einen konfliktreichen Einstieg in das Programm, der unter anderem mit negativen Erfahrungen in der Organisation als Gruppe und mit der Betreuung des großen Bauvorhabens zu tun hatte. Die ersten Tätigkeiten, die rund um die Gebäude der Mühle und der Textilfabrik stattfanden, waren zunächst das Abhalten von Versammlungen der Kooperativen und das Bewachen der Gebäude, um informelle Besetzungen durch Wohnungslose zu verhindern. Die Aktivitäten der Gruppenbildung, der Betreuung des Gebäudebestandes und des Sammelns erster Erfahrungen mit administrativen Abläufen geschahen in enger Verbindung mit der Mühle und der Fabrik.

»Wir legten los… zuerst fingen wir hier an, uns als Gruppe zu konsolidieren, weil wir waren zwei Gruppen. Zwei Gruppen, zwei Kooperativen mit vielen Differenzen. Die Mehrheit waren Familien aus *hoteles*, sehr prekär. Es war sehr schwierig, sich in die Situation zu versetzen, dass du bezahlen musstest, dass dir niemand etwas schenken würde, alles allen gehörte, alle alles machen mussten… Ich weiß nicht, es war kompliziert. (…) Die erste Aktivität mit der wir begannen, war das Bewachen des Gebäudes. Also, wir organisierten uns zwischen den beiden Kooperativen, zwei Familien jeder Kooperative, und wir blieben, um das Grundstück zu bewachen.«[60]

Weitere Aktivitäten in der Anfangszeit des Programms, die nicht unmittelbar mit dem Bau der Wohnungen laut Gesetz und Programm zusammenhingen, geschahen als Reaktion unter anderem auf die hohe Arbeitslosigkeit und damit auf die prekären Lebensumstände der Kooperativenmitglieder als Ergebnis der Wirtschaftskrise im Jahr 2001. So wurden Grillfeste und Flohmärkte in den Gebäuden veranstaltet, um Einkommen für arbeitslose Kooperativenmitglieder zu generieren (▶ ABB. 15, 61). »Wir fingen an Dinge zu produzieren. Wir grillten, wir machten Brot, und gingen auf die Straße, um dort zu verkaufen.«[61] Die leerstehenden Räume regten die Mitglieder der Kooperative dazu an, die ehemalige Betriebsküche zur Zubereitung von Speisen zu nutzen. In der Mühle wurde ein Platz mit Brennholz neben dem Schlot eingerichtet (▶ ABB. 55), der für das traditionelle gemeinsame Grillen und Feiern genutzt wurde. Dass es sich bei der Ausgestaltung dieser Nutzungs- und Versammlungsmöglichkeiten nicht um einen Zufall handelte, betonte der Architekt und gleichzeitige Aktivist der sozialen Organisation MOI. Das Wissen des Architekten bzw. der sozialen Organisation MOI über die Notwendigkeit von räumlichen Gegebenheiten für den »Gestaltungs-prozess des Kollektivs«[62] gründete auf der Erfahrung in der Arbeit mit Besetzungen in den 1980er und 1990er Jahren. Für die Kooperativen war es nicht einerlei, ob sie ein leeres Grundstück oder eines mit vorhandenen Bestandsgebäuden zur Verfügung gestellt bekamen. Die leerstehenden Gebäude boten materielle Räume zum einen für den Prozess der Organisation als Kooperative, zum anderen unterstützten diese Räume auch andere Aktivitäten, u. a. der Produktion. Der Unterschied zu einem leeren Grundstück, welches für den sozialen schlüsselfertigen Wohnungsbau üblicherweise bevorzugt und auch für freifinanzierte Wohnungsbauten am Immobilienmarkt so angeboten wird, zeigt sich besonders in der ersten Phase der langsamen und stocken-den Umsetzung des PAVs.

Ein wesentliches Element des Gesetzes 341 war durch die Möglichkeit der Wahl des zu kaufenden Grundstückes das *Recht auf Stadt*, welches den Zugang zu Infrastruktur und öffentlichen Einrichtungen inkludiert. Ebenso wie bei der Art der Grundstücke (bebaut oder unbebaut) machte die Administration keine Einschrän-kungen bezüglich der Lage der zu kaufenden Immobilien, solange diese innerhalb der administrativen Stadtgrenzen und des Finanzierungsrahmens lagen. Anders als bei schlüsselfertigen sozialen Wohnungen wurde es den Familien überlassen, ein geeignetes Grundstück in der Stadt zu finden. Die urbanen Brachen nahmen aufgrund ihrer Zentrumsnähe mit Zugang zu Infrastruktur und öffentlichen Ein-richtungen eine wichtige Rolle in der Grundstückssuche ein, da in zentralen Lagen der Stadt kaum unbebaute Grundstücke zum Verkauf standen. Die Wahlmöglich-keit, ein zentrales Grundstück zu kaufen, wurde von den sozialen Organisationen mit der Erfahrung aus den Besetzungen im Zentrum von Buenos Aires eingefordert und in das Gesetz aufgenommen. Den Kooperativenmitgliedern war dieses zentrale Element für ihre zukünftige Wohnsituation bei der Wahl der beiden Grundstücke durchaus bewusst:

»Aber hier hast du alles. Abgesehen davon bist du an der Avenue. Du gehst einen halben Block und gehst zwei Blocks dorthin und bist an einer weiteren Avenue. Du bist hier inmitten von allem. Du gehst drei oder vier Blocks und bist bei Constitución [einem zentralen Bahnhof und Hauptverkehrsknotenpunkt in der Stadt Buenos Aires]. Und da hast du alles. Alle Buslinien. Hier bist du an einem guten Ort. Sie sind strategisch für unsere soziale Organisation, die Orte.«[63] Ebenso betonte der Architekt der Kooperativen die Situierung der beiden Grundstücke im Stadtviertel als ersten wesentlichen Teil eines Entwurfs, der der Idee einer *arquitectura-ciudad* entspricht und der das Standortkriterium als ersten Aspekt einbezieht. Das Konzept *arquitectura-ciudad* favorisiert die Arbeit mit Bestandsgebäuden, um einerseits zentrale urbane Lagen zu erschließen und andererseits noch vor dem Baubeginn über Räume zur Versammlung der Kooperativen verfügen zu können.

Widersprüche zwischen gesetzlichem Raumprogramm und Alltagsanforderungen

Während das *Recht auf Stadt* durch die Wahlmöglichkeit des Standortes im Gesetz sowie im Programm verankert worden war, wurden andere Aspekte, die die Selbstverwaltung sowie die Umsetzung des Konzeptes *hábitat* positiv beeinflussten, im Gesetz beziehungsweise in den Regeln zur Gewährung von Subventionen nicht berücksichtigt. Entgegen eines Verständnisses von Wohnraum als *hábitat* sah das Gesetz lediglich die Errichtung von einzelnen Wohneinheiten vor, welche die behördlichen und rechtlichen Auflagen für Wohnungsbauten in der Stadt Buenos Aires erfüllen mussten. Das Gesetz erlaubte nur die Finanzierung von leeren Wohnungen ohne Gemeinschaftsräume, Erdgeschoßlokale oder Einrichtungen wie Küche oder Heizungstherme etc. Gleichzeitig mussten aufgrund der Baugesetze für Wohnungsbauten eine Portierswohnung sowie Garagenplätze auf dem Grundstück je nach Anzahl der Wohnungen vorgesehen werden, welche jedoch nicht im gesetzlich vorgegebenen Kreditrahmen berücksichtigt wurden.[64] Dieser Umstand widersprach einerseits den finanziellen Möglichkeiten der Kooperativen und andererseits dem Lebensalltag der meisten Familien.

In Bezug auf den architektonischen Entwurf stellte sich somit nicht nur die Frage, wie das Raumprogramm des PAVs im Rahmen der Baugesetze umgesetzt werden konnte. Aufgrund vorhergehender Erfahrungen mit Besetzungen war der sozialen Organisation MOI klar, dass die Bewohnerinnen Bedürfnisse hatten, welche über den Bedarf nach Wohnraum hinausgehen und auf die durch die Schaffung von materiellen Räumen, welche spezifische Nutzungsmöglichkeiten bieten, reagiert werden musste. Zu den räumlichen Anforderungen, die mit Versammlungen, Selbstorganisation und Produktion einhergehen, kam der Anspruch der sozialen Organisation, auch die Aspekte Bildung und Kultur, welche als Teil des *hábitat*-Konzeptes gelten, räumlich zu berücksichtigen. Die Ideen einen Kindergarten, eine Bibliothek sowie ein Weiterbildungszentrum für Selbstverwaltung (Centro Educativo Integral Autogestionario, CEIA) im Rahmen eines erweiterten Raumprogramms aufzubauen entwickelten sich parallel zur Verortung der beiden Kooperativen in den jeweiligen Nachbarschaften

(▶Abb. 45, 59, 60, 63). Diese zusätzlichen Entwurfsideen, welche einerseits auf den Erfordernissen der Selbstverwaltung basieren und andererseits ein integrales Konzept von Wohnen widerspiegeln, fanden sich weder im Gesetz noch in der Finanzierung des PAVs.

Somit zeigt sich zu Beginn des Transformationsprozesses der beiden untersuchten Orte ein Spannungsfeld zwischen Fremd- und Selbstregulation, besonders an den Schnittpunkten der unterschiedlichen sozialen Welten und ihren spezifischen Handlungsweisen. Die Erarbeitung des PAVs zeigt, wie anhand der Widersprüche von administrativen Routinen und Bedürfnissen des Alltags einerseits neue Handlungsweisen (z. B. selbstverwaltetes Organisieren) entstehen und andererseits neue materielle Räume (z. B. der Produktion und von sozialen Zusammenkünften) gefordert sind. Für letzteres bieten die urbanen Brachen die Möglichkeit der Aneignung sowie der Umgehung von fehlenden Angeboten von Seiten der Administration im Sinne einer Lückenfüllung.

(2) Taktiken der Lückengestaltung

Da sich die Finanzierung des erweiterten Raumprogramms für die Kooperativen als schwierig erwies wurden im Verlauf des Transformationsprozesses der Fabriksgebäude unterschiedliche Taktiken entwickelt, um den Bau der geplanten Räume dennoch finanzieren zu können. Abgesehen von der Finanzierung zusätzlicher Räume stellte nach dem Kauf der Grundstücke zunächst die generell fehlende Vorfinanzierung der Bauarbeiten ein wesentliches Problem für die Kooperativen dar. Die Vorfinanzierung war die Voraussetzung für den Ankauf von Materialien und Arbeitsgeräten, welche parallel zu den administrativen Genehmigungsverfahren ablaufen sollte.

> »Dies war eines der Probleme, die nach wie vor problematisch sind im Gesetz. Ich meine, im ersten Teil [des PAVs] gab es keinen finanziellen Vorschuss. Mit dem findest du dich in diesem Riesenteil von Gebäude wieder und kannst gar nichts tun.«[65]

Die lange Wartezeit zwischen Verabschiedung des Gesetzes, Kauf der Grundstücke und Ausarbeitung des Programms führte in den Kooperativen und sozialen Organisationen zu Unruhe, da Erstere zunächst weder ein Budget für den Beginn von Bauarbeiten, noch die dazu notwendigen Genehmigungen erhalten hatten. Die sozialen Organisationen und Kooperativen waren in dieser Zeit nicht nur mit internen Prozessen der Organisation beschäftigt. Sie investierten auch viel Zeit in den Protest für eine rasche Umsetzung des Programms und übten Druck aus, um eine Erhöhung des Budgets für das PAV im Parlament zu erreichen.

> »Was passierte war, dass ab einem bestimmten Moment nur noch wenige mitmachten, protestierten und aus dem Haus gingen um zu sehen, wann dies und das angenommen wurde, wann der Kredit für den Bau freigegeben wurde, und all das. Das heißt es ging darum, Energie in das hier drinnen zu stecken, (...) und danach draußen auf der anderen Seite zu kämpfen, präsent zu sein, Schilder aufzustellen, Banner zu tragen.«[66]

Für viele Mitglieder der Kooperativen waren die langen Wartezeiten und der nicht sichtbare Baufortschitt zermürbend. Die Unsicherheit und das ständige Vertrösten von Seiten der Verwaltung führten dazu, dass viele Mitglieder ihren Aktivismus aufgaben. So kam es, dass im Jahr 2003 die Mehrheit der Mitglieder der Kooperative La Fabrica diese verließ. Ein weiterer Grund für das Verlassen der Kooperative war für viele auch das Misstrauen gegenüber dem Programm und der sozialen Organisation. Zur Zeit der Feldforschung im Jahr 2014 waren nur noch jeweils drei der ursprünglichen Familien in den Kooperativen El Molino und La Fabrica übriggeblieben, denn »[d]ie Baustelle verzögerte sich um etliche Jahre und das Leben geht weiter.«[67]

> »Es waren so viele Leute, von denen man gerne gehabt hätte, dass sie bleiben. (…) Manchmal denkt man… manchmal ist am Wochenende meine ganze Familie da. Den Kleinsten nahmen wir mit und er spielte im Sand, und die größeren Kinder halfen bei der Arbeit. Und plötzlich waren wir müde, weil die Zeit verging, und nichts. Und mein Mann steckte auch alle Energie hinein und plötzlich kam es ihm vor als würde er gar nichts leisten (…), wir gingen alle. Zwei Jahre waren wir weg, für zwei Jahre bin ich zurückgetreten. Und kam zurück. (…) Es ist nicht mit Absicht, es ist aufgrund der Dinge, die einem im Verlauf passieren.«[68]

Politische Abmachungen, kollektives Sparen und Recyceln

Um den weiteren Verlust von Mitgliedern zu stoppen wurden verschiedene Taktiken von MOI entwickelt, die den Start des Bauprozesses signalisieren sollten. Ohne offizielle Baugenehmigung war der Baustart jedoch nicht möglich und zu riskant. Lücken in der Umsetzung des PAVs wie die fehlende Vorfinanzierung trafen mit der Taktik des Bauens im Kleinen zusammen: Ein Abkommen zwischen der sozialen Organisation MOI und dem IVC enthielt den Beschluss einer sogenannten Vor-Bauphase. Diese Pilotbauphase sah die Errichtung von vier Wohnungen als Prototypen vor (▶ ABB. 35). Die Prototypen dienten der sozialen Organisation nicht zuletzt als sichtbares Signal für die geplante Bautätigkeit, um das Misstrauen der Kooperativenmitglieder zu verringern. Mit dem Abkommen ging der Ankauf von 15.000 Ziegelsteinen einher (▶ ABB. 12), die zwischen den Kooperativen von MOI aufgeteilt wurden. Für die restliche Finanzierung von Materialien und Arbeitsgeräten wurde an unterschiedlichen Stellen um Beihilfen angesucht. So wurden individuelle Beihilfen, die im Zuge der Wirtschaftskrise von der Nationalregierung ausgegeben wurden, kollektiv gesammelt und zum Ankauf von Materialien verwendet. Andere nationale Förderschienen, die das Ziel der Arbeitsplatzbeschaffung hatten, wurden zum Kauf von Arbeitsgeräten verwendet (▶ ABB. 26).[69] Auch die Rolle der interdisziplinären Teams war in Bezug auf die informelle Unterstützung wesentlich für die Überbrückung finanzieller Lücken und das Auffangen administrativer Ineffektivität und Diskontinuität im PAV.

Mit dem angesammelten Geld konnte nun der Bau der vier Wohnungsprototypen begonnen werden (▶ ABB. 35), wenn auch in begrenztem Rahmen, da nicht viel Material zum Bau zur Verfügung stand und die Arbeitsgeräte auf Schaufel und Hammer reduziert waren. In dieser Situation boten die beiden brachliegenden Gebäude die Möglichkeit des Recyclings von Materialien durch Handarbeit. Diese einfachen, aber zeitintensiven und körperlich anstrengenden Tätigkeiten wurden von den Mitgliedern der Kooperativen selbst durchgeführt (▸ ABB. 11, 20–22, 27), während für komplexe Bauarbeiten professionelle Kräfte bezahlt wurden (▸ ABB. 8, 10). Die sogenannte *ayuda mutua* (dt. gegenseitige Hilfe) stellt für die Kooperativen der sozialen Organisation MOI einen Kernpunkt ihrer Arbeit für das selbstverwaltete Wohnen dar. So müssen von jedem Mitglied bzw. jeder Familie unter anderem 3000 Arbeitsstunden auf der Baustelle erbracht werden, um Zugang zu einer Wohnung zu erhalten (▸ ABB. 39, 40).[70] Die *ayuda mutua* dient einerseits der Identifikation mit dem Bauprozess, andererseits erlaubte die unentgeltliche Arbeitsleistung umfangreiche Einsparungen von Lohnkosten. Die enge Beziehung der späteren Bewohnerinnen zum Gebäude wird durch die detaillierten Erzählungen zu einzelnen Gebäudebereichen sowie der Transformationsgeschichte als »Anpassungsprozess an das Gebäude«[71] deutlich. Einsparungen sollten vor allem in eine bessere Ausstattung der nur auf minimalem Niveau finanzierten Wohnungen und in das erweiterte Raumprogramm fließen.

Kraft- und Zeitaufwand für die Kooperativenmitglieder

> »Das erste was wir machten war abbrechen. Du kannst dir nicht vorstellen, wie das [Gebäude] war. Kein Vergleich. Es war eine riesiges überdachtes Gebäude mit einem Weg bis nach hinten. (…) Abbrechen, abbrechen, abbrechen.«[72]

Die im Rahmen der Baustellenbesichtigungen erstellte Fotodokumentation zeigt den Zusammenhang zwischen den Handlungsweisen des Recycelns, der *ayuda mutua* und der angewandten Bautechniken. So wurden zum Beispiel in der ersten Etappe der Mühle sowie in der gesamten Textilfabrik die Decken in Form von Deckenbögen mit recycelten Ziegeln durch *ayuda mutua* vorgefertigt (▸ ABB. 11, 27). Andere Bauteile, die nicht direkt für den Wohnungsbau verwertet werden konnten, wurden an Schrotthändler verkauft, um daraus zusätzliche finanzielle Ressourcen zu generieren. Materialien und Bauteile der Bestandsgebäude, wie Ziegel, Holzbretter oder Säulen, wurden im Transformationsprozess modifiziert und dann als Teil der neuen Wohnungen verwendet (▸ ABB. 36, 44, 53, 58).

> »Die Balken, aus denen das Gebäude bestand, sind die Balken, die verwendet wurden. (…) Nur zwei Balken kauften wir für das gesamte Gebäude dort. Alles andere verwendeten wir wieder. (…) Um beispielsweise das Dach abzubauen, hat eine Firma das Dach demontiert und das Kupfer, das sie verwenden konnten, mitgenommen. Wir zahlten also nicht für den Abbau. Es wurden viele Dinge verwendet.«[73]

Die urbane Leere spielt eine zentrale Rolle im Kontext der Recyclingpraktiken. Sie wurden durch das Brachliegen der beiden Gebäude möglich und stellen eine Reaktion auf die stockenden, administrativen Abläufe im Bauprozess dar. Das erwähnte politische Abkommen zum Bau von Wohnungsprototypen ermöglichte den Beginn eines eingeschränkten inoffiziellen Baus, welcher die zeitliche Lücke bis zur Erteilung der offiziellen Baugenehmigung füllte. Das zeit- und arbeitsintensive Recycling kam zu diesem Zeitpunkt auch der Vielzahl der seit der Wirtschaftskrise im Jahr 2001 arbeitslosen Kooperativenmitglieder zugute. Die eingebrachten Arbeitsleistungen der Kooperativenmitglieder können mit Michel de Certeau als taktische Handlungsweisen verstanden werden, mit denen die zeitlichen Lücken genutzt wurden, die sich durch die langsame Umsetzung des PAVs ergaben. Im weiteren Verlauf der Transformation der beiden untersuchten Orte wurden Widersprüche zwischen dem Wunsch der Kooperativenmitglieder nach einer schnellen Fertigstellung und der Sichtweise der sozialen Organisation vom Bauen als kollektivem gesellschaftlichen Konstruktionsprozess deutlich. So wurden von ersteren schlussendlich effizientere und effektivere Bauweisen gefordert wurden.

Temporäres Wohnen als Lernprozess

Aufgrund der voraussichtlich langen Zeit bis zur Fertigstellung der Wohnungen pochten die sozialen Organisationen auf die Bereitstellung der im Gesetz 341 verankerten temporären Wohnungen. Denn während das Abkommen im Jahr 2003 für eine Pilot-Bauphase in der Textilfabrik zum Beginn einzelner Bauarbeiten führte, bestand für viele Kooperativenmitglieder die prekäre Wohnsituation fort. Die Idee der temporären Wohnungen sah vor, dass die Programmteilnehmenden in privaten Unterkünften zur Miete wohnten und diese von der Stadt durch das Programa de Vivienda Transitoria (PVT, dt. Programm der temporären Wohnung) subventioniert wurde. Um für die eigenen Mitglieder solche temporären Wohnungen zu finden, kontaktierte die soziale Organisation private Vermieterinnen und Vermieter von ganzen Häusern und kaufte zu diesem Zweck später selbst Häuser mittels staatlicher Subventionen an. Aus den Erfahrungen mit den Besetzungen der 1980er und 1990er Jahre hatte sich für MOI herauskristallisiert, dass der langwierige Prozess der selbstverwalteten Wohnraumproduktion nur dann funktionieren kann, wenn die Betroffenen nicht unmittelbar von Wohnungslosigkeit oder Delogierung und Krisensituationen wie Krankheiten betroffen sind.[74]

Ein ergänzender Aspekt des Programms der temporären Wohnungen war das Erlernen des Zusammenlebens: Die Kooperativenmitglieder, die in den temporären Wohnungen wohnten, erfuhren, dass abgesehen von der finanziellen Entlastung durch die subventionierten Mieten, auch eine leichtere Integration der Aufgaben rund um die Kooperative und soziale Organisation in das Alltagsleben der Familie möglich war. Die Erfahrungen des temporären Wohnens wirkten sich auch auf das spätere Zusammenleben der Familien positiv aus.

Die Taktiken der Lückengestaltung zeigen das Spektrum der vielfältigen strategischen und taktischen Handlungsweisen auf, die in der urbanen Leere als Schnittstelle und Zwischenraum miteinander verknüpft werden, um Widersprüche zu vermeiden oder Möglichkeiten aufzugreifen. Politische Abmachungen ermöglichen ein Vorankommen im Transformationsprozess, Recyclingarbeiten und *ayuda mutua* forcieren ressourcensparende Bauproduktion und temporäres Wohnen unterstützt die vorübergehende Wohnungsnot sowie das spätere Zusammenleben in der Kooperative.

Die Subwelt der Disziplinen Architektur und Städtebau ermöglichte die Schnittstellen und Zwischenräume herzustellen, die zum Beispiel zwischen den administrativen Vorgaben für den offiziellen Baustart und einer Pilotbauphase lagen. Eine weitere Schnittstelle, die zwischen den Praktiken der Selbstbauweise und den Vorgaben von administrativen Einreichplänen liegt, bildeten die in den Entwurf einzubindenden Recyclingarbeiten und -elemente.

(3) Laientum und Expertise in der komplexen Selbstverwaltung

Nicht nur das Erlernen des Zusammenlebens spielte für die Kooperativenmitglieder eine große Rolle während des Transformationsprozesses der urbanen Leere. In diesem Abschnitt werden die Lernprozesse der Kooperativenmitglieder im Zusammenhang mit den Selbstverwaltungsprozessen und dem Ankommen in der Nachbarschaft während des Planungsprozesses im Zeitraum von 2004 bis 2008 beschrieben. Die Bauplanungen für die Mühle und die Textilfabrik zogen sich über mehrere Jahre und wanderten bis zur offiziellen Baugenehmigung durch einige bürokratische Instanzen. Bei dieser Vorgehensweise handelte es sich um die regulären Zeiträume, die die Administration zur Bearbeitung der einzelnen Planungsschritte benötigte, zu der der Aspekt der Selbstverwaltung noch hinzukam. Die Kooperative El Molino erhielt schlussendlich im Jahr 2006 den Baubescheid. Gleichzeitig wurden das Grundstück sowie die Hypothek auf die Kooperative überschrieben.[75] In der Textilfabrik konnte im Jahr 2008 mit dem Bau begonnen werden. Bis zu diesem Zeitpunkt waren wesentliche Fragen des Bauablaufes und der Konsolidierung der Gruppen im spezifischen Rahmen der Selbstverwaltung abzuklären.

> »Als wir mit dem Bau angefangen hatten, die Grundstücke bereits gekauft hatten, dauerte die Einreichung der Pläne sehr lange. Hier ist es sehr bürokratisch (...). Als die externe und interne Bürokratie abgeschlossen war (...) und der Bauprozess begann, hatten wir [das Team des IVC] einen Workshop, der zwischen dem Sozialteam, dem Finanzteam, dem technischen Team, unseren Architekten und dem technischen Team der Kooperativen sowie die gesamte Kooperative, in dem erklärt wurde, wie alles sein würde, wie viel Geld sie hatten, wie sie mit dem Kredit umgehen müssten, wie die Preisabfragen funktionierten. Es war sehr interessant, weil die Leute wussten, wie viel Geld sie hatten.«[76]

Die Fragen, wie und von wem die Umbauten ausgeführt werden sollten, konnten von den Kooperativen des Selbstverwaltungsprogramms selbst entschieden werden. Aufgrund dieses Umstandes ergab sich innerhalb des PAVs ein Spektrum an unterschiedlichen Herangehensweisen, die von der Vergabe an einen Generalunternehmer über die Vergabe von einzelnen Gewerken bis hin zur Gründung einer eigenen Baukooperative reichten. Die Mehrheit der kleinen Kooperativen entschied sich für die Vergabe der Bauaufträge an einzelne Professionelle, da somit umfangreichere Steuerungsmöglichkeiten bestanden und mehr Eigenbau erfolgen konnte, mit dem Geld gespart werden konnte. Die Kooperativen El Molino und La Fabrica beauftragten die eigens gegründete Baukooperative von MOI mit dem Bau. Für MOI und die

Kooperativen gab es unterschiedliche Gründe um eine eigene Baukooperative zu bevorzugen. Die eigene Baukooperative eröffnete die Möglichkeit, Arbeitsplätze für Mitglieder zu schaffen, größtmöglichen Einfluss auf Entscheidungen im Bauprozess zu nehmen und den Gewinn in die Verbesserung der Bauausstattung zu investieren.

»Wenn du einen Generalunternehmer hast, der alles ausführt, musst du alles machen lassen. Du kannst nicht wählen: ›Das hier schon, dies soll gemacht werden. Die Türen, die Stiegen nicht.‹ (...) Die private Firma wird alle Anforderungen haben, die sie hat, mit einem Extra hier und einem Extra da. Hier [in der Baukooperative] gibt es nichts davon. (...) Es sind völlig andere Arbeitsbedingungen als in einer privaten Firma.«[77,78]

Die urbane Leere tritt in den Praktiken der Baukooperative in Form der zur Verfügung stehenden großen Hallen der Gebäude auf. Diese konnten von der Arbeitskooperative durch ihre Lage unmittelbar neben der Baustelle als Lagerräume für die Geräte und als Materiallager genutzt werden (▶ ABB. 24, 25). Die für die Tischlerei notwendigen großen Maschinen befanden sich in einer der großen überdachten Hallen der Mühle, wo auch die recycelten Holzpfosten sowie die fertigen Fensterrahmen in direkter Nähe zur Baustelle gelagert werden konnten (▶ ABB. 58).

Mitgestaltung im Bau und Entwurf

Die Antworten auf die Fragen an die Familien, welche Gestaltungsideen sie verwirklichen konnten und welche ihrer Entscheidungen im Planungsprozess berücksichtigt wurden, fielen zu verschiedenen Zeitpunkten im Transformationsprozess der beiden Brachen unterschiedlich aus. Die ersten Entwürfe für sowohl die Mühle als auch die Textilfabrik entstanden ohne direkte Mitbestimmung durch die jeweiligen Kooperativen. Die Umstände zum Zeitpunkt der Wirtschaftskrise 2001 spielten dabei eine große Rolle.

»Nein, zu diesem Zeitpunkt machte er [der Architekt] den Entwurf und sagte ›das ist das Projekt‹ und niemand in der Kooperative äußerte sich umfangreich, weil die Leute zu Beginn verzweifelt waren, aus der Krise 2001–2002 kamen. Wenn man ihnen gesagt hätte ›Schau, diese Hütte ist für Hunde, aber es gibt keinen Hund deshalb kannst du rein‹, traten sie ein. Das war die Wahrheit. Die Verzweiflung.«[79]

Zu einem späteren Zeitpunkt, in der zweiten Umbauphase der Mühle, gab es durchaus eine Diskussion zum Entwurf und zu den konkreten Wohnungstypen, die von den Familien gewünscht wurden (▶ ABB. 14).

»Der Architekt präsentierte den Vorentwurf. Der Vorentwurf sah zum Beispiel Wohn-Essräume vor, die einige Familien nicht wollten. Und so gab es zwei Vorschläge. (...) Maissonettewohnungen oder Wohnungen auf einer Ebene. Das wird dann auch noch definiert. Die Familie wächst (...) wird alt, ohne Treppen. Zum Beispiel sagte ich, dass wir keine Treppen haben möchten, weil wie werden wir rauf und runter kommen, wenn wir alt sind? Das sind Wahlmöglichkeiten.«[80]

In einer noch weiter fortgeschrittenen Bauphase setzten sich die Kooperativenmitglieder intensiv mit den Planungen und den Nutzungen der Räume auseinander.

Die Diskussionen um die Widersprüche zwischen den gewünschten Nutzungen der Kooperativenmitglieder und den Architekturplänen wurden dabei nur zum Teil anhand der Ausführungspläne geführt. Vorwiegend war es die Materialisierung des Entwurfes auf der Baustelle, die die Kooperativenmitglieder dazu veranlasste, die Planungen auf die Gebrauchsfähigkeit in ihrem Alltag zu überprüfen. So kam es zu Diskussionen mit dem Architekten der Bauausführung über die Nutzung eines freien Platzes im Innenhof der Mühle. Andere in den Versammlungen und Fachgremien diskutierte Aspekte bezüglich der gewünschten Nutzung waren zum Beispiel der zur Verfügung stehende Stauraum in den Wohnungen, die Ausführung des Fallschutzes bei den Treppen sowie die Größe der privaten Freibereiche, die den Wohnungen in La Fabrica vorgelagert sind.

In Bezug auf partizipatives Entwerfen meinte der Architekt der Kooperative, dass es in Argentinien nur wenige Architekturbüros gebe, in denen dieses tatsächlich praktiziert würde. Die Entwurfsentscheidungen des Architekten wurden in vielerlei Hinsicht durch den Bezug auf die Bauweise der Nachbarschaft legitimiert. Diese ist beispielsweise durch die Gruppierung von Wohngebäuden um einen Innenhof oder die Verwendung von Sichtziegeln in der Fassade, welche in Buenos Aires von der Bauweise englischer Industriearchitektur übernommen wurde, gekennzeichnet. Angesprochen auf den Prozess der Transformation der Gebäude der Mühle sowie der Textilfabrik und die Mitgestaltungsmöglichkeiten für die Mitglieder der Kooperativen meinte der Architekt, dass »jeder von uns seine Sichtweise hat und danach gibt es kleinere und größere Möglichkeiten, um die Vorschläge zu entwickeln.«[81] In dieser Aussage manifestiert sich ein Verständnis der Rolle der Architekturschaffenden, das die Vision beziehungsweise den Entwurf als Teil der Raumproduktion sieht und nicht nur als Resultat davon.

Da zum Ende der Feldforschung erst ein kleiner Teil der Wohnungen der Mühle bewohnt wurde, konnten keine zuverlässigen Daten zu den tatsächlichen Mitgestaltungsmöglichkeiten der Kooperativenmitglieder in Bezug auf die Gestaltung der Wohnräume erhoben werden.[82] Dennoch bot die Besichtigung der Rohbauwohnungen die Gelegenheit, die im Entwurf vorgesehenen Möglichkeiten der Mitgestaltung und Selbstverwaltung in den zukünftig fertiggestellten Wohnungen abzulesen. Die verschiedenen Wohnungsgrundrisse ließen nachträgliche Adaptierungen mit zusätzlichen Zimmern zu, indem zum Beispiel über dem Wohn- und Essbereich Lufträume geschlossen werden. Die Entscheidung, eine Erhöhung der Zimmeranzahl innerhalb der Wohnungen zu ermöglichen, geht dabei auf die Erfahrungen des Architekten mit den Anforderungen von Familien während der Besetzungen ab den 1980er Jahren und dem Selbstbau zurück. Die zunächst klein geplanten privaten Freibereiche vor den Wohnungen waren bei den Baustellenbesichtigungen bereits weit in die allgemeinen Freibereiche erweitert worden, um auf die Wünsche der Kooperativenmitglieder nach größeren Wohnflächen aufgrund der im Laufe der Zeit angewachsenen Familien einzugehen.

Aus Sicht des IVCs wurde im Rahmen des Programms zur Selbstverwaltung im Bauprozess ein Entscheidungsspielraum für die Kooperativen geboten, welcher im Gegensatz dazu beim schlüsselfertigen sozialen Wohnungsbau nicht existiert. »Abgesehen davon ist es schön zu sehen, dass es sich jeder nach seinem Geschmack und den speziellen Anforderungen der Familie einrichtete.«[83] Diese Veränderung in der Perspektive wurde nicht zuletzt durch das Erscheinungsbild der fertigen Gebäude verstärkt. Diese Sichtweise steht in unmittelbarem Widerspruch zur gängigen Sichtweise auf den sozialen Wohnungsbau als unpersönlichem Gebäudetypus.

Fähigkeiten und Kenntnisse in Bezug auf den Bauprozess

Aus Sicht der Disziplinen Architektur und Städtebau fällt die genaue Kenntnis der Kooperativenmitglieder in Bezug auf die einzelnen Wohnungen sowie ihre kritische Einschätzung und Artikulation der ihrer Meinung nach wesentlichen Aspekten des zukünftigen Gebrauchs auf, welche sich im Rahmen der Baustellenbesichtigungen und Interviews abzeichneten. Die differenzierten Aussagen zur Ausführung der Wohnungen verdeutlichten ihre profunde Kenntnis der gesamten Baustelle als auch ihre Expertise, die sie im Laufe des Transformationsprozesses erworben hatten. Der kontinuierliche Zuwachs an Erfahrungswissen fand nicht zuletzt durch die regelmäßigen Versammlungen, die Unterstützung des interdisziplinären professionellen Teams, den Austausch mit Fachleuten innerhalb der selbstverwalteten Gremien und die Auseinandersetzung mit den Vorgaben der Administration statt. Die Möglichkeiten der Steuerung von Entscheidungen im Bauprozess fand ihre Entsprechung in der Komplexität der Versammlungen der Kooperative und den wöchentlichen Besprechungen der Gremien, bei denen auch die Architekten der Bauaufsicht präsent waren.[84] »Es gibt große Diskussionen. (...) Der [Architekt] muss sich warm anziehen. Die Vollversammlung hier ist sehr schwierig, sehr diskutierend. Ich sage dir, es ist wirklich nicht einfach.«[85] Dabei war es besonders in technischen Angelegenheiten für die Kooperativenmitglieder und das interdisziplinäre Team wichtig, dass die gewählte Sprache für alle verständlich war und »nicht mit seltsamen Worten, mit technischen Ausdrücken«[86] geführt wurde. Um im Sinne der Selbstverwaltung auch Entscheidungen treffen zu können, erlangten die meisten Mitglieder eine Expertise in Bezug auf den Bauprozess, die weit über das disziplinäre Verständnis von informierten Auftraggebenden hinausgeht.

> »Du erlernst alles. Hier gehst du rein und lernst was Finanzen ist, lernst das – wie heisst das? – von den Plänen, lernst wo die Säulen sind, die nicht hier sein sollten, die Beschichtungen im Badezimmer. (...) [D]ie Fenster, die Rahmen, die Türen, alles diskutieren wir.«[87]

Die Mitglieder der Kooperativen erwarben nicht nur Wissen im Bauprozess, sondern brachten in einzelnen Fällen auch selbst Wissen in den Bauprozess ein. Ein gelernter Tischler, der aufgrund von fehlenden Arbeitsmöglichkeiten als Taxifahrer arbeitete, konnte zum Beispiel wieder seiner ursprünglichen Arbeit nachgehen, woraufhin er mit zwei angelernten Kollegen sämtliche Tür- und Fensterrahmen sowie Holzeinbauten für die Kooperativen anfertigte. Ein gelernter Maurer betonte während einer Baustellenbesichtigung die große Menge an Bauteilen, die er mit seiner eigenen Mischmaschine angefertigt hatte.

Während die urbane Leere mittels Recycling und *ayuda mutua* eine Möglichkeit zur Mitgestaltung im Bauprozess bietet, zeigen sich in Bezug auf die Entscheidungsprozesse im Rahmen des selbstverwalteten Bauprozesses gegenüber jenem von Neubauten auf den ersten Blick keine wesentlichen Unterschiede. Die Interviews verweisen jedoch darauf, dass das Vorhandensein von bestehenden Räumen die gedankliche Vorwegnahme des Entwurfs erleichtert. Ebenso ergibt sich durch die zwischenzeitliche Nutzung der bestehenden Räume die Möglichkeit des Testens einzelner Aspekte hinsichtlich Gebrauchsnotwendigkeit zum Beispiel in Bezug auf Versammlungsräume.

Die aus den komplexen Prozessen der Selbstverwaltung resultierende Expertise ist gekennzeichnet durch eine inkludierende Vielfältigkeit, die auf den Lernprozessen aller Beteiligter basierte. Nicht nur die Kooperativenmitglieder, die sich ein komplexes Wissen über das Bauen und die Selbstverwaltung angeeignet hatten, machten im Laufe des Transformationsprozesses die Erfahrung des Gewinns von Fähigkeiten und der Perspektivenerweiterung, sondern auch die Architekturschaffenden, deren Entwürfe und Visionen auf deren Gebrauchs- und Alltagstauglichkeit geprüft wurden. Für die Administration brachte das selbstverwaltete Bauen die Erkenntnis, dass durch die spezifischen Entscheidungen innerhalb der Kooperativen neue, differenziertere Bilder vom sozialen Wohnungsbau möglich waren. Durch die differenzierten Entscheidungsmöglichkeiten der jeweiligen Kooperativen zeigte sich auch eine Veränderung und Diversifizierung der traditionellen Abläufe des Planungs- und Bauprozesses zum Beispiel in Form von Baukooperativen und anderen neu gegründeten Bauunternehmen.

(4) Ankommen in der Nachbarschaft und Verabschiedung der Stadt

Mit dem offiziellen Baustart der beiden Kooperativen begann die Phase des sicht- und hörbaren Ankommens in der Nachbarschaft. Zum einen wurde die verpflichtende Bautafel mit Informationen zum Projekt für die in der Nachbarschaft Wohnenden sichtbar an der Fassade der Gebäude angebracht (▸ ABB. 29). Zum anderen waren die Recyclingarbeiten auch im Stadtviertel zu vernehmen. Im Fall der Textilfabrik war das Ankommen im Stadtviertel von einem Protest der Nachbarschaft begleitet, die eine Besetzung durch Personen aus den informellen Siedlungen befürchtete. Die Konflikte gründeten im Fall der Textilfabrik sowie im Fall der Mühle eher auf Vorurteilen der Nachbarschaft gegenüber den Kooperativenmitgliedern aufgrund ihrer Herkunft und ihrem sozio-ökonomischen Status, weniger auf einer Unzufriedenheit mit den Bauprojekten an sich.

Um allgemein Konflikte mit der Nachbarschaft zu vermeiden präferierte die Stadtadministration als Strategie kleine Kooperativen mit 20 bis 30 Wohnungen im PAV, »bei denen es leichter war, dass sie sich in den Rest des Viertels und die Nachbarschaft integrierten.«[88] Im Gegensatz dazu wurde von Seiten der sozialen Organisation MOI auf den konfliktanfälligen Prozess des Ankommens mit unterschiedlichen Aktivitäten reagiert: So erarbeitete der Architekt aus seiner disziplinären Sicht ein Konzept für die Integration der Kooperativen in das Viertel, das aufkommende Widersprüche zwischen sozialen Wohnungsbauten und ihrer Umgebung aufheben sollte.

»Du musst dir bewusst sein, dass du neu bist in diesem Umfeld. (...) Es ist nicht das Gleiche, ein Wohnungsbau der nicht mehr und nicht weniger zum Bildungs-angebot der Nachbarschaft beiträgt (woran gerade ein Mangel herrscht), ein Grundbedürfnis, wie ein Kindergarten, eine Weiterbildungsmöglichkeit oder eine Bibliothek zu haben oder nicht zu haben.«[89]

Das angesprochene geplante Bildungsangebot, welches einen Kindergarten, eine Bibliothek und ein Weiterbildungszentrum[90] beinhalten sollte, sollte nicht nur dem MOI und den Kooperativen zugutekommen, sondern der Etablierung von »Inter-relationen mit dem Viertel«[91] dienen (▸ ABB. 45, 59–63). Dieses zusätzliche Angebot stellte eine Erweiterung des Standardraumprogrammes für sozialen Wohnungsbau dar und sollte laut dem Architeken des MOI die »räumliche Wechselwirkung«[92] mit der Umgebung unterstützen. Der Bedarf an derartigen Einrichtungen verdeutlicht die staatliche Untätigkeit in diesem Bereich. Mit der allmählichen Ergänzung dieser infrastrukturellen Leere konnten sich beide Kooperativen nach anfänglichen Kon-flikten in ihr räumliches Umfeld integrieren.

»Die Sichtweise [der Nachbarn] uns gegenüber veränderte sich. Zum einen starteten wir Aktivitäten wie den Kindergarten, der für das Viertel offensteht. Und es gibt Eltern, die ihre Kinder im Kindergarten haben. Außerdem haben wir Nachbarn, die im Weiterbildungszentrum studieren. Die Verbindung mit dem Viertel ist gut. Es hat sich geändert.«[93]

Mit der sozialräumlichen Integration bildete sich auch eine lokale Ökonomie durch den Verkauf von Speisen und Second-Hand-Kleidung heraus. Darüber hinaus wur-den Abmachungen mit den lokalen Betrieben geschlossen, wie zum Beispiel bezüg-lich der Nutzung der Gefrierkammern des Kühlbetriebs gegenüber der Mühle. Auf Grund der räumlichen Nähe zu zwei großen psychiatrischen Krankenhäusern der Stadt entstand auch Kontakt mit Kunstschaffenden, die mit psychisch Erkrankten zusammenarbeiteten und ein Radioprogramm gestalteten. Aus diesem Zusammen-treffen wurden schließlich eine Sektion für Gesundheit innerhalb von MOI sowie das Programa de Integración Comunitaria (PIC, dt. Programm für die Integration in die Gemeinschaft) gegründet, welches die Aufnahme von psychisch erkrankten Personen in die Kooperativen als zukünftige Mitbewohnerinnen vorsah.

Die Beschreibung der vielfältigen Aktivitäten rund um die urbanen Brachenge-bäude verdeutlicht die Rolle, die sie bei der Integration der Kooperativenmitglieder in die Nachbarschaft spielen. Im Gegensatz zur staatlichen Strategie der kleinen Kooperativen bieten die großen brachliegenden Gebäude das Potenzial, zusätzliche Einrichtungen für Aktivitäten zugunsten der umliegenden Nachbarschaft bereits während des Bauprozesses zu entwickeln und umzusetzen.

Die Rolle des kulturellen Erbes im Transformationsprozess

Eine weitere Integrationsmöglichkeit bietet die urbane Leere in Bezug auf das Auf-nehmen und »Zurückholen« des kulturellen Erbes der Fabrik und Mühle in den Alltag des Viertels. So konnten Aspekte der Erinnerung an die Industriebetriebe des Viertels und damit zusammenhängende Geschichten aus der Nachbarschaft von den Kooperativen aufgenommen und auch in die Zukunft überführt werden. Nachdem sowohl die Mühle als auch die Textilfabrik für lange Zeit als Betriebe prägend im Alltagsleben der Stadtteile waren, kamen viele aus der Nachbarschaft, um sich mit Interesse in die Diskussionen zum Umbau einzubringen.

»Als wir hier ankamen (...) – und auch heute noch – kommen sehr betagte Leute, die hier in der Mühle gearbeitet hatten. Sie kamen, um eine Runde zu gehen und zu sehen, wie sich alles verändert hatte. Wie das hier, wo sie 30–40 Jahre gearbeitet hatten, sich veränderte.«[94] »Sie haben dir Fragen gestellt. Sie haben uns auch Vorschläge gemacht. (...) Eine Nachbarin, die in diesem Eckgebäude ›El Molino‹ lebt, ist Nachbarin seit fast 60, 70 Jahren. Sie hat uns also gebeten, die Fassade und das Gebäude im Inneren des Grundstücks zu belassen. Und wir haben ja gesagt. Ebenso, wie der Schlot, den wir dort haben, dass er weiterhin sichtbar für die Nachbarschaft sein müsste. Wir haben ja gesagt.«[95]

Das Thema des kulturellen Erbes und der Erhaltung der Industriegebäude wurde auch vom Architekten der beiden Fallbeispiele in die Entwürfe aufgenommen. Er kritisierte die Disziplinen Architektur und Städtebau bezüglich ihres Verhältnisses zur Denkmalpflege, da sie seiner Ansicht nach nicht auf den Alltag der Umgebung eingehen und eher eine konservierende als eine humane Haltung erkennen lassen würden. Entgegen eines solchen Verständnisses betont der Architekt die Bedeutung des »Zurückholens« der Mühle und der Fabrik in den urbanen Alltag des *sector popular*.

Das Aufgreifen der Geschichten der beiden Gebäude ermöglichte sowohl eine Integration der Bauprojekte in die Nachbarschaft als auch eine Identifikation der Kooperativenmitglieder mit beiden Orten. Durch die bestehenden Narrative bezüglich der Gebäude(-teile) wurde die urbane Leere von der umgebenden Nachbarschaft sowohl in materiellem als auch in symbolischem Sinn nicht als Fremdes, sondern als ein Teil des Viertels wahrgenommen. Aufgrund der anfänglich meist per Hand durchgeführten Bauarbeiten konnten viele Gebäudeteile in den neuen Wohnungsbau integriert werden, wie zum Beispiel die recycelten Sichtziegel, welche als Teile der neuen Deckenbögen verwendet wurden, oder die Stahlträger, welche als Teil der Erschließungsgänge eingesetzt wurden (▶ ABB. 11, 27, 36, 43, 53). Die Widersprüche, die sich zwischen dieser Herangehensweise und automatisierten Bauabläufen ergeben, werden in der letzten hier beschriebenen Phase der Transformation der beiden Brachengebäude evident.

Brüche und Diskontinuitäten im Programmverlauf

Während sich durch die Transformation der beiden ehemaligen Industriebetriebe Möglichkeiten einer kontinuierlichen Weiterentwicklung des (bau)kulturellen Erbes ergaben, entstanden im Verlauf des Programms Brüche aufgrund des Wechsels der Stadtregierung im Jahr 2008. Gleichzeitig mit dem offiziellen Baustart der Kooperative La Fabrica übernahm die neue Stadtregierung unter Bürgermeister Mauricio Macri ihre Ämter. Als Folge dessen wurde das Programm zur Selbstverwaltung im

Wohnungsbau umstrukturiert. Dies führte schlussendlich zu einer Lähmung der Programmaktivitäten. Die Einführung eines Vermittelnden hatte zum Ziel die Informationen zu bündeln und diese zwischen den Kooperativen und der Administration zu transferieren. Dies schränkte die enge und direkte Zusammenarbeit der beiden sozialen Welten stark ein und bedeutete das Ende des Programms, in dem, so eine Programmmitarbeiterin, Informationen demokratisiert worden waren.[96] Die Beschäftigten des Programms sollten nur noch administrieren, während »sich der Staat verabschiedete und es den Privaten überließ.«[97] Damit war auch das Team des Sozialbereichs obsolet geworden und die Abteilung auf ein Minimum der Angestellten reduziert worden. Der Kauf von Grundstücken für neue Kooperativen wurde gestoppt und die Aktivitäten der Administration konzentrierten sich nur noch auf die laufenden Programmteilnehmenden.

Während der Kauf von Grundstücken gestoppt wurde, wurde das jährliche Budget des PAVs nicht ausgeschöpft. Diese »Verschleißstrategie« des damaligen IVC-Direktors forcierte die Erosion des Programms, da effektiv immer weniger Geld den Akteuren des PAVs zur Verfügung stand. »Während die Zuteilung des Stadtbudgets im Stadtparlament fixiert und dabei u. a. durch die Arbeit und die Proteste der sozialen Organisationen und Kooperativen beeinflusst wurde, konnte die Ausgabe der Gelder auf der Ebene der Stadtregierung in Richtung Baustopp der Kooperativen gesteuert werden« (Zapata 2017, 127, Übersetzung JL).[98] Dieser Umstand führte dazu, dass es für die im Bauprozess befindlichen Kooperativen zunehmend komplizierter wurde, mit der Administration zusammenzuarbeiten sowie kontinuierlich die Baufortschritte zu dokumentieren um damit die Auszahlungen des Kredits zu erhalten. Durch die Bündelung der Information durch eine vermittelnde Person wurden die Aktivitäten der Kooperativenmitglieder, welche eigene Expertisen im Planungs- und Bauprozess entwickelt hatten, erneut auf klientilistische Herangehensweisen reduziert.

In der Gleichzeitigkeit des Ankommens der Kooperativen in der Nachbarschaft und der Verabschiedung der neuen Stadtregierung von der Selbstverwaltung erscheint die urbane Leere als eine Art Pufferzone, die es erlaubt, trotz der Schwierigkeiten im Programm Aktivitäten wie Recycling, die Abhaltung von Versammlungen oder das Einrichten eines Kindergartens zu ermöglichen. Im Gegensatz dazu konnten kleinere Kooperativen des Selbstverwaltungsprogramms, welche unbebaute Grundstücke erhalten hatten, deren Bewachung durch einen Wachdienst oftmals über die lange Zeitstrecke nicht mehr finanzieren und verloren die Grundstücke so durch die Besetzungen von anderen Wohnungslosen. In dieser Zeit begannen sowohl die sozialen Organisationen als auch die unabhängigen Kooperativen vermehrt zu kooperieren, um für die Weiterführung des Programms zu kämpfen.[99] Auch auf regionaler Ebene wurden die Netzwerke mit anderen lateinamerikanischen Organisationen verstärkt, wie zum Beispiel mit der Secretaria Latinoamericana de Vivienda Popular (SeLViP). Die Räume der beiden Industriegebäude boten die Möglichkeit, im Rahmen der regelmäßig stattfindenden internationalen Konferenzen, u. a. von SeLViP oder CTA, ein großes Publikum zu versammeln (▸ ABB. 13, 19).[100]

Bildteil 2

Abb. 5–15: Kooperative La Fabrica

▶5
Namensschild für die Wohnungskooperative La Fabrica. »Das ist der erste Tag als wir ankamen. An diesem Tag kamen wir mit dem Schlüssel.« Interview K2_N12_3, 2

▶6
Ehemalige Piccaluga Produktions- und Lagerhallen mit Sheddächern

▶7   Farbbecken im Fabriksgebäude. »Ein Verlag nutzte [das Gebäude] zuletzt. Als wir ankamen, gab es Becken, wo sie die Farben hatten und so.« Interview K2_N12_03, 2

▶8   Bauarbeiten für La Fabrica durch die professionelle Baukooperative

▶9　Bestehende Säulen nach Abtragung der Sheddächer

▶10　Dachdeckerarbeiten mit Blick in den ehemals überdachten Innenhof

▶11 Recyclingarbeiten und Anfertigung der Deckenbögen durch Kooperativenmitglieder. »Es war viel
Arbeit. (...) Alle Ziegel, die später an der Decke waren, waren zu Beginn hier. Man musste sie reinigen.
(...) Sie sahen dann wie neu aus.« Interview K2_N12_05, 8

▶13
Kongress der Gewerkschaft CTA in den ehemaligen
Lager- und Produktionshallen

▶12
Anlieferung der ersten Ziegel

▶14   Vorstellung und Diskussion der Entwurfspläne in der Mitgliederversammlung

▶15   Grillplatz. »Das [Grillfest] darf nicht fehlen. Das machen wir oft. Hier treffen wir uns.« Interview K1_
N12_02, 6

Abb. 16.–28.: Kooperative El Molino

▶16
Überdachter Innenhof der Mühle

▶17
Ehemaliger Tank und Schlot der Mühle

▶18
Fassade mit Namenschild der
Wohnungskooperative El Molino

▶19
Fassadenbemalung mit
Kindergarteneingang und Plakat
zum Kongress SeLViP 2017

▶20
Bauarbeiten im Hof der Mühle

▶21
Ayuda mutua von
Kooperativenmitgliedern

▶22
Recycling- und Abbrucharbeiten

▶23
Deckenschalung der Bauetappe 2
an der Straßenecke Solís

▶24
Arbeiten der Metallwerkstatt

▶25
Anfertigung von Metallrahmen für
die Gebäude von MOI

▶26
Neue Maschine für die Metallwerkstatt. »Zwei Kooperativen, La
Fabrica und El Molino, waren die
einzigen, die Geld für den Ankauf
der Maschinen zur Verfügung
stellten. Denn die anderen
Kooperativen [von MOI] hatten
keine nennenswerten finanziellen
Ressourcen, um einen Beitrag zu
leisten.« Interview K1_N12_03, 24

▶27 Deckenbögen. »Alle Deckenbögen wurden in der Zeit gemacht, als es kein Geld für die Bauarbeiten gab. Sie wurden gemacht, weil wir Ziegel hatten (...). Die *ayuda mutua* bestand daraus, die Deckenbögen zu machen. Und man beeilte sich mit den Deckenbögen. (...) Für den Rest des Bauens waren die Deckenbögen bereits fertig. Auch hier verloren wir keine Zeit.« Interview K2_N12_03, 20

▶28 Fertigstellung der Bauetappe 1

Die Phase des Transformationsprozesses ab dem Jahr 2012 ist gekennzeichnet von einer Reihe von Situationen und Ereignissen, die eine Vielzahl von Widersprüchen unter anderem zu den ursprünglichen Aspekten des Gesetzes und den Konzepten der Selbstverwaltung von MOI sichtbar machten. Das breite Spektrum von Widersprüchen manifestierte sich in der materiellen Transformation der beiden Gebäude und legt die Überlappung zwischen bereits vergangenen Dynamiken und den Dynamiken jener Zeit offen.

Aufgrund des fehlenden Rückhalts für das PAV in der Stadtregierung wurden die Bauabläufe immer diskontinuierlicher und verlangsamten sich zunehmend. Zeitgleich erkannte der neue Direktor des IVCs, Emilio Basavilbaso, die Möglichkeiten, die die weit fortgeschrittenen Projekte der Kooperativen boten, um die Effizienz, Qualität und den Erfolg der Regierung bezüglich der Fertigstellung neuer Wohnungen zu vermarkten (vgl. Zapata 2017). Es folgten gezielte politische Abmachungen zwischen der Regierung und einzelnen Organisationen und Kooperativen, sowie die Zusage eines Budgets, welches innerhalb eines definierten Zeitraums für die Fertigstellung der Bauprojekte genutzt werden musste. So erhielt die soziale Organisation MOI einen fixen Betrag, um die Fertigstellung der Bauprojekte der von ihr betreuten Kooperativen voranzutreiben, vorausgesetzt die Nachweise des Baufortschrittes wurden innerhalb der vereinbarten Fristen vorgelegt.

Mit dieser Abmachung, die auf eine Effizienzsteigerung des Bauprozesses zielte, traten innere Konflikte des MOIs zum Vorschein.

»El Molino, das MOI haben eine Eigenheit in Bezug auf ihre Zeiten. Sie haben die Modalität des uruguayischen Kooperativismus übernommen, bei dem der Bau zehn bis zwölf Jahre dauert. Das hat mit der internen politischen Dynamik zu tun. Ich sage nicht, dass die Administration schnell ist, weil schnell waren sie nicht. Aber das MOI hat seine eigene Zeit.«[101]

Gleichzeitig entstanden innerhalb der Kooperativen Konflikte, nachdem sich einige neuere Mitglieder für eine effizientere und schnellere Bauweise aussprachen. Nach der Wirtschaftskrise stiegen Boden- und Wohnungspreise schneller als die monatlichen Einkommen, weshalb sich auch Personen für eine Mitgliedschaft in einer Wohnungskooperative interessierten, die bisher leichteren Zugang zum freien Wohnungsmarkt hatten.

»Wir in der Kooperative kämpfen immer für die politischen Vereinbarungen des Anfangs, denn heute gibt es viele neue Leute, die eine andere Sichtweise haben. Sie haben eine andere Lebensweise, eine andere soziale Klasse. Vielleicht haben sie Geld, das wir nicht haben. Noch nie hatten. Wir waren immer die untere Arbeiterklasse, nicht mehr. Vielleicht sind die Mitglieder, die nach und nach beigetreten sind, aus anderen Klassen.«[102]

Die bessere Wirtschaftslage Argentiniens hatte dazu geführt, dass zum Beispiel alle Mitglieder von La Fabrica in einem Beschäftigungsverhältnis standen. Die für *ayuda mutua* und Gremienaktivitäten zur Verfügung stehende Zeit war dadurch auf Abende und Wochenenden reduziert worden. Dies erklärt auch die Entscheidungen innerhalb der Kooperative, effizientere und automatisiertere Bauweisen anzuwenden, anstatt die aufwendigen Recyclingarbeiten voranzutreiben. »(...) [D]ie vierte Etappe soll mit Monoblöcken gebaut werden. (...) Das ist von guter Qualität. Es ist effektiver. Es ist schneller.«[103]

In den Brachen manifestierte sich diese Veränderung in der Gestaltung einzelner Bauteile, aber auch in einer Verschiebung der Prioritäten der Mitglieder, beispielsweise jener bezüglich der kollektiven Räume. So wurde der vorzeitige Abriss des von El Molino zwischengenutzten Gebäudes, in dem der Kindergarten (▸ ABB. 19, 62) installiert war, von einigen Mitgliedern der Kooperative befürwortet, um bereits zu Beginn der vierten Bauetappe für die Bauarbeiten vorbereitet zu sein.

Das Erscheinungsbild des sozialen Wohnungsbaus

Mit zunehmendem Baufortschritt des selbstverwalteten Wohnungsbaus wurde sichtbar, dass er nicht der verbreiteten Vorstellung vom sozialen Wohnungsbau als »billig« und »hässlich« entspricht. Die fertiggestellten Wohnungsbauten der ersten Etappe von El Molino und auch die bereits fertigen Fassaden von La Fabrica signalisieren eine Wohnqualität, die sich von sonstigen Projekten des sozialen Wohnungsbaus in der Stadt Buenos Aires erkennbar unterscheidet. Nicht zuletzt aus diesem Grund eigneten sich die Kooperativenprojekte, wie vom damaligen Direktor des IVC erkannt, für die Stadtregierung, um ihre Erfolge vor den Wahlen zur Schau zu stellen.

>... sie kommen hierher um zu schauen, sie kommen um einen Rundgang zu machen und bleiben mit offenem Mund stehen. Nicht nur die Leute, auch die Beamten stehen mit offenem Mund da (...). Sie können es nicht glauben, weil mit dem Geld das der IVC anderen Familien einzelner Kooperativen gibt, können sie so etwas nicht bauen. Sie bauen Kisten (...), das hier ist eine Schönheit, das andere sind geschlossene Kisten, sehr hässlich. Mit dem gleichen Geld. Wer nimmt sich dort das Geld? Die private Firma.«[104]

Besonders in Bezug auf die Fertigstellungskosten ist auffallend, dass die Wohnungsbauten der Kooperativen ca. 30 %[105] unter den Baukosten des sozialen Wohnungsbaus in Buenos Aires zu dieser Zeit lagen. Die Eigenleistungen der Kooperativen trugen dabei wesentlich zur Erhöhung der Ausstattungs- und Bauqualität bei.[106]

>Es sind mehr als akzeptable Wohnungen. Denn das Konzept des sozialen Wohnungsbaus, das es in Argentinien immer schon gab, ist das des Vogelkäfigs. Eckig, abgeschlossen, Zimmerchen, Fensterchen, hereinspaziert um hier zu leben!« Interviewerin: »Hat sich das Konzept geändert?« »Es ist nicht so, dass das Konzept geändert wurde. Dieses ›Mistkonzept‹ gibt es noch immer. Was passiert, ist, dass MOI anders ist.«[107]

Nicht alle Kooperativenmitglieder von El Molino empfanden die Erscheinung ihrer Wohnungsbauten jedoch als angemessen. So gab es Stimmen, die sich gegen die großzügigen, hervorstechenden Balkone aussprachen und für eine Variante plädierten, die kostengünstiger ist als die vom Architekten geplante (▸ ABB. 57).

Bodenpreise und Gentrifizierung

In dieser Phase des Transformationsprozesses waren aufgrund der verbesserten wirtschaftlichen Lage in den südlichen Vierteln die Auswirkungen des Anstiegs der Bodenpreise bereits deutlich erkennbar. Diese Entwicklung der Bodenpreise innerhalb der Stadt Buenos Aires erschwerte die Umsetzung des im Gesetz 341 verankerten *Rechts auf Stadt*. Zusätzlich zu den Restriktionen des Programms durch die aktuelle Stadtregierung war es so unmöglich geworden, innerhalb des finanziellen Kreditrahmens ein Grundstück in der Stadt Buenos Aires zu kaufen.

> »Du wirst das Grundstück der Mühle gesehen haben, es liegt in einer sehr guten Gegend, damals kostete es 800.000 Pesos. Das war damals schon günstig. Heute wäre es absolut unmöglich, dieses Grundstück in der Stadt zu kaufen. Ich denke, dass das Programm 341 heute nicht mehr wirtschaftlich ist, was die Grundstücke in der Stadt betrifft. Nicht so, wie es zu dieser Zeit war. Es sollte eine politische Entscheidung geben, etwas anderes zu tun, um die Grundstücke zu bekommen. Dies ist jedoch sehr schwierig, da die Immobilieninteressen sehr stark sind.«[108]

Der Preisanstieg verstärkte sich zusätzlich durch »Aufwertungsmaßnahmen« und sogenannte Business Improvement Districts[109], die von der Stadtregierung ab dem Jahr 2008 in den Kommunen im Süden der Stadt umgesetzt wurden. Auch die bereits erwähnten Projekte des Musiktheaters Usina de Arte sowie des Centro Metropolitano de Diseño zeigten erste Auswirkungen auf den Alltag in den untersuchten Gebieten. Täglich kamen Besuchende des Museums sowie Beschäftigte des Centro Metropolitano aus dem Norden in den Süden der Stadt, welcher zuvor kaum von Ortsfremden besucht worden war. In einem anderen Teil des Gebäudes der Textilfabrik, welcher sich gegenüber des von der Kooperative genutzten Gebäudeteils befindet, wurden im Rahmen eines privat finanzierten Konversionsprojektes Loft-Wohnungen mit privatem Wachdienst, Parkgarage und Pool auf dem Dach errichtet (▶ ABB. 32). Der Bau des als Casa FOA bekannten Projektes begann im Jahr 2005 und wurde innerhalb weniger Jahre fertiggestellt. Die beiden unmittelbar nebeneinanderstehenden Projekte Casa FOA und La Fabrica verkörpern die unterschiedlichen und konkurrierenden Ansprüche auf Grund und Boden in städtischen Gebieten, welche vom Immobilienmarkt lange nicht beachtet wurden.

Durch die strategisch seitens der Stadtregierung vorangetriebene Aufwertung der südlichen Stadtteile war der Legitimationsdruck für die Kooperativen in Hinblick auf die Tatsache, dass sie sich an diesem Standort mit subventionierten Krediten niederließen, gestiegen.

> »Die Reaktion des Herrn [auf das Vorfinden eines ›sozialen Wohnbaus‹ neben Casa FOA] war: ›Einen schönen Ort habt ihr euch da ausgesucht, nicht?‹ Natürlich habe ich [als Kooperativenmitglied] ihm nichts geantwortet, weil ich mich nicht mit diesem Herrn streiten wollte. Aber was dachte er, dass ein geeigneter Ort für mich sei?«[110]

Die Kooperativen und der Architekt argumentierten für ihre Legitimation mit der Erhaltung des kulturellen Erbes der Arbeiterinnenschaft für den *sector popular* sowie dem Mehrwert, den die Kooperativen mit ihren zusätzlichen Angeboten in die Nachbarschaft einbrachten.

Die Gentrifizierung der südlichen Stadtteile führte in Kombination mit einer reduzierten Programmadministration auch zu einem informellen Verkauf von Wohnungen bei anderen Kooperativen des PAVs.[111] Um die Kooperativen gegen diese Tendenzen und den Erhalt des mühsam erkämpften *Rechts auf Stadt* zu schützen, hatte die soziale Organisation MOI bereits früh das kollektive Eigentum der Kooperativen als wesentlichen Aspekt der Selbstverwaltung gefordert (▸ ABB. 48).

> »Dies ist eine der wenigen Garantien, die dir die Tatsache des gemeinsamen Eigentums bietet. Wenn dies kein kollektives Eigentum ist, passiert das: Wenn ich morgen kein Geld habe, verkaufe ich meine Wohnung einfach so. Und das, wer wird das kaufen können? Nur der, (...) der Geld hat.«[112]

Die Gentrifizierungsprozesse spiegeln die Widersprüche, die sich aus den Möglichkeiten der urbanen Leere als integrierter Teil eines Stadtviertels mit Zugang zu Infrastruktur, Bildung, kulturellen Einrichtungen und Gesundheitsversorgung ergeben. Der Verlauf des Transformationsprozesses ist somit durch verschiedene Möglichkeiten und Widersprüche zu unterschiedlichen Zeitpunkten in der Planung und in der Raumproduktion in der urbanen Leere gekennzeichnet.

Die zum Zeitpunkt des Grundstückkaufes niedrigen Bodenpreise ergaben für beide Kooperativen nach Fertigstellung der Wohnungen aufgrund der fehlenden Index-Anpassung enorm niedrige Ratenzahlungen. »Du zahlst 300 Pesos pro Monat, nichts. Das existiert an keinem Ort der Welt. Eine Wohnung um 300 Pesos monatlich.«[113] Für die Berechnungen der Kreditraten wurde der Preis des Grundstücks mit den Ausgaben der jeweiligen Kooperativen für den Bau addiert und wurden durch die Anzahl der Wohnungen dividiert. Bis zum Zeitpunkt der Feldforschung gab es keine Anpassungen an die Inflation, was bei der sehr hohen Inflation zu sehr niedrigen Kreditraten führte. Der günstige Zeitpunkt des Kaufes hatte somit Auswirkung auf die zukünftige 30-jährige Ratenzahlung. Dies betrifft jedoch nur die wenigen Kooperativen im PAV, die die Wohnungen zu diesem frühen Zeitpunkt beziehen konnten. In Bezug auf die hohe Inflation der argentinischen Währung stellte das PAV zu Beginn des Jahrtausends mit seiner fehlenden Inflationsanpassung eine Besonderheit dar, durch die es zu einer Diskrepanz zwischen den fixen Kreditraten der Kooperativen und den marktüblichen, inflationsangepassten Mieten kam.

Die Widersprüche zwischen Kontinuität und Veränderung zeigen sich anhand der Beschreibungen der Situationen und Ereignisse, welche die Diskrepanz zwischen den Aspekten des Gesetzes zum Zeitpunkt seiner Implementierung, wie den Konzepten zur Selbstverwaltung, und den Umständen nach eineinhalb Jahrzehnten verdeutlichen. Das breite Spektrum an Widersprüchlichkeiten manifestierte sich in der Transformation der beiden Gebäude und legt die Überlappung vergangener und aktueller Dynamiken offen. Angesichts der veränderten ökonomischen Rahmenbedingungen des Immobilienmarktes am Ende der Feldforschung erfordert die Umsetzung des Gesetzes 341 selbst in urbanen Brachen neue planerische und politische Handlungsweisen. Die Möglichkeiten der Orte der urbanen Leere sind in Bezug auf die selbstverwaltete Wohnraumproduktion sehr beschränkt und treffen als Widerspruch auf die staatliche und wirtschaftliche Regulation. Jene Zeitlücke des Möglichkeitsmoments, der die Gelegenheit für besondere Formen der Aneignung, Nutzung und Produktion von Raum geboten hatte, ist damit geschlossen.

Die Beantwortung der Frage, wo und wie sich Widersprüche und Möglichkeiten bei alltäglichen und planerischen Aktivitäten bezüglich der physischen Form der urbanen Leere ergeben, fällt nach der Analyse ihrer möglichen Transformationsprozesse vielseitig aus. So zeigt sich, dass sowohl die Widersprüche als auch die Möglichkeiten durch eine Vielzahl von Wechselwirkungen zwischen den verschiedenen sozialen Welten (z. B. Administration und Kooperativen) und materiellen Aktanten (z. B. recyclebare Ziegel, Bautafeln an der Fassade, Lagerhallen für Materialien, etc.) entstehen. Die chronologische Beschreibung des komplexen Transformationsprozesses verdeutlicht, dass verschiedene beteiligte Personen zu unterschiedlichen Zeitpunkten ihre Handlungsroutinen anpassten bzw. neue Handlungsweisen entwickelten, um einerseits von der urbanen Leere gebotene Möglichkeiten aufzunehmen und andererseits die Widersprüche zwischen Alltags- und Gebrauchsanforderungen mit den strukturierenden Regulationen (vgl. Sturm 2000) aufzulösen. Die urbane Leere tritt innerhalb dieser Dynamiken je nach betrachteter sozialer Welt unterschiedlich auf und verändert sich im Transformationsprozess. Zusammenfassend wird nun ein kurzer Überblick darüber gegeben, wie die Sichtweisen der urbanen Leere mit Handlungsweisen verknüpft sind, um anschließend auf Widersprüche, die sich spezifisch für die Disziplinen Architektur und Städtebau im Kontext urbaner Leere ergeben, einzugehen.

Die städtische Planungsinstitution betrachtet die Brache im Zusammenhang mit dem sozialen Wohnungsbau und dem Gesetz zur Selbstverwaltung lediglich als ein Stück Land, auf dem gebaut werden kann. Mit der beginnenden Transformation im Rahmen des Gesetzes beziehungsweise des Programms zur Selbstverwaltung für den Wohnungsbau werden jedoch wesentliche Unterschiede zwischen unbebauten Grundstücken und brachliegenden Gebäuden als Ausgangspunkt für die Wohnraumproduktion deutlich, wenn es darum geht, Möglichkeiten der Selbstorganisation für prekär wohnende Familien zu erschließen. Die als Kooperative organisierten Familien sehen in der brachliegenden Mühle zunächst ein Monstrum und haben Schwierigkeiten, die Mühle mit ihren Vorstellungen von einer eigenen Wohnung als Zuhause in Übereinstimmung zu bringen. Diese sich im Transformationsprozess verändernde Sichtweise wird von einem Kooperativenmitglied wie folgt beschrieben: »Wir passten uns mit der Zeit an dieses Gebäude an.«[114] Der Architekt der Kooperativen ist im Gegensatz zu den Familien begeistert von den beiden Gebäuden und sieht darin die Möglichkeiten, das Konzept von *urquitectura-ciudad* umzusetzen, die Gebäude in das Alltagsleben des *sector popular* zurückzuholen sowie das architektonische Erbe des Industriezeitalters lebendig zu halten. Vorerfahrungen mit Besetzungen charakterisieren diesen Architekten als Ausnahme innerhalb der sozialen Welt seiner Disziplin. Für andere Architekturbüros, die erst mit dem Start des PAVs begannen, sich mit selbstverwaltetem Bauen auseinanderzusetzen, war die Zusammenarbeit mit Familien als Auftraggebende für den eigenen »sozialen Wohnungsbau« neu und führte im Verlauf des Bauprozesses zu veränderten Handlungsweisen beteiligter Architekturschaffender. »Jedenfalls war dieses selbstverwaltete Programm die Initialzündung für eine Gruppe von Fachleuten um konkrete Praktiken zur Begleitung einer beginnenden Reihe von kooperativen und selbstverwalteten Prozessen zu starten«

(Zapata 2017, 132, Übersetzung JL). Die soziale Organisation sieht in den beiden Orten eine Gelegenheit, den prekär wohnenden Familien ein *Recht auf Stadt* zu ermöglichen und gleichzeitig Raum für die eigenen Aktivitäten als Organisation zu erhalten. Im Vordergrund der Organisation steht somit der Prozess der Wohnraumproduktion, weniger das Endprodukt des Wohnungsbaus, wenngleich das politische, ideologische Ziel einer generellen gesellschaftlichen Veränderung den Rahmen hierfür bildet. Mit den geänderten ökonomischen Bedingungen des Immobilienmarktes ohne eine Anpassung der normativen Gegebenheiten verschließen sich jedoch spätestens ab dem Jahr 2008 die Möglichkeiten der Gestaltung der urbanen Leere durch die Kooperativen und die soziale Organisation.

Zur Beantwortung der Frage nach den Widersprüchen im Transformationsprozess der urbanen Leere kann gesagt werden, dass Widersprüche aus den Wechselwirkungen verschiedener Personen und Aktanten an den Schnittstellen der unterschiedlichen Handlungsweisen innerhalb der verschiedenen sozialen Welten sichtbar wurden. Die Analyse des vielschichtigen Transformationsprozesses zeigt, dass sich sowohl Widersprüche als auch Möglichkeiten zu spezifischen Zeitpunkten entfalten und durch unterschiedliche räumliche Dimensionen geprägt sind. Die Widersprüche zwischen den Handlungsweisen innerhalb der Disziplinen Architektur und Städtebau und jenen innerhalb anderer sozialer Welten ergeben sich aufgrund des disziplinären Gestaltsehens. Dieses sollte aufgrund der Interrelationen der Disziplinen mit verschiedenen sozialen Welten und neuen Handlungsweisen hinterfragt werden.

Anhand der Mühle und der Textilfabrik wird in Bezug auf die unmittelbare Nachbarschaft sowie die Stadt Buenos Aires deutlich, wie wesentlich die Verknüpfung von unterschiedlichen architektonischen und städtebaulichen Maßstäben ist. Wenn separiert auf architektonische Gebäude und das Stadtumfeld fokussiert wird, treten in planerischen Handlungsroutinen Widersprüche auf. Urbane Brachen sind in ihrer Vielfältigkeit, vom Leerstand in Erdgeschoßen bis zu großflächigen Arealen, einerseits kleinmaßstäblich (in Bezug auf unmittelbare Nachbarschaftsverbindungen und soziale Netzwerke) und andererseits als Teil von Dynamiken der Stadt als Ganzes oder des Staates (in Bezug auf Rechtsreformen und wirtschaftliche Entwicklungen, wie z. B. Deindustrialisierung) zu betrachten. In jenen Teilen des Denkkollektivs der Disziplinen Architektur und Städtebau, bei denen Aufgaben nach maßstäblichen Dimensionen aufgeteilt und separiert bearbeitet werden, werden die Wechselwirkungen, die zwischen den unterschiedlichen Maßstabebenen bestehen, als Widersprüche wahrgenommen.

Ein weiteres Beispiel, welches disziplinäre Widersprüche offenlegt, ist die Definition und das Arbeitsverständnis von Architektur und Städtebau in Bezug auf das kulturelle Erbe in Städten (vgl. Lacarrieu 2013): Die Vorstellung eines angemessenen Umgangs mit kulturellem Erbe in Form von Denkmalpflege bei (Planungs-)Expertinnen steht in einem Widerspruch zu einem Verständnis aus der Alltagspraxis, in dem Erinnerungen an einen Ort oder das Recycling von traditionellen Baumaterialien als relevante Aspekte im Umgang mit kulturellem Erbe verstanden werden. In diesem Spannungsfeld stellt sich die Frage nach der Position von Architekturschaffenden und nach Handlungsweisen, die nicht von der konservierenden Praktik der Denkmalpflege ausgehen.

Das Gesetz 341 verdeutlichte weitere Widersprüche innerhalb der Disziplinen Architektur und Städtebau in Bezug auf Normen und Gesetze als wesentliche Aktanten in der Raumproduktion (vgl. Kuhnert et al. 2016). Gesetzliche Rahmenbedingungen basieren häufig auf einem Raumverständnis, nach welchem, in Anlehnung an die mehrheitliche Sicht innerhalb der Disziplinen Architektur und Städtebau, zum Beispiel der Bau von »Behältern« als Lösung des Wohnungsdefizits gesehen wird. Spannungen treten dann in den architektonischen Handlungsroutinen auf, wenn die baulich umgesetzten, gesetzlichen Rahmenbedingungen nicht mit den Alltags- und Gebrauchsbedürfnissen der Wohnenden korrespondieren. Im Kontext der Mühle und der Textilfabrik wurden diese Spannungen besonders deutlich, als das disziplinäre Verständnis von Gesetzen, Normen und Verordnungen als starre Rahmenbedingungen auf Dynamiken stieß, bei denen im Jahr 2000 aktiv an der Gestaltung von Regularien mitgewirkt werden konnte und das Gesetz 341 entstand.

Ohne eine relationale Raumperspektive wäre die Identifikation der Widersprüche in den Fallbeispielen nicht möglich. Durch die Betrachtung längerer Zeitabschnitte und Veränderungen sowohl der physisch-materiellen Brache als auch der in Bezug zu ihr stehenden Handlungsroutinen lassen sich sowohl Brüche als auch Diskontinuitäten ablesen, welche die Widersprüche und Möglichkeiten rund um die urbane Leere sichtbar machen. Damit treten Aspekte der urbanen Leere ins wissenschaftliche Blickfeld, die bisher von den Disziplinen Architektur und Städtebau kaum beachtet wurden, deren Analyse allerdings notwendig ist, um erfolgreich auf die komplexen baulichen und sozialen Herausforderungen der Stadtentwicklung reagieren zu können. Im nächsten Abschnitt werden deshalb Erkenntnisse aus den Situationen, in denen Widersprüche in Erscheinung treten, in Bezug zur relational-räumlichen urbanen Leere gesetzt, um diese raum-zeitlich zu strukturieren und Analysewege für die Disziplinen Architektur und Städtebau aufzuzeigen.

Bildteil 3

Abb. 29–47: Kooperative La Fabrica

▶29 Einfahrt zur Baustelle mit Bautafel von La Fabrica

▶30 Kunstprojekt in der Nachbarschaft von La Fabrica

▶31
Traditionelle Bar in der
Nachbarschaft. »Der alte Kellner
der Bar erzählt, dass er schon
als Junge hier gearbeitet hat.
Damals war die Bar 24 Stunden
geöffnet, weil die Fabriken im
Schichtbetrieb arbeiteten.«
Forschungstagebuch 7. März 2014

▶32
Wohnungsbau von La Fabrica im
vorderen Bildteil, im Hintergrund
Casa FOA mit Swimmingpool. »Als
die von FOA zu bauen begannen,
boten sie uns Geld hierfür [das
Gebäude der Fabrica] an. Weil sie
hier die Garage machen wollten.«
Interview K2_N12_04, 14

▶33
Baustellenführung in der
ehemaligen Textilfabrik

▶34
Baustelle mit Blick auf den
Wohnungstrakt im Innenhof von
La Fabrica

▶35
Fassade der vier
Wohnungsprototypen

▶36
Säulen der ehemaligen
Fabrikshallen

▶37
Überdachter Freibereich. »Das wird ein Freizeitbereich bleiben, zum Spielen. Ein Platz für die Kinder.« Interview K2_N12_03, 10

▶38
»Bricolage« Zugang zum Materiallager

▶39
Aushang zur Definition von *ayuda mutua* als kollektive Arbeitsweise

▶40 Informationswand mit Stundenlisten der *ayuda mutua*, aktuellen Veranstaltungen und Budgetübersicht. »Die Kameraden kommen zu ihrer Wohnung nach einer Evaluierung. (…) [D]u sollst an deiner Kommission teilnehmen, du sollst in der Kooperative teilnehmen, du sollst deine 3000 Stunden *ayuda mutua* machen, das siehst du an den ganzen Zetteln die hier herumhängen.« K1_N12_02, 26

▶41 Wohnung Nummer 33

▶42　Wohn-Essbereich einer Wohnung mit Bestandsfenster

▶43　Wohnbereich mit recycelten Deckenbögen

▶44   Lagerung von recycelten Ziegeln

▶45
Bibliothek

▶46 Aushang mit Wohnungsgrundrissen und Freiflächengestaltung

▶47 Aushang mit Wohnungsgrundrissen

Abb. 48–63: Kooperative El Molino

▶48
Banner und Namensschild der
Kooperative El Molino mit Verweis
auf kollektives Eigentum und
Selbstverwaltung

▶49
Fassadenbemalung an der Straße
15 de Noviembre mit Schornstein
im Hintergrund

▶50
Baustelle an der Straßenfront der
Kooperative El Molino 2012

▶51
Benachbarter Kühlbetrieb an der
Straße Solís

▶52   Blick in die Grundstückmitte zum zukünftigen Weiterbildungszentrum

▶53
Innenhof mit abgetragenem Holz
aus dem Silo

▶54
Innenansicht des Silogebäudes
mit Fensterdurchbruch

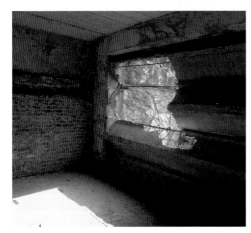

▶55
Schlot der Mühle mit Brennholz für Grillfeste

►56
Altes Schild mit Firmennamen der
Mühle

►57
Wohnungsbalkone. »Wir haben
ein paar besondere Balkone und
diese Balkone ... du kannst dir
nicht vorstellen, was es da für
Diskussionen gab!« Interview
K1_AM12_02, 24

►58
Tischlerei. »Wir arbeiten hier
[in der Tischlerei] mit Holz aus
dem abgebauten Siloturm der
Mühle. (...) Alles, was hier zu sehen
ist, wurde aus recyceltem Holz
hergestellt. (...) Die Kameraden
bauten es ab (...). Wir verwenden
recyceltes Holz für Türen, Fenster
und Küchenmöbel. (...) Alles hier
gefertigt. Alles, was du dort in der
Baustelle sehen wirst, wurde hier
gemacht. Mit recyceltem Holz. Um
es zu verwerten und damit man
nichts kaufen muss.« Interview
K1_N12_03, 6

▶59
Zukünftiges
Weiterbildungszentrum

▶60
Einladung an die Nachbarschaft
zur Inskription für
Weiterbildungskurse

▶61
Kleiderflohmarkt in der Mühle
für die Nachbarschaft und
Kooperativenmitglieder

►62
Fassadenbemalung »Wir bauen
spielend«

►63
Kindergartenbereich

Abb. 64–66: Feldforschung

▶64
Interviews auf der Baustelle

▶65
Öffentlicher Workshop
»Kooperativen 341«, Plaza Martin
Fierres, Buenos Aires, 21. April
2012

▶66
Workshop im Stadtparlament
zum Gesetz 341, 23. Okt. 2014

Um die Komplexität der urbanen Leere für die Disziplinen Architektur und Städtebau sichtbar zu machen, werden im Folgenden unterschiedliche Bedeutungsmöglichkeiten (vgl. Fleck 2012, Goodman/Goodman 1960, Perls/Hefferline/Goodman 2006) der urbanen Leere in einer relationalen Raum-Zeit-Perspektive dargelegt und strukturiert. Damit wird der Frage nachgegangen, warum im Transformationsprozess der urbanen Leere eine Vielzahl an Handlungsweisen aufeinandertrifft und unterschiedliche Möglichkeiten der Aneignung vorzufinden sind. Ausgangspunkt für die Beantwortung dieser Frage bildet die Auswertung der Interviews und der Fotodokumentationen der beiden Fallbeispiele, bei der sich vor dem Hintergrund relationaler Raumkonzepte[115] die Facetten der unterschiedlichen räumlichen Dimensionen urbaner Leere herauskristallisierten. Die Ergebnisse der Datenauswertung verdeutlichen die Notwendigkeit, urbane Leere, anstatt mittels materiell-räumlicher Typologien und einer monodisziplinären Herangehensweise, entlang eines relationalen Raumverständnisses zu strukturieren. Mit diesem Schritt wird auch die Verwendung des Begriffes der urbanen Leeren im Plural in diesem Buch eingeführt, da die Transformation der urbanen Leere mit dem Aufeinandertreffen einer Vielzahl von Leerstellen einhergeht.

Die durch die Analyse der empirischen Fallbeispiele in Buenos Aires abgeleiteten raumzeitlichen Leeren wurden in Anlehnung an Gabriele Sturms (2000) Quadranten-Konzept[116] in vier räumliche Dimensionen und eine zeitliche Dimension der Leere strukturiert (in den Klammern werden die Originalbezeichnungen von Gabriele Sturm angeführt): ▷(1) MATERIELLE LEERE (materiale Gestalt des Raumes), ▷(2) LEERE IN STRUKTUREN (strukturierende Regulation im Raum und des Raumes), ▷(3) LEERE DER INTERAKTION (historisches Konstituieren des Raumes), ▷(4) LEERE IN ZEICHEN UND SYMBOLEN (kultureller Ausdruck im Raum und des Raumes) und ▷(5) ZEITLICHE LÜCKE (welche im Konzept von Gabriele Sturm keine Bezeichnung erhält). Diese fünf Dimensionen werden sowohl im Zusammenhang mit den Fallbeispielen ausgeführt als auch auf abstrakter Ebene zur Formulierung einer Anleitung zu neuen Sichtweisen auf und weiterführenden interdisziplinären Analysen von urbanen Leere(n) genutzt.

In der folgenden Ausführung der fünf Dimensionen der urbanen Leere wird auf die Erkenntnisse über die beiden Fallbeispiele als auch auf allgemeine Aspekte der Leere, die in einem erweiterten Zusammenhang mit dieser Forschung stehen, eingegangen. Die Wechselwirkungen zwischen den unterschiedlichen Dimensionen der Leere(n) werden durch die Erörterung der Beziehungen der jeweiligen Leere zu den anderen vier Leeren verdeutlicht. Die Beschreibungen von einzelnen Situationen der Transformation beziehen sich deshalb nicht nur auf die jeweilige Leere, sondern betonen die Wechselwirkungen mit anderen räumlichen Aspekten und der zeitlichen Dimension in der Raumproduktion. Abschließend zu jeder der fünf Leeren werden für die Disziplinen Architektur und Städtebau Wege für eine »analytisch basierte Lückenfüllung«[117] aufgezeigt, wie die jeweiligen Leeren und ihre Wechselwirkungen ergründet und analysiert werden können.

(1) Materielle Leere

Die materiale Gestalt als eine Facette von Raum tritt als »materiell-dingliche Stofflich-keit«, beispielsweise durch Elemente wie Oberflächenstrukturen, Gerüche, Tempe-raturen, Geräusche, Dinge und Lebewesen etc., hervor (Sturm 2000). Die materielle Dimension der urbanen Leere bzw. der Brache wurde bereits in ▷KAPITEL C zur Fach-literatur ausführlich behandelt und in der dichten Beschreibung der Fallbeispiele als Ausgangsperspektive gewählt. Der materielle Aspekt (der Leere) dient den Praktizie-renden der Disziplinen Architektur und Städtebau als Ausgangspunkt ihrer Arbeit.

In den Fallbeispielen zeigte sich die materielle Leere als ein Bruch mit der bis-herigen Nutzung der Mühle sowie der Fabrik und als längere Phase der Inaktivität der Getreide- bzw. Stoffproduktion. Der in den Disziplinen Architektur und Städtebau verwendete Begriff der Brache bezeichnet diese Art von Leerstand und die dortige In-aktivität. Demgegenüber können materielle Leerräume allerdings auch als Räume mit einer nicht festgeschriebenen und somit vielseitigen Funktion fungieren. Die Intensität von Nutzung und Aneignung variiert im Zeitverlauf der Transformation einer Brache.

Die genaue Betrachtung von Transformationsprozessen verdeutlicht, dass Orte, die aus einer Planungsperspektive als leer erscheinen, durch eine erweiterte Sichtweise auf die Wechselwirkungen der materiellen Dimension mit anderen räum-lichen Dimensionen als aktive, angeeignete oder volle Räume erkennbar werden können. Zum Beispiel eröffnet die Beschäftigung mit dem Alltag an Brachen einen Zugang zu jenen Räumen, die durch Erinnerungen »gefüllt« sind. In Interviews und Spaziergängen rund um die Mühle und die Textilfabrik erzählten in der Nachbar-schaft Wohnende lebhaft von den beiden Gebäuden mit der spezifischen Fassade (der Textilfabrik) beziehungsweise dem Schornstein (der Mühle) (▷ABB. 49) und ihren Erinnerungen an den Alltagsrhythmus, der durch den Schichtbetrieb der beiden Gewerbe strukturiert war (▷ABB. 31). Wird die zeitliche Dimension in die Betrachtung miteinbezogen, zeigt sich ebenfalls, dass es auf die Perspektive ankommt, ob Orte als leer wahrgenommen werden oder nicht. Die Erwartungen an leere Orte werden bei genauerer Erkundung der einzelnen Elemente des Baulichen vor Ort oftmals enttäuscht, da sich am Materiellen Spuren, Symbole und Zeichen zeigen, die auf eine Fülle von vergangenen Aktivitäten hindeuten (▷ABB. 2.1–2.4, 3.1–3.3). Außerdem haben Personen, die sich zum aktuellen Zeitpunkt nicht mehr am Ort der urbanen Leere befinden, diesen dennoch geprägt und sind so präsent, wie beispielsweise jene Person(en), die die Entscheidung getroffen haben, die Fassade der Textilfabrik im Stil der englischen Industriearchitektur zu bauen. Die Versammlungsräume (▷ABB. 13–15, 37, 59), die durch die Kooperativen und die soziale Organisation im Verlauf der Transformation der Mühle sowie der Textilfabrik an den beiden Orten hinzugefügt wurden, prägen ebenso die materielle Gestalt der sich auflösenden – weil aktiv ge-nutzten – urbanen Leere. Die Art der Aneignung der materiellen Leere wird durch die unterschiedlichen Wissensbestände der Akteurinnen beeinflusst. So konnten sich die wohnungssuchenden Familien zunächst nicht vorstellen, dass die beiden Industriegebäude ihr Wohnraum werden könnten, während der Architekt durch seine Erfahrungen mit anderen Projekten an urbanen Leerräumen bereits eine Vorstellung vom Wohnen an derartigen Orten entwickelt hatte.

Die Art und Weise, wie das Bauliche wahrgenommen wird, beeinflusst somit die Möglichkeiten der Aneignung und der Raumproduktion. Dabei spielt auch die Veränderung dieser Wahrnehmung eine entscheidende Rolle: Während sich die in der Nachbarschaft Wohnenden zunächst noch fälschlicherweise davor ängstigten, dass Personen aus den informellen Siedlungen die Gebäude besetzen würden, nahmen sie zu einem späteren Zeitpunkt die Kinderbetreuung, Feste und Bildungsangebote der Kooperativen gerne an (▸ ABB. 45, 59–63). Sie freuten sich über den Zugang zu den Gebäuden und damit zu ihren Erinnerungen. Ebenso bot die Gebäudehülle den Kooperativen die Möglichkeit der Zwischennutzung für Versammlungen sowie eine Materialressource für den Umbau während der lange andauernden Bautätigkeiten.

Für die Ergründung der materiellen Dimension der Leere verfügen die Disziplinen Architektur und Städtebau bereits über ein breites Spektrum an Methoden (wie Mapping, Skizzieren, Fotodokumentationen oder Wahrnehmungsspaziergänge), Erfahrungen und Wissensbeständen.[118] Im Rahmen der nun folgenden Skizzierung möglicher Wege der Analyse von materieller Leere wird daher besonders auf jene Aspekte eingegangen, die auf Verbindungen mit anderen räumlichen und zeitlichen Dimensionen verweisen, um sich von der Idee des »Füllens« leerer (Behälter-)Räume zu verabschieden und eine erweiterte relationale Raumperspektive zu forcieren.

Als wesentlich erscheint zunächst, die Leere anhand ihrer Transformation als Prozess der Raumproduktion in den Blick zu fassen, anstatt sie mittels einer statischen Sichtweise auf den materiellen Raum zu reduzieren. So kann durch die erkennende Wahrnehmung (vgl. Sturm 2000) einzelner materieller Elemente der urbanen Leere, wie beispielsweise Säulen, Deckenkonstruktionen oder Ziegelfassaden, im Zeitverlauf auf prägende Akteurinnen und Strukturen rückgeschlossen werden. Dabei erscheint es wichtig, die Interaktionen und Wechselwirkungen zwischen menschlichen Akteurinnen[119] und nicht-menschlichen Aktanten zu analysieren und hierbei unterschiedliche Maßstabsebenen in den Blick zu fassen. So lässt zum Beispiel die Wahrnehmung von Türen, Schlüsseln, Zäunen, Türglocken und Räumen für den Wachdienst auf der Mikroebene Rückschlüsse auf die Offenheit und Geschlossenheit von Räumen zu und ermöglicht damit auch Erkenntnisse darüber, wem die direkte Möglichkeit der Aneignung gegeben ist.[120] Die Wirkung der zusätzlich gebauten Versammlungs- und Schulungsräume (▸ ABB. 13–15, 37, 59) hat eine Reichweite, die über die unmittelbare Nachbarschaft hinausgeht. Diese Räume erzählen außerdem vom Gesellschaftsbild der sozialen Organisation, die den Zugang zu Bildung für alle proklamiert und die den Platz braucht, um Vernetzungs- und Austauschmöglichkeiten für ihre Mitglieder auf nationaler und internationaler Ebene zu ermöglichen.[121]

Durch die Berücksichtigung der Zeitdimension rücken das bisherige Konstruieren des Raumes sowie gesellschaftliche Regeln und Strukturen[122] in Bezug auf den materiellen Raum in den Vordergrund und damit auch seine Wechselwirkungen mit anderen räumlichen Dimensionen. Durch die Betrachtung des Transformationsprozesses der urbanen Leere als konkreter Ort des Aufeinandertreffens von unterschiedlichen Personen und Aktanten können zum einen Möglichkeiten für neue Funktionen und Aneignungen ergründet werden. Zum anderen zeigt die Betrachtung des Transformationsprozesses auch die Gefahren einer Schließung, Exklusion und räumlichen Unzulänglichkeit auf. Bei der Analyse der materiellen Leere in Verknüpfung mit menschlichen Interaktionen erscheint es wesentlich, der Frage nachzugehen, wann sich Orte der urbanen Leere für wen wieder verschließen und wer weiterhin Zugriff auf sie hat. Im Zusammenhang mit Ordnungsstrukturen ergibt sich die Frage, welche Strukturen und Regelwerke (z. B. Eigentumsrechte) es erlauben, Orte der urbanen Leere in ihren Aneignungsmöglichkeiten im Transformationsprozess offen beziehungsweise reglementiert zu halten.

Durch die Erörterung des Transformationsprozesses der materiellen Leere werden Wechselwirkungen zu anderen räumlichen Dimensionen und die Notwendigkeit deren Ergründung deutlich. In den nächsten Abschnitten folgen Beschreibungen von Leeren innerhalb der anderen räumlichen Dimensionen, die im Laufe des Forschungsprozesses identifiziert wurden. Eine tiefergehende Analyse von urbanen Leeren erfordert die Kooperation und den Austausch jener Disziplinen, in denen es Anknüpfungspunkte zu dem Phänomen gibt, und somit eine transdisziplinäre Perspektive. Nachdem das Buch auf einer individuellen Arbeit basiert, erfordern die nachfolgenden Beschreibungen Ergänzung und Hinterfragung durch Forschungen über urbane Leere(n) aus multidisziplinären Perspektiven.

(2) Leere in Strukturen

Dieser Abschnitt fokussiert auf urbane Leere(n) in Bezug auf menschliche Regulationssysteme, wie Rechtsgrundlagen (z. B. Eigentumsrecht), politische Leitbilder, hierarchisierende Bewertungen, Strategien und Pläne etc., die die Aneignung und Produktion von Raum bestimmen (vgl. Sturm 2000). In ▷UNTERKAPITEL E.1.2 wurden die Regulationssysteme, welche die Raumproduktion prägen, zum Beispiel anhand der spezifischen staatlichen Regularien für den sozialen Wohnungsbau in Argentinien und deren Transformation anhand des neuen Gesetzes 341, diskutiert. Auch die Vorstellungen und Leitbilder des sozialen Wohnungsbaus, die in ▷UNTERKAPITEL E.1.1 in der Beschreibung der sozialen Welt der Architekturschaffenden deutlich wurden, sind Teil dieser Raumdimension, die Gabriele Sturm (2000) »strukturierende Regulation« nennt.

Die Leere in Regulationssystemen zeigte sich in dieser Forschung als ein (teilweises) Fehlen von gesellschaftlichen Strukturen, Ordnungsprinzipien und Normen, oder in Form von in diesen auftretenden Lücken. Dies können zum Beispiel Situationen sein, die im rechtlichen Sinne ungeregelt sind und die daher nicht in eine bereits vorgegebene Struktur passen. Die Analyse der Fallbeispiele zeigte, dass die Aneignungsmöglichkeiten der materiellen urbanen Leere unter anderem darauf zurückzuführen sind, dass diese Orte weder in den geregelten Strukturen der Administration, noch in denen des Wirtschafts- bzw. Immobiliensystems oder in den städtischen Planungsstrategien verankert waren.

Exemplarisch können anhand der Betrachtung des Transformationsprozesses im Rahmen der beiden Fallbeispiele die sich verändernden Regulationssysteme und Leeren sichtbar gemacht werden. Die Mühle und die Textilfabrik waren nach ihrer Stilllegung nicht mehr in einen wirtschaftlichen Produktionszyklus mit geregelten

Abläufen eingebunden und bildeten in diesem Sinn auch Leerstellen im Wirtschaftssystem. Im wirtschaftlichen Sinn wurde den zentral gelegenen Grundstücken zur Zeit der argentinischen Krise im Jahr 2001 kein Immobilienwert zugesprochen (im Unterschied zu späteren Phasen der Transformation und Gentrifizierung), weshalb sie in Immobilienportfolios als Leerstellen auftraten und gerade dadurch als Grundstücke für den sozialen Wohnungsbau leistbar wurden. Damit lassen sich Objekte, die aus einer bestimmten Struktur herausfallen, d. h. nicht genutzt oder als effizient beurteilt werden, als Resultate einer Leere in den Strukturen beschreiben. Auch im Kontext von Stadtentwicklungsstrategien wurden die brachliegenden Industriegebäude im Moment der Krise außer Acht gelassen. Dieser Umstand änderte sich mit der Maxime einer effizienteren Nutzung staatlicher Güter der späteren Stadtregierung und ihrer »Aufwertungsoffensive« im südlichen Buenos Aires. In Interviews in den Jahren 2012 und 2014 verwiesen Personen aus der Stadtplanung und der städtischen Immobilienverwaltung auf eine aktive Suche nach leeren Flächen für die Stadtentwicklung und betonten die Notwendigkeit von Übersichtslisten und Kategorisierungen von städtischen Immobilien, die nicht »effizient« genutzt werden.[123] Ebenso können Finanzierungslücken in Programm- oder Projektabläufen als Leere in Strukturen verstanden werden. Ein Beispiel hierfür bietet jene Lücke im Rahmen des Gesetzes 341, in dem zunächst keine Vorfinanzierung nach Kauf des Grundstückes im Programmablauf vorgesehen war, was zur Verzögerung des Baubeginns und zur personellen Verkleinerung der Kooperativen geführt hatte.

In der räumlichen Dimension der strukturierenden Regulation sind auch die Konzepte, Strategien und Pläne der Disziplinen Architektur und Städtebau verortet. In ▷KAPITELABSCHNITT C.3 wurde auf die in den Disziplinen entwickelten unspezifischen Metaphern zur urbanen Brache verwiesen. Diese leeren Metaphern als *void*, Zwischenraum oder Möglichkeitsort führen bei näherer Betrachtung des Transformationsprozesses (wo u. a. Pläne in die Wirklichkeit umgesetzt werden) zu tatsächlich ungenutzten Räumen, da die Räume zur Aneignung nicht nutzbar gemacht werden können. Erst eine Analyse von Transformationsprozessen, die zum Beispiel auch Auswirkungen von Wirtschafts- und Finanzmarktlogiken einbezieht, lässt erkennen, ob Grundstücke und Gebäude aus Spekulationsgründen dem Markt und damit bewusst dem Alltagsleben entzogen werden. In diesen Wartezeiten entstehen materielle Leeren, die für einen fiktiven Finanzwert stehen, aber nicht mehr benützt und von Menschen angeeignet werden können. Fehlende Strukturen zur Behebung des Wohnungsmangels in Buenos Aires fallen ebenso in die Dimension der Leere in den Strukturen. Diese Leere in Strukturen wird von sozialen Organisationen in selbstorganisierter Weise zum Zweck der Raumproduktion aufgegriffen.

Durch die Analyse der Leere in Strukturen werden die Wechselwirkungen mit anderen räumlichen Ebenen und die Entstehung von mehrdimensionalen räumlichen Leere(n) deutlich. Für das Ergründen der Leere in Strukturen ist eine Analyse der aktiven und abwesenden sozialen Phänomene, die die Transformationsprozesse prägen, aufschlussreich. Damit kann der Frage nachgegangen werden, wer die Strukturen und Regeln der Transformation der materiellen urbanen Leere vorgibt und in welchen Ideen und Raumbildern sie gründen. Zeitpunkte und Situationen im Rahmen des Transformationsprozesses, in denen geregelte Routinen oder Strategien auf Selbstorganisation oder Taktiken stoßen, können Aufschluss über eventuelle strukturelle Leeren geben. Das Ergründen von Krisen in Strategien, Organisationsstrukturen oder institutionellen Ordnungen ermöglicht ein Verständnis dafür, wie als Reaktion auf diese Krisen selbstorganisierte Handlungsweisen entstehen. Das selbstorganisierte Handeln als ein Resultat der Leere in Strukturen wird im nächsten Abschnitt ausführlich erläutert.

(3) Leere der Interaktion

Dieser Aspekt der Leere ist gekoppelt an das »historische Konstituieren des Raumes« (vgl. Sturm 2000), mit dem jene Interaktionen und Handlungen gemeint sind, die Menschen im Rahmen der Aneignung von Raum ausführen. Diese Handlungsweisen des Alltagslebens wirken sich direkt auf die Materialität des Raumes aus und konstituieren so materiellen Raum. Im ▸UNTERKAPITEL E.1.2 wurden die unterschiedlichen Handlungsweisen des Architekten, der sozialen Organisation sowie der Planungsinstitutionen, die sich auf die Transformation der Mühle bzw. der Textilfabrik ausgewirkt haben, detailliert beschrieben. Die in dem Unterkapitel dargelegten Ereignisse, die zur Aneignung der beiden Produktionsstätten geführt hatten, verdeutlichen die von Gabriele Sturm beschriebene dritte Raumdimension des »historischen Konstituierens des Raumes«.

Die Leere als Interaktion benennt in dieser Arbeit das Fehlen oder Erstarren von menschlichen Handlungen oder Interaktionen. Diese Art der Leere wurde in den Fallbeispielen oftmals als eine Art von Verlust beobachtet, der zu Brüchen in der Vernetzung der Akteurinnen führte und damit die Umsetzung bestimmter Handlungen unmöglich machte beziehungsweise erschwerte. Die empirische Untersuchung zeigte im Bauprozess eine Verbindung der Leere der Interaktion mit der Tatsache, dass die Bedürfnisse und Wünsche der Handelnden, wie jenen der Kooperativenmitglieder nach Wohnraum oder Kontinuität, aufgrund von strukturellen Bedingungen nicht erfüllt werden konnten. Als Reaktion auf das Nicht-Erfüllt-Werden dieser Bedürfnisse und Wünsche konnten im Forschungsfeld selbstorganisierte, taktische Handlungsweisen beobachtet werden.

Der Blick auf die Transformation der beiden Brachen verdeutlicht in Bezug auf die Bedürfnisse und Wünsche der Akteurinnen, welche zunächst im Rahmen des Projektes keinen Ausdruck in Handlungsroutinen fanden, den Entwicklungsprozess der Selbstorganisation. Ein Beispiel ist das zentrale Bedürfnis der Kooperativenmitglieder nach Zugang zu Wohnraum, das sie in Anbetracht fehlender Handlungsmöglichkeiten im staatlichen System des sozialen Wohnungsbaus und am Immobilienmarkt dazu bewegt hatte, sich selbst zu organisieren und die soziale Organisation MOI zu kontaktieren. Aus dieser Selbstorganisation heraus entstand ein Bedürfnis nach Räumen des Versammelns für die Gemeinschaft (▸ ABB. 65, 66) und in weiterer Folge die selbstorganisierte Schaffung dieser Räume in den ungenutzten Fabrikgebäuden (▸ ABB. 13–15, 37). Das fehlende Handeln der staatlichen Institutionen in Bezug auf das Wohnungsdefizit der Stadt Buenos Aires war in den 1990er Jahren von Mitgliedern der sozialen Organisationen ausgeglichen worden. Als Folge wurden im Rahmen der Umsetzung des Gesetzes 341 bisher aktive Bereiche sozialer Welten, wie zum Beispiel große Bauunternehmen, durch kleine Wohnbaukooperativen in der Produktion des sozialen Wohnungsbaus abgelöst. Ein anderer Aspekt interaktiver Leere zeigt sich anhand des Verlusts von Mitgliedern einer Kooperative aufgrund der langen Inaktivität bis zum Baubeginn besonders ab dem Jahr 2003. Dieser Aspekt wurde in den Interviews mit Kooperativenmitgliedern durch die erzählten Erinnerungen an die ehemaligen Mitglieder und das Herzeigen von Fotos der ursprünglichen Kooperative deutlich (▶ ABB. 64). Die daraufhin neu in die Kooperative aufgenommenen Familien hatten beschränkten Zugang zum formellen Wohnungsmarkt, aber einen anderen sozio-ökonomischen Hintergrund als die meisten der bisherigen Kooperativenmitglieder und keine Erfahrungen mit Delogierungen und Arbeitslosigkeit wie sie.[124] Die neuen Mitglieder legten einen größeren Wert auf eine rasche und zugleich technisch aufwendige Konstruktionsweise als die bisherigen Mitglieder.

Für eine Analyse interaktiver Leeren ist eine Auseinandersetzung mit Handlungen und Interaktionen in Verbindung zum materiellen Raum im Zeitverlauf wesentlich. Um aus der Analyse der »geschichtlichen Überlagerung« (vgl. Sturm 2000) Erkenntnisse zu erzielen, wurde in dieser Arbeit mit einer Kombination aus sozialwissenschaftlichen und raumbezogenen Methoden (Interviews, *go-alongs*, Archivrecherche von Plänen und Fotos) gearbeitet. Diese Verschränkung erlaubt zum einen, den Handlungsweisen und Interaktionen rund um die Aneignung der urbanen Leere nachgehen zu können, zum anderen die Wechselwirkungen anhand der Transformation der materiellen Leere abzulesen. In Relation zur Selbstorganisation als Reaktion auf fehlende Handlungen von Seiten regulierender Institutionen erwies sich die tiefergehende Auseinandersetzung mit den Handlungsweisen verschiedener sozialer Welten im institutionellen Bereich als aufschlussreich. Die erwähnte Archivrecherche zu historischen Plänen und Fotos (▶ ABB. 2.1–3.3) ermöglichte eine Einordnung der Spuren, Zeichen und Symbole, die in den beiden Fallbeispielen ablesbar waren, in den heutigen Kontext und gab Aufschluss zu Handlungsweisen und -routinen der Raumnutzung aus der Vergangenheit.

(4) Leere in Zeichen und Symbolen

Dieser vierte Abschnitt widmet sich jener Raumdimension, die die prozesshafte Entwicklung von Raum als kulturellen Ausdruck im Raum und des Raumes beinhaltet (vgl. ebd.). Abgesehen von den von Menschen produzierten Raumgebilden gibt es auch Spuren aus vergangenen Nutzungen, Zeichen als willkürliche Repräsentanten, die Interpretation benötigen, und Symbole als Codes in der Interaktion (ebd., 201).

Eine Leere im kulturellen Ausdruck in einem Raum beziehungsweise eines Raumes kann nicht definiert werden, da ein Raum immer bereits als ein Ergebnis historischer, kultureller Prozesse existiert. Vielmehr zeigt sich diese Dimension der Leere in den beiden Fallbeispielen anhand der Tatsache, dass materielle Räume nicht eindeutig von Symbolen, Zeichen oder Spuren besetzt sind und damit eine Offenheit für unterschiedliche Formen der Aneignung besteht. Gleichzeitig beobachtete ich während der Feldforschung, dass spezifische Aspekte des räumlichen Gewordenseins von einzelnen Personen oder innerhalb bestimmter sozialer Welten nicht anerkannt beziehungsweise bewusst ausgeklammert wurden. Damit wird die enge Koppelung von kulturellem Ausdruck und regulierenden Systemen deutlich. Ohne die Ideen, den Entwurf oder die Strategie ist ein bauliches Ergebnis unmöglich, denn es spiegelt gleichsam das strukturierende Ordnungsprinzip des Raumes (vgl. ebd.).

Die beiden erforschten Fallbeispiele bilden einen Gegenpol zum oben beschriebenen Phänomen der Leere in Zeichen und Symbolen, denn im architektonischen Entwurf sowie im städtebaulichen Konzept und nicht zuletzt auch von der Nachbarschaft wurde großer Wert darauf gelegt, dass Spuren, Zeichen und Symbole der Vergangenheit auch im erzielten Ergebnis der Bauprojekte sichtbar werden. Da die beiden Gebäude nach Abschluss der Feldforschung teilweise noch nicht fertiggestellt, teilweise bereits bewohnt waren, können keine Aussagen zu eventuell später produzierten Leerstellen gemacht werden.[125] Als Beispiele für das Aufnehmen von historischen Spuren, Zeichen und Symbolen der Mühle und der Textilfabrik in den Entwurf wurde die Verknüpfung von Spuren des Stils der englischen Industriearchitektur mit der Legitimation von Wohnraum für Arbeiterinnen bereits weiter oben angeführt. Dieses Aufnehmen geht einher mit der Legitimierung des architektonischen Entwurfs und der Aneignung der Brachen durch die soziale Organisation und wohnungslose Familien aus dem *sector popular*. Ein weiteres Beispiel für die Leere in Zeichen und Symbolen ist das Recycling der historischen Baumaterialien und die Erhaltung des kulturellen Erbes für die Nachbarschaft (wie dem Schlot der Mühle und der Fassade der Textilfabrik).

Die Analyse der Spuren, Zeichen und Symbole im materiellen Raum ist besonders im Hinblick auf die »Schlussfolgerungen für die Konzeption der Raumgestaltung in der Gegenwart« (ebd., 203) und damit auch für den Forschungszweck der vorliegenden Arbeit relevant. Die Ergründung von Spuren, Zeichen und Symbolen vor Ort und die Frage danach, welche Elemente davon warum in die Aneignung und Produktion des Raumes aufgenommen werden und welche nicht, geben Einblick in vorherrschende Ordnungsstrukturen und in die Handlungsmöglichkeiten in bestimmten Situationen. So wird erklärbar, wer symbolische Leere mit welchem Ziel proklamiert, was sie repräsentiert und in einem weiteren Schritt, wem welche Möglichkeit gegeben wird, diese Leere anzueignen und zu transformieren. Die in der Literatur vielfach angeführte Offenheit von urbaner Leere für unterschiedliche Formen der Aneignung ist mit den Ergebnissen der Analyse dieser Raumdimension in Wechselwirkung mit anderen Raumdimensionen zu hinterfragen. Durch die Einbeziehung des Elementes der Zeit und damit der Möglichkeit der Analyse des Transformationsprozesses können umgesetzte Entwürfe, Pläne oder Strategien anhand des räumlichen Ergebnisses kontrolliert und beurteilt werden, um so Schlussfolgerungen für die Disziplinen Architektur und Städtebau und ihre Handlungsroutinen zu ziehen.

(5) Zeitliche Lücke

Mit der zeitlichen Lücke als letztem Aspekt der urbanen Leere werden die räumlichen Dimensionen bewusst um den Aspekt der Zeit erweitert. Damit soll die oftmals vernachlässigte Abhängigkeit von Raum und Zeit betont und als ein wesentlicher Aspekt in der Auseinandersetzung mit der Transformation der urbanen Leere(n) hervorgehoben werden. Gabriele Sturm verdeutlicht die Abhängigkeit von Raum und Zeit in ihrem Quadranten-Konzept durch das Bild einer sich drehenden Spirale und betont das historische Gewordensein vom Raum und im Raum.

Der Aspekt der zeitlichen Lücke kristallisierte sich in der empirischen Arbeit als Kontingenz oder Moment der Möglichkeiten heraus. Durch die Analyse der Transformation wurde deutlich, dass die zeitliche Lücke nur in bestimmten Zeiträumen auftritt. Diese Zeitlücke ermöglicht besondere Formen der Aneignung, Nutzung und Produktion von Raum, wie anhand der beiden Fallbeispiele beobachtbar. Die obigen Beschreibungen der urbanen Leere(n) als auch die folgende RaumZeit-Karte verdeutlichen, wie sich entlang des Transformationsprozesses Momente der Kontingenz eröffnen und wieder schließen. Eine Überlagerung von zwei oder mehr Leeren – auch als Brüche oder Diskontinuitäten erkennbar – bildet den Ausgangspunkt, um neue, andersartige Handlungsweisen, gesellschaftliche Strukturen und Symbole in Wechselwirkung mit dem materiellen Raum entstehen zu lassen.

Die wirtschaftliche Krise in Argentinien um die Jahrtausendwende führte beispielsweise dazu, dass Grundstücke in zentralen Lagen von Buenos Aires für einen kurzen Moment für Kooperativen erschwinglich waren und so das von MOI proklamierte *Recht auf Stadt* für die wohnungslosen Familien umgesetzt werden konnte. Zu einem späteren Zeitpunkt wurde der Zugang zu Wohnraum im Stadtzentrum für diese Menschen verschlossen, da durch die konjunkturelle Erholung auch die Bodenpreise ins Unerschwingliche gestiegen waren. In gleicher Weise endete ein weiterer Moment von Möglichkeiten: Ab dem Jahr 2008 verschloss sich mit dem Wechsel der Stadtregierung der Zugang zum Programm des Gesetzes 341, da diese dem selbstverwalteten Wohnungsbau keine Priorität im Regierungsprogramm einräumte.

Für die Analyse der Transformation der urbanen Leere(n) erscheint es wesentlich, die Momente der Kontingenz, der Diskontinuität, der Kontinuität und des eventuellen Stillstands in der Vergangenheit sowie in der Gegenwart zu ergründen, um ein Verständnis für zukünftige Problemstellungen und in weiterer Folge Handlungsoptionen für die Disziplinen Architektur und Städtebau entwickeln zu können.

Resümee zur Struktur der Leere(n)

Nachdem sich die Disziplinen Architektur und Städtebau in ihrer Fokussierung auf den physischen Raum in komplexen Transformationsprozessen mit bisher unbeachteten Aspekten des Raumes konfrontiert sehen, soll die oben angelegte Strukturierung der urbanen Leere(n) als Hilfestellung und Anregung verstanden werden, mehrdimensionale räumliche und zeitliche Aspekte in Transformationsprozessen der urbanen Leere zu berücksichtigen. Eine Loslösung von monodisziplinären Positionen erscheint notwendig, um über die Erkundung räumlicher und zeitlicher Wechselwirkungen zu einer transdisziplinären Zusammenarbeit zu gelangen und gemeinsame Herangehensweisen für die Erforschung der urbanen Leere(n) entwickeln zu können. Im ▷UNTERKAPITEL E.1.3 wurde gezeigt, auf welche Bereiche im Sinne vielfältiger Leere(n) in der Analyse eines Transformationsprozesses zu achten ist und wie diese ergründet werden können.

Die eingangs gestellte Frage, warum im Transformationsprozess der urbanen Leere eine Vielzahl an Handlungsweisen aufeinandertrifft und unterschiedliche Möglichkeiten der Aneignung vorzufinden sind, findet ihre Antwort in der Zusammenschau und Verknüpfung der einzelnen Leere(n). Zum Beispiel schafft die materielle Leere, als Ort, der nicht eindeutig durch Zeichen, Symbole oder Codes strukturiert ist, Raum für Handlungsweisen, die aus spezifischen Bedürfnissen heraus entstehen. Ein weiteres Beispiel für die Verknüpfung von einzelnen Leere(n) ist das Fehlen von rechtlichen Strukturen und staatlichen Strategien, welches taktische Handlungsweisen, die nicht den gewohnten Handlungsroutinen entsprechen, zum Stillen von Bedürfnissen zulässt.

Die Strukturierung der urbanen Leere(n) anhand relationaler raumzeitlicher Dimensionen zeigt, dass das Aufeinandertreffen einer Vielzahl von Handlungsweisen und das Vorhandensein unterschiedlicher Möglichkeiten der Aneignung nicht allein durch die materielle Leere erklärbar ist: Erst ein Verständnis der Überlappung von Dynamiken ermöglicht ein Nachvollziehen der Komplexität von Leeren. Es ist somit nicht die bauliche oder funktionale Leere an sich, die ein Potenzial bietet, mit bisher unbekannten Handlungsweisen, Aktivitäten oder Funktionen gefüllt zu werden und die eine urbane Raumproduktion abseits disziplinärer Routinen ermöglicht (vgl. Baum/Christiaanse 2012, Eisinger/Seifert 2012, Ziehl et al. 2012). Vielmehr entstehen andersartige, neue Handlungsweisen aus einem Bündel von Situationen, d. h. aus der Überlappung von Dynamiken aus unterschiedlichen sozialen Welten, die einerseits in unterschiedlichen räumlichen Dimensionen identifiziert werden können und andererseits zu unterschiedlichen Zeitpunkten im Transformationsverlauf stattfinden.

In der Betrachtung der Transformation urbaner Leere(n) als Prozess der Raumproduktion müssen sowohl ganze Zeitspannen der Raumproduktion ins Blickfeld genommen als auch Leerstellen identifiziert werden, die nicht unmittelbar in der materiell-physischen Leere zu finden sind. Damit ergeben sich für die Analyse von Transformationsprozessen in den Disziplinen Architektur und Städtebau Fragen, die sich von jenen nach dem Inhalt und der Nutzung der baulichen Leere unterscheiden, die dem Entwurf und den Lösungsansätzen in der Planung oftmals vorgelagert sind. Die Frage, wie und für wen sich Momente der Möglichkeiten der Raumgestaltung ergeben, ist gekoppelt an die notwendige Identifikation von unterschiedlichen Aspekten: Hierzu gehören die vielfältigen räumlichen Leeren, beteiligte oder abwesende Handelnde, soziale Welten sowie die Momente der Überlappung unterschiedlicher Handlungsweisen in der Raumproduktion, welche von Vergangenem geprägt sind und sich auf Zukünftiges auswirken. Die Strukturierung der urbanen Leere(n) in diesem Kapitel soll eine Perspektivenerweiterung unterstützen, welche räumliche Facetten jenseits des Baulichen und prozesshafte Veränderung in Form von (dis-)kontinuierlichen Situationen und Momenten miteinbezieht. Die vorgestellten fünf Dimensionen der urbanen Leere(n) bilden sogenannte *sensitizing concepts* (vgl. Clarke/Leigh Star 2008), welche den Disziplinen Architektur und Städtebau neue Blickrichtungen vorschlagen, um die Komplexität von Transformationsprozessen erfassen zu können.

Eine solche Analyse der urbanen Leere(n) ermöglicht auch das Gegenteil von positiv konnotierten Transformationsprozessen zu identifizieren, welche keine offenen, inklusiven Aneignungsräume produzieren.[126] Durch die Betrachtung eines längeren Zeitabschnitts der Transformation mit der Fokussierung auf zeitliche als auch räumliche Interrelationen kann beobachtet werden, welche sozialen Welten, handelnden Personen und Aktanten präsent bleiben und welche verschwinden. Damit kann Fragen zu Aneignungsmöglichkeiten als auch zu Exklusion nachgegangen werden. Das Verständnis für die Exklusion in den Räumen der materiellen Leere kann weiters durch eine relationale Raumanalyse gefördert werden, da die Exklusion spezifischer Personen in der Raumproduktion in Relation zu unterschiedlichen Raumdimensionen (wie der zeitlichen Dimension, in Form von historischen Gegebenheiten, oder der strukturellen Dimension, in Form von Gesetzen oder Planvorgaben) gesetzt wird. Durch ein Bewusstsein der Existenz beziehungsweise Identifikation von Momenten, in denen materielle Räume nur noch kleinen Gruppen zur Verfügung stehen oder zunächst präsente soziale Welten ausgeschlossen werden, könnten sich innerhalb der Disziplinen Architektur und Städtebau Perspektiven eröffnen, welche im Entwurfs- und Planungsprozess wesentlich sind.

Für die Disziplinen Architektur und Städtebau bietet eine genaue Kenntnis der Interrelationen von Handlungsweisen und räumlichen Dimensionen mit der materiellen urbanen Leere Möglichkeiten, Brüche und Krisen frühzeitig in ihrer Komplexität zu erkennen und adäquat auf diese reagieren zu können. Visualisierungsmöglichkeiten einer Analyse von raumzeitlichen Transformationsprozessen stehen im nächsten Kapitelabschnitt anhand einer für die vorliegende empirische Forschung konzipierten RaumZeit-Karte zur Diskussion.

E.2 Eine RaumZeit-Karte der Leere(n)

Die vorliegende RaumZeit-Karte wurde im Verlauf des Forschungsprozesses als Analyseinstrument für die empirischen Daten entwickelt. Die Karte visualisiert dabei den Ablauf des Transformationsprozesses unter Berücksichtigung der räumlichen Mehrdimensionalität und Zeitlichkeit. Die Karte soll die Verknüpfungen von Situationen, menschlichen Akteurinnen und nicht-menschlichen Aktanten im Detail darstellen und nachvollziehbar machen, um so die Komplexität der Transformation der urbanen Leere in ihrer Gesamtheit greifbar zu machen. Durch den Visualisierungs-, Übersetzungs- und Ordnungsvorgang bei ihrer Entwicklung trägt die RaumZeit-Karte wesentlich zum Verständnis der urbanen Leere in dieser Forschung bei.

Die RaumZeit-Karte ist so aufgebaut, dass die Situationen und Ereignisse sowie die menschlichen Akteurinnen und nicht-menschlichen Aktanten vier räumlichen Dimensionen zugeordnet werden. Diese vier räumlichen Dimensionen wurden in Anlehnung an Gabriele Sturms Quadrantenkonzept in vier Spalten entlang eines vertikalen Zeitverlaufs angeordnet. Der materialen Dimension in der linken Spalte folgen die Dimensionen der strukturierenden Regulation und des historischen Konstituierens des Raumes in der Mitte, womit die Dimension des kulturellen Ausdrucks im und des Raumes die Spalte ganz rechts ausfüllt (vgl. Sturm 2000). Die vierte Spalte basiert mit der Darstellung von »menschenproduzierten Raumgebilden« sowie »Spuren, Zeichen und Symbole[n]« (ebd., 201) als Collage bzw. Segmente von analysierten Fotodokumenten auf einer Idee aus der visuellen Segmentanalyse nach Roswitha Breckner (2010, 2012). Die chronologische Darstellung beginnt mit dem Bau der Getreidemühle am Ende des 19. Jahrhunderts am unteren Ende der Karte und endet mit Abschluss der Feldforschung im Jahr 2014 am oberen Kartenrand. Durch die vertikale Anordnung des Zeitverlaufs, welche sich vom üblicherweise horizontalen Zeitstrahl abhebt, wird die Aufmerksamkeit auf die Verbindungen zwischen den Elementen in den unterschiedlichen Spalten gelenkt.

Durch diese Lesart sollen die »geographies of association« (Farías 2010, 4), welche beim Betrachten der gesamten RaumZeit-Karte relevant werden, verdeutlicht werden und eine Fokussierung auf Details im Transformationsprozess ermöglichen. In Verbindung mit dem ▷KAPITELABSCHNITT E.1 können einzelne Situationen, soziale Welten, materiell-räumliche Konfigurationen, Symbole etc. in ihrer Gesamtheit anhand der RaumZeit-Karte sowie im Detail anhand der dichten Beschreibungen und der Fotodokumentationen im ▷KAPITELABSCHNITT E.1 erschlossen werden.

Legende:
◎ Widersprüche, Brüche, Diskontinuitäten
◎ Möglichkeiten, Potenziale
⌐ Interrelationen / Wechselwirkungen

F

Urbane Leere(n) in Lateinamerika im multidisziplinären Blickfeld und ihre Relevanz für europäische Praktiken

>Urbanism is produced through relations of history and potential, ie of the multiple and interrelated temporalisations – capital, social relations, cultures, materials, and ecologies – that produce the city, but that have been and continue to be resisted and subject to alternative possibilities« (McFarlane 2011, 652).

Am Beginn der hier präsentierten Forschungsarbeit stand die Problematik, dass die Disziplinen Architektur und Städtebau mit ihren Methoden und Lösungskonzepten nur unzureichend auf die Komplexität und die Herausforderungen aktueller Stadtentwicklungsprozesse einzugehen vermögen. Durch die Analyse von urbanen Transformationsprozessen und ihren »relations of history and potential« (ebd.) sollten anhand von Fallbeispielen »alternative possibilities« (ebd.) bzw. neue Perspektiven auf die Komplexität der Stadtentwicklung und ihren Herausforderungen aufgezeigt werden. Das Forschungsobjekt bildeten die urbane(n) Leere(n) als »Gegenstück zum Erwartungsgemäßen« (Dissmann 2011, 21) in der materiellen Form der urbanen Brache.

Der Begriff urbane Leere diente zu Beginn meiner Forschung als Platzhalter. Zunächst ermöglichte mir der Begriff, mit Offenheit in das empirische Feld zu gehen, um auch andere (disziplinäre) Blickrichtungen in die Forschung einzubeziehen und vorschnelle Fokussierungen zu vermeiden. Die Bedeutung des Begriffes urbane Leere(n)[1] soll auch am Ende dieser Arbeit offenbleiben. Wie bereits von Manuel Delgado Ruiz, Marco Luca Stanchieri und Giuseppe Aricó (zit. nach Marcús/Vazquez 2017, 44) formuliert, ist der Begriff von Widersprüchen geprägt. Die empirischen Befunde zeigen, dass Leere(n) jene Widersprüche (und Möglichkeiten) in sich tragen, die den gesamtgesellschaftlichen Raum (vgl. Läpple 1991) ausmachen und dabei gleichzeitig einen Raum für Handlungsweisen abseits disziplinärer Routinen eröffnen.

Zweck der empirischen Erforschung der urbanen Leere war eine Erweiterung der Perspektive der Disziplinen Architektur und Städtebau auf die Vielfältigkeit möglicher Handlungsweisen in komplexen urbanen Transformationsprozessen. Der Zweck der Perspektivenerweiterung ging damit über die Suche nach Alternativen zu Planungsroutinen in Form von »entweder oder« hinaus (vgl. Awan/Schneider/Till 2011). Mein Forschungsziel war die Ergründung der Vielfältigkeit am Ort der urbanen Leere(n) sowie ein Verständnis der urbanen Leere im Hinblick auf das Zusammenspiel von unterschiedlichen Handlungslogiken und Raumdimensionen. Die den Forschungsprozess leitende Frage war, wie sich in der urbanen Leere widersprüchliche Handlungslogiken, die im Rahmen eines räumlichen Transformationsprozesses auftreten, manifestieren.

Im Hinblick auf Forschungszweck, -ziel und -frage wurde die vorliegende Arbeit in mehreren Schritten konzipiert. Im ersten Schritt erläuterte ich die Aspekte rund um die oben erwähnte disziplinäre Krise in Bezug auf Lösungsstrategien für gesellschaftliche Problemstellungen der Stadtentwicklung (siehe ▷KAPITEL B). In einem zweiten Schritt erfolgte die Bestimmung des Gegenstandsbereichs der urbanen Brache als Ausdruck von Brüchen und Krisen im Stadtgefüge. Als dritten Schritt gab ich einen Überblick über die Sichtweisen des Denkkollektivs der Disziplinen Architektur und Städtebau auf die urbane Brache anhand der europäischen und lateinamerikanischen Fachliteratur (siehe ▷KAPITEL C). Mit der Erläuterung der Fachliteratur wurde nicht nur das Raumverständnis der Disziplinen nachvollziehbar, sondern auch die damit einhergehende Handlungslogik in Bezug auf urbane Brachen. Die Forschungslücke wurde identifiziert anhand der urbanen Leere als Ort, an dem sowohl taktische als auch strategische Handlungsweisen (vgl. de Certeau 1988) aufeinandertreffen und miteinander in dynamischer Verbindung stehen (siehe ▷KAPITELABSCHNITT C.4). Im vierten Schritt wurde das Forschungsdesign mit der theoretischen Basis relationaler Raumkonzepte, des Assemblage-Konzeptes und der Akteur-Netzwerk-Theorie (siehe ▷KAPITELABSCHNITT D.1) und mit dem methodologischen Zugang der Grounded Theory und der Situational Analysis (siehe ▷KAPITELABSCHNITT D.2) vorgestellt. Die empirische Untersuchung der urbanen Leere erfolgte anhand von zwei ehemals leerstehenden Gebäuden in Buenos Aires, einer Getreidemühle und einer Textilfabrik, die sich dadurch auszeichneten, dass zum Zeitpunkt ihres Brachliegens unterschiedliche Handlungsweisen von Planungsinstitutionen, Architekturschaffenden, sozialen Organisationen und prekär Wohnenden zusammentrafen. Die Verknüpfung der empirischen Befunde veranschaulichte und erklärte die Transformation der beiden Orte sowie die Vielfältigkeit der Praktiken und Widersprüche in den Handlungslogiken der unterschiedlichen beteiligten Akteurinnen. Das Ergebnis bildete das Konzept der urbanen Leere(n) anhand von fünf raumzeitlichen Dimensionen (siehe ▷UNTERKAPITEL E.1.3), die als Kategorien der Leere(n) aus der empirischen Erforschung entwickelt wurden (siehe ▷KAPITELABSCHNITT D.1, vgl. Färber 2014). Die fünf Dimensionen der Leere(n) (materielle Leere, Leere in Strukturen, Leere der Interaktionen, Leere in Zeichen und Symbolen und zeitliche Lücke) sollen bei der analytischen Identifikation von Widersprüchen und Möglichkeiten im Denken und Handeln in der Raumproduktion eine Unterstützung bieten. Das Konzept der urbanen Leere(n) verdeutlicht, dass Planen und Bauen nicht als abgekoppelt von gesellschaftlichen Aspekten betrachtet werden kann (vgl. Breckner/Sturm 1997, Läpple 1991). In einem fünften Schritt wird das Konzept der urbanen Leere(n) hinsichtlich eines möglichen Transfers der Erkenntnisse von Lateinamerika nach Europa bezüglich lateinamerikanischer und europäischer Spezifika geprüft und anhand der identifizierten Widersprüche und Möglichkeiten innerhalb der europäischen Disziplinen Architektur und Städtebau im Hinblick auf eine mögliche Perspektivenerweiterung diskutiert (siehe folgendes ▷KAPITEL F in Relation zu den ▷KAPITELABSCHNITTEN D.1 UND D.2).

Mit den Überlegungen zu Möglichkeiten des Transfers von Erkenntnissen aus der Forschung in Lateinamerika nach Europa nimmt dieses Kapitel die Diskussion der Perspektivenerweiterung innerhalb des europäischen Denkkollektivs des Städtebaus und der Architektur auf, welche den Zweck dieser Arbeit darstellen. Im Folgenden werden die Erkenntnisse aus der empirischen Untersuchung der urbanen Leere(n) zusammengefasst, lateinamerikanische Spezifika in Bezug zu europäischen, disziplinären Praktiken und der angestrebten Perspektivenerweiterung reflektiert und Auswirkungen der Theorie der urbanen Leere(n) auf die Rolle von Architekturschaffenden als Übersetzerinnen in Zwischenräumen der Praxis, Theorie und Ausbildung der Disziplinen Architektur und Städtebau diskutiert. Im Zentrum des abschließenden Ausblicks stehen mögliche Anknüpfungspunkte für weitere disziplinübergreifende Erforschungen der Thematik und für die Übersetzung der Theorie der Leere(n) in die Praxis in Form von Projekten.

F.1 Von der Spezifik der urbanen Leere(n) in Lateinamerika zum Erkenntnistransfer in europäische Praktiken

»Interessant erscheint uns vielmehr die Spezifik bestimmter Voraussetzungen regionaler und urbaner Eigenarten, die durchaus übertragbar auf andere post-koloniale und städtische Konstellationen und Stadtregionen wäre« (Huffschmid/Wildner 2013, 18).

Die vertiefte Auseinandersetzung mit den Zusammenhängen und Qualitäten der raumzeitlichen Typen der urbanen Leere(n) anhand von Gegebenheiten vor Ort eröffnet die Möglichkeit lokale Spezifika zu benennen, zu verstehen und sie in der jeweiligen analytischen und gestaltenden Praxis zu berücksichtigen. Aus der Analyse urbaner Leere(n) in Buenos Aires, Argentinien, ergaben sich Erkenntnisse zu den lokal spezifischen Wechselwirkungen der Vielfältigkeit an Handlungsweisen von beteiligten Akteurinnen in den untersuchten urbanen Transformationsprozessen. Ein wesent-licher Punkt in den Diskussionen über die Spezifik von Orten, die Idee des Transfers und die Verallgemeinerbarkeit von empirischen Erkenntnissen ist ein Bewusstsein über das Verortet-Sein der Forschungsergebnisse (vgl. ebd.). In Anlehnung an Anne Huffschmid und Kathrin Wildner soll mit dieser Arbeit

»… keinesfalls von den Eigenarten lateinamerikanischer Städte, ihren Alltags-kulturen und Territorialitäten abstrahiert werden. Denn gerade in der Aus-einandersetzung mit diesen spezifischen Realitäten haben sich Zugänge zum Verständnis städtischen Lebens herausgebildet, die – so glauben wir – auch für urbane Prozesse andernorts von Belang und Interesse sein könnten.« (ebd., 18)

Ausgehend von der »paradoxen Kombination aus Spezifik und Verallgemeinerbarkeit« (Roy zit. nach Huffschmid/Wildner 2013, 18) werden im Folgenden anhand des empi-risch begründeten Konzeptes der urbanen Leere(n) Möglichkeiten der disziplinären Perspektivenerweiterung durch Wissenstransfer und transkulturellen Austausch[2] diskutiert. Die Reflexion über Andersartigkeit im Forschungsprozess verdeutlicht Fragen nach neuen Perspektiven in Bezug auf Phänomene urbaner Brachen, diszi-plinäre Anknüpfungspunkte für Architektur und Städtebau sowie die Entwicklung neuer methodischer Zugänge zu diesem Handlungsfeld.

Zur Spezifik der urbanen Leere(n) in Lateinamerika

Lateinamerikanische Spezifika, die in den analysierten Fallbeispielen evident wurden, sind vor allem die wiederkehrenden wirtschaftlichen, sozialen und politischen Krisen, die den lateinamerikanischen und im Besonderen den argentinischen Alltag prägen (siehe ▷KAPITEL B, vgl. Gabriel/Berger 2010, McGuirk 2014, Pelazas 2004). Im Rahmen der Untersuchung wurden die mit den Krisen einhergehenden Brüche unter anderem anhand der diskontinuierlichen Implementierung des Gesetzes 341, der sprunghaft wechselnden Grundstückspreise oder auch der prekären Wohnbiographien der Kooperativenmitglieder deutlich (siehe ▷KAPITELABSCHNITT E.1).

Generell geht aus den Fallbeispielen hervor, dass urbane Leere(n) in Lateinamerika weniger als Brüche denn als wiederkehrendes und -verschwindendes Alltagsphänomen gesehen werden. Als Konsequenz sind vielfältige Handlungsweisen in Bezug auf urbane Leere(n) zu beobachten, die unter anderem in den Interviews mit Kooperativenmitgliedern als im familiären Alltag besonders belastend beschrieben wurden. Die Kooperativen und die soziale Organisation reagierten auf die Belastungen durch Hilfspraktiken (wie die Veranstaltung von Flohmärkten, die Schaffung von Arbeitsplätzen durch die Baukooperative, das Angebot von Kinderbetreuung, etc.) als wesentliche soziale Infrastruktur der Kooperativen (siehe ▷KAPITEL E.1.2). Architekturschaffende sind gefordert, auf die Notwendigkeit dieser Infrastrukturen im baulichen Programm eines Transformationsprozesses Rücksicht zu nehmen. Diese »Sorge-Infrastrukturen«[3] sind spezifisch für krisengeprägte Orte wie jene in Lateinamerika, tauchen jedoch auch andernorts auf.

Eng mit der Spezifik von wiederkehrenden Krisen verknüpft ist auch der lokale Mangel an materiellen Ressourcen. Durch den Ressourcenmangel tritt, anstatt des architektonischen Endprodukts, der Prozess der Raumproduktion in den Vordergrund. Im Bau- und Planungsprozess bedeutet dies ein ständiges Abwechseln von taktischen und strategischen Handlungsweisen aller Akteurinnen. Ein Beispiel dafür ist die Verbindung des Recycelns von vorhandenen Materialien mit dem Einsatz von vorgefertigten Bauelementen (siehe ▷KAPITEL E.1.2). Die notwendige Orientierung an in bestimmten Momenten auftretenden Bedürfnissen, wie jenen nach Wohnraum für die späteren Bewohnerinnen während dem Bauprozess oder nach Einkünften für die Kooperativen, bedeutet für die Architekturschaffenden in Buenos Aires eine zwangsläufige Auseinandersetzung mit dem Alltag der Nutzenden und dem Gebrauch von materiellem Raum. Diese Fähigkeiten wurden von einer Subwelt (vgl. Clarke/Leigh Star 2008) innerhalb der sozialen Welt der Disziplinen Architektur und Städtebau in Lateinamerika durch konkrete praktische Erfahrungen in der Arbeit mit benachteiligten Bevölkerungsgruppen über Jahrzehnte erlernt (siehe ▷KAPITEL E, vgl. Connolly 2018).

Die Analyse der Schnittstelle zwischen den Praktiken des Architekten und den alltäglichen Praktiken der Wohnenden zeigte, anstatt eine Differenzierung in taktische und strategische Handlungsweisen nahezulegen, ein enges Geflecht und eine Bedingtheit der diversen Praktiken der Raumproduktion. Taktische beziehungsweise strategische Handlungsweisen lassen sich somit nicht eindeutig einzelnen sozialen Welten zuordnen. Beispielsweise gab es eine Organisation innerhalb der Kooperativen, welche im Rahmen der Arbeitsaufteilung (zum Beispiel *ayuda mutua*) beim Bau strategisch handelte, während die Administration zeitweise taktisch agierte, um das Gesetz 341 zu implementieren (siehe ▷UNTERKAPITEL E.1.2 (1)). Gleichzeitig drückt sich die lokal spezifische Verflechtung von taktischen und strategischen Handlungsweisen vielfach in Praktiken der Selbstorganisation und des Widerstands als Reaktion auf fehlende staatliche oder administrative Aktivitäten aus (vgl. Zibechi 2011). Die sozialen Bewegungen in Lateinamerika und im Besonderen in Argentinien sind eine lokale Spezifik, die sich nur durch eine historische Betrachtung erschließt (vgl. Ippolito-O'Donnell 2012, Zibechi 2011). Die Polaritäten von Selbstorganisation als Informalität und Administration als Formalität fallen in urbanen Leere(n) zusammen und können auf Basis der Forschungsergebnisse nicht als Gegensatzpaar definiert werden. Vielmehr ist in der Forschung der Alltag im Rahmen von Transformationsprozessen in den Vordergrund getreten, weil dort Lücken und Brüche, von zum Beispiel gesetzlichen Strukturen, sichtbar werden, die durch Selbstorganisation gefüllt oder überbrückt werden müssen.

Die *autogestión* (dt. Selbstverwaltung) im Rahmen des Gesetzes 341 verdeutlicht, wie durch bestimmte Handlungsweisen auf Brüche reagiert wird, zum Beispiel indem die diskontinuierliche Auszahlung von Wohnungsbausubventionen durch *ayuda mutua* ausgeglichen wird oder Wohnungslosigkeit aufgrund von Delogierungen aus Mietwohnungen durch die Bereitstellung von temporären Wohnmöglichkeiten gelöst wird (siehe ▷UNTERKAPITEL E.1.2 (2)). Damit tritt eine weitere lateinamerikanische Spezifik im Zusammenhang mit urbanen Leere(n) hervor: »Autogestión« als »ein Thema, das Kämpfe, Gedanken und Projekte im gegenwärtigen lateinamerikanischen Moment vereint« (Barbagallo/Rodriguez 2012, 169, Übersetzung JL). Für jene Subwelt der Disziplinen Architektur und Städtebau in Argentinien, die sich mit selbstverwalteten Bauprozessen befasst, bedeutet *autogestión*, dass routinierte Bau- und Planungsabläufe und die Zusammenarbeit mit der Administration und den Nutzenden vielfach anders gedacht und hinterfragt werden müssen, damit adäquate Lösungen für Probleme der benachteiligten Bevölkerungsgruppen und im Umgang mit urbanen Phänomenen, wie Brachen, erarbeitet werden können.

So arbeitete ein Kooperativenmitglied, das als gelernter Tischler im Rahmen des Bauprozesses Tischlerarbeiten übernahm, auch als Taxifahrer. Viele Kooperativenmitglieder arbeiteten außerdem in der sozialen Organisation MOI als auch mehrfach (informell) in unterschiedlichen Bereichen (siehe ▷UNTERKAPITEL E.1.2. (3)). Die Architekten und andere Mitglieder der sozialen Organisation waren zusätzlich an Universitäten und/oder in ihren eigenen Architekturbüros tätig. Die krisenanfällige wirtschaftliche Situation im Zusammenhang mit prekären Arbeitsverhältnissen zeigt sich somit auch im spezifischen Spannungsfeld von Selbstorganisation und Eigeninitiative rund um die Transformation der urbanen Leere(n). Als eine Folge davon wird der Rollenwechsel innerhalb der disziplinären Arbeitsbereiche (z. B. bei den Mitgliedern von MOI) oder zwischen unterschiedlichen Betätigungsfeldern (z. B. bei den Kooperativenmitgliedern) zum Alltagsphänomen im Transformationsprozess urbaner Leere(n).

Auch im Zeitverlauf der Transformation zeigten sich vielfältige Rollenwechsel einzelner Personen oder sozialer Welten (siehe ▷UNTERKAPITEL E.1.1 (3)). So wurden die prekär wohnenden Familien zu aktiven Kooperativenmitgliedern, der Architekt zusätzlich zum Aktivisten, städtische Beamtinnen zu jenen, die, anstatt Prozeduren vorzugeben, Handlungsmöglichkeiten für prekär Wohnende suchen (siehe ▷UNTERKAPITEL E.1.2). Diese Wechsel in den Rollen beziehungsweise Positionen führten dazu, dass routinierte Wege verlassen und bisher ungewohnte Handlungsweisen kennengelernt als auch entwickelt werden mussten. Die damit einhergehende Kritik- und

Reflexionsfähigkeit in Bezug auf die eigene soziale Welt zeigte sich in den Interviews, beispielsweise als der Architekt die Sichtweise des Wohnraums als Behälter bei seiner Kollegschaft kritisierte (siehe ▷UNTERKAPITEL E.1.1 (2)) oder als ein Kooperativenmitglied retrospektiv die anfänglichen Konflikte innerhalb der Kooperative auf die Unwissenheit über die Komplexität der Wohnraumfrage und den langwierigen Prozess der Gemeinschaftsbildung zurückführte (siehe ▷UNTERKAPITEL E.1.2 (3)).

Auffallend sind dabei die spezifischen Interrelationen zwischen Akteurinnen unterschiedlicher sozialer Welten aber auch nicht-menschlicher Aktanten (siehe Fotodokumentationen in ▷KAPITELABSCHNITT E.1). Ein Beispiel für die Interrelation von Akteurinnen und Aktanten ist die Annäherung der prekär Wohnenden an die beiden brachliegenden Fabrikgebäude, welche in ihren Dimensionen weit über die Größe des von ihnen vorgestellten Wohnraumes hinausgingen. Weitere Interrelationen entstanden aufgrund des Programms zur Selbstverwaltung zwischen den Wohnungssuchenden und der städtischen Administration. Zu Interrelationen zwischen Architekturschaffenden, prekär Wohnenden und leerstehenden Gebäuden war es bereits mit den massenhaften Besetzungen von Leerstand in den 1980er Jahren gekommen. Die Erfahrungen mit den Problemen der Besetzenden führte nicht zuletzt zur Verbindung der Architekturschaffenden mit Akteurinnen aus anderen Disziplinen, u. a. aus den Sozialwissenschaften, um Lösungen zu finden und schlussendlich die transdisziplinär arbeitende soziale Organisation (MOI) zu gründen.

Im Rahmen der lateinamerikanischen Spezifik von wiederkehrenden Krisen zeigen die Beispiele aus den lokalen Situationen der Brachentransformation auf, wie Rollenwechsel und neue Interrelationen von sozialen Welten bisher unbekannte Produktionsweisen von Raum evozieren, weil die Personen aus ihren routinierten Praktiken heraustreten (müssen) und damit gleichzeitig Erfahrungen mit unbekannten (Alltags-)Praktiken sammeln. Für die europäischen Disziplinen Architektur und Städtebau eröffnen die Beispiele aus der spezifischen Situation lateinamerikanischer urbaner Leere(n) Möglichkeiten, sich mit dem eigenen »Blindfeld« (Dell 2014, 12) kritisch auseinanderzusetzen.

Wechselwirkungen und Perspektivenwechsel

Von den oben genannten lateinamerikanischen Spezifika neuer Handlungsweisen im Spannungsfeld von Krisen und Selbstorganisation lassen sich Möglichkeiten der Perspektivenerweiterung für die Disziplinen Architektur und Städtebau in Europa ableiten. Die Möglichkeiten basieren dabei auf der allgemeinen Tendenz, dass es auch in Europa vermehrt zu wirtschaftlichen, politischen oder sozialen Krisen kommt, die sich auf die Stadtentwicklung auswirken und komplexe Transformationsprozesse evozieren. In diesem Zusammenhang können die europäischen Disziplinen Architektur und Städtebau von den Praktiken der Selbstverwaltung lernen und über die neu entstehenden Interrelationen zwischen unterschiedlichen sozialen Welten in Krisenzeiten anhand der erforschten Entwicklungen in Buenos Aires reflektieren. Im Umgang mit urbanen Leere(n) bedeutet dies konkret, dass ein Blick auf die Potenziale einer materiellen Brache nicht ausreicht, um die Komplexität eines Transformationsprozesses zu verstehen (siehe ▷KAPITEL C, vgl. Baum/Christiaanse 2012, Eisinger/Seifert 2012, Ziehl et al. 2012). Durch die verengte Sichtweise auf das Potenzial wird die Vielfältigkeit an Handlungsweisen und Interrelationen im Alltag der Transformation übersehen, die zu einer oder keiner Aneignung der Räume, zu neuen oder routinierten Handlungsweisen und zur Inklusion oder Exklusion von Akteurinnen etc. führen.

Anstatt einer Kategorisierung von Handlungsweisen in taktisch/strategisch oder informell/formell sind es vielmehr die vielfältigen Interrelationen zwischen unterschiedlichen sozialen Welten und ihren alltäglichen Gebrauchs- und Aneignungsweisen, die sich als wesentlich für das Verständnis von komplexen Transformationsprozessen erweisen. Dabei fehlt es innerhalb großer Teile der europäischen Disziplinen Architektur und Städtebau an Erfahrungen mit Perspektiven- und Rollenwechsel (siehe ▷KAPITEL B). Etablierte Wettbewerbsprozedere, routinierte Bauabläufe, monodisziplinär fokussierte universitäre Curricula und starre Rollenaufteilungen zwischen städtischer Administration und Planenden geben wenig Anlass dazu, Erfahrungen mit anderen Sicht- und Handlungsweisen zu machen. Es gibt allerdings auch kleine disziplinäre Subwelten, in denen neue Wege beschritten werden, um Kenntnisse über unbeachtete Alltags- und Gebrauchswelten zu erarbeiten (z. B. in der Zusammenarbeit mit Baugruppen im Wohnungsbau).

Die lateinamerikanischen Fallbeispiele der urbanen Leere(n) führen vor Augen, wie wesentlich die Betrachtung, Kenntnis und Einbeziehung der lokal spezifischen Interrelationen von Alltags- und Gebrauchswelten an der Schnittstelle zu architektonischen und städtebaulichen Praktiken sind. Wie Praktizierende der Disziplinen Architektur und Städtebau zu Erkenntnissen über das komplexe Phänomen urbaner Leere(n) und deren Einbeziehung in die Planung und den Entwurf gelangen können, zeigten die Beschreibungen der Fallbeispiele und der dort evidenten Interrelationen zwischen unterschiedlichen sozialen Welten sowie der Perspektivenwechsel, der im Rahmen dieser Arbeit aufgrund der mehrfachen (disziplinären) Arbeitsbereiche vollzogen wurde. Bei diesen Analysen sollte den Interrelationen an den Schnittstellen, an denen Rollen- und Positionswechsel zwischen und innerhalb von sozialen Welten vollzogen werden, eine wesentliche Bedeutung zukommen.

Zum Beispiel bedurften die Erfahrungen des Architekten mit dem Alltagsleben von Besetzenden einer Übersetzung in den eigenen Entwurfsprozess sowie im Folgenden einer Erweiterung der Handlungsweisen, welche wiederum zur Mitgestaltung des Wohnungsbauprogramms PAV führte. In Bezug auf die vorliegende Forschung führte das Forschungsinteresse notwendigerweise zu einem Wechsel von der Praxis des Architekturbüros in die Rolle der Stadtforscherin, was auch damit einherging, dass bisherige Sicht- und Handlungsweisen in Frage gestellt wurden. Im Verlauf des Forschungsprozesses und der Feldforschung verlangten die Wechselbeziehungen zwischen Theorie und Praxis sowie zwischen Europa und Lateinamerika Übersetzungsprozesse. Die mit den disziplinären Positionswechseln erarbeiteten Kompetenzen der Übersetzung basieren auf der Bereitschaft, neue Beziehungen mit sozialen Welten einzugehen und Erfahrungen zu machen. Dadurch konnten einerseits anhand der Fallbeispiele Interrelationen zwischen Architekt, prekär Wohnenden, der städtischen Administration und leerstehenden Gebäuden, andererseits zwischen mir als Stadtforscherin, lateinamerikanischen Architekturschaffenden und der Stadt Buenos Aires erforscht werden. Womit sich ein (Zwischen-)Raum eröffnet, der unter anderem im Hinblick auf eine disziplinäre Perspektivenerweiterung wesentlich erscheint.

Zwischenräume und Übersetzungsprozesse

In diesem Zwischenraum, der im Sinne der Gestalttherapie als fruchtbare Leere verstanden werden kann (vgl. Frambach 2006, Perls/Hefferline/Goodman 2006), können Polaritäten integriert, das Spektrum der Möglichkeiten wahrgenommen und kreative Handlungen abseits bereits bekannter Bedeutungen ermöglicht werden. Anhand der Fallbeispiele zeigt sich das Spektrum an Möglichkeiten zum Beispiel in einer erweiterten Sichtweise auf kulturelles Erbe abseits der Vorstellung des Konservierens aus der Denkmalpflege (siehe ▷UNTERKAPITEL E.1.2 (4)). Die in der disziplinären Denkweise vorhandenen Polaritäten zwischen architektonischem Einzelgebäude und urbanem Gefüge wurden in den Fallbeispielen durch die Interrelationen zwischen dem Alltagsleben der Kooperativen und der Nachbarschaft des Stadtviertels in einem Zwischenraum aus Kindergarten, Bibliothek und Weiterbildungszentrum integriert. Bei der Feldforschung konnten die kreativen Handlungen beobachtet werden, die zur Entstehung dieser sozialen Infrastruktur in der Mühle und der Textilfabrik geführt hatten.

Für eine disziplinäre Perspektivenerweiterung erscheint das bewusste Beachten solcher Zwischenräume als wesentlich, da diese nicht auf festen Positionen beharren oder in entweder-oder-Polaritäten erstarren. Die Auseinandersetzung mit Zwischenräumen bedeutet nicht nur ein Befassen mit »Wirkungskräften, Abhängigkeiten und der eigenen Rolle als Architekt oder Architektin« (Kurath 2017, 46), sondern auch mit den darin vorzufindenden (disziplinären) Widersprüchen (siehe Resümee im ▷UNTERKAPITEL E.1.2). Um in diesen ›Zwischenräumen‹ Handlungsweisen entwickeln zu können, ist es notwendig, zwischen den Polaritäten (den Alltags- und Planungswelten), disziplinären Arbeitsbereichen (der Forschung und der Praxis) und raumrelevanten Disziplinen zu übersetzen. Aus den empirischen Befunden und vor dem Hintergrund des eigenen Entwicklungsprozesses im Laufe der Forschung leitet sich die Einsicht ab, dass der Rolle von Übersetzerinnen, die Erfahrungen im Perspektiven- und Positionswechsel mitbringen (wie zum Beispiel in den Fallbeispielen der Architekt von MOI oder auch die neuen Mitarbeitenden des PAVs), eine Schlüsselstellung in urbanen Transformationsprozessen zukommt. Über die »Fähigkeit zu Perspektivwechseln« (Eisinger/Seifert 2012, 41) hinaus sind Übersetzerinnen dazu in der Lage, die Dimensionen der urbanen Leere(n) nicht nur aus unterschiedlichen Blickwinkeln zu erkennen, sondern sie auch für verschiedene soziale Welten verständlich zu machen. Die Bedeutung der Auseinandersetzung mit Widersprüchen und Übersetzungsprozessen in Zwischenräumen für die disziplinäre Perspektivenerweiterung wird im folgenden Kapitelabschnitt anhand der unterschiedlichen Arbeitsbereiche der Disziplinen Architektur und Städtebau – Forschung, Praxis und Ausbildung – diskutiert.

F.2 Erweiterte Perspektiven auf disziplinäre Handlungsfelder

Die Aspekte urbaner Leere(n) als Orte, die Polaritäten integrieren, das Spektrum an Handlungsoptionen aufzeigen und kreative Praktiken ermöglichen, zeigen auch die Notwendigkeit von Übersetzerinnen in Zwischenbereichen auf. Die von den lateinamerikanischen Erfahrungen abgeleitete Fokussierung auf Zwischenräume als Orte der Möglichkeiten zur Perspektivenerweiterung und der Entstehung kreativer Handlungsweisen hat Auswirkungen auf die disziplinären Arbeitsbereiche Praxis, Theorie und Ausbildung.

Die Erkenntnisse über urbane Leere(n) bieten Anknüpfungspunkte zu disziplinären Debatten über die Relationen von Theorie und Praxis (vgl. Doucet/Janssens 2011, Grubbauer/Shaw 2018, u. a.), zu Debatten über die »soziale« Rolle der Disziplin in den globalen Prozessen der Architektur- und Stadtproduktion (vgl. Kraft/Kuhnert/Uhlig 2012, 2013, Lepik 2010) als auch zu Zugängen in der Architektur- und Städtebauausbildung (siehe hierzu Kölner Erklärung[4], 100% Stadt[5], future.lab TU Wien[6], u. a.).

In welcher Weise das Konzept der urbanen Leere(n) orientierende Sichtweisen und Handlungsweisen auch in Bezug auf Zwischenräume bieten kann, wird im Folgenden anhand der Schnittstellen von disziplinärer Praxis, Theorie und Ausbildung beschrieben. Die drei Bereiche werden hier als nicht-hierarchische, dynamische, miteinander verknüpfte Handlungssphären verstanden, weshalb die folgenden Unterkapitel Verweise auf Schnittstellen mit den jeweils anderen Bereichen enthalten.

Praxis

Das in der Feldforschung analysierte Programm der Selbstverwaltung für Wohnungsbau verlangte an dem Punkt, als interdisziplinäre technische Teams mit den zukünftigen Bewohnerinnen zusammenarbeiten sollten, unter anderem von Architekturschaffenden eine Änderung ihrer bisheriger Herangehensweisen an den Entwurf und an die Ausführung von Wohnungsbau. So stand, anstatt der Ausarbeitung entlang eines von der städtischen Administration ausgeschriebenen Raumprogramms, das Verständnis für die Alltags- und Gebrauchsweisen der zukünftigen Bewohnerinnen im Vordergrund. Einen Vorteil hatten hierbei jene Architekturschaffenden, die bereits Erfahrungen mit den Situationen von prekär Wohnenden hatten, wie der Architekt der sozialen Organisation MOI.

Für die Praxis der Disziplinen Architektur und Städtebau lässt sich hieraus ableiten, wie wesentlich die Kenntnis von Gebrauchs- und Aneignungspraktiken und die Übersetzung dieser Kenntnisse in einen Prozess der Raumproduktion sind. Im Rahmen einer konzeptuellen Praxisperspektive werden die Prozesse des Bauens nicht als monodisziplinäre Angelegenheit der Architekturschaffenden und Planenden gesehen. Vielmehr gelten die Wechselwirkungen zwischen unterschiedlichen Akteurinnen, von denen Architekturschaffende und Planende einen Teil bilden, und gebauten Räumen als Teil des Bauprozesses. Durch diese Wechselwirkungen manifestieren sich Sorge-Infrastrukturen, ressourcenschonende Bauweisen durch Recyceln oder auch selbstverwaltete Baukooperativen. Eine konzeptuelle Praxisperspektive geht auf Interrelationen zwischen unterschiedlichen Akteurinnen und Aktanten ein, greift sie als Bestandteil des Transformationsprozesses auf und übersetzt die Bedürfnisse und Anforderungen der Akteurinnen in die gestaltende Praxis.

Die Fallbeispiele in Buenos Aires zeigen, wie wesentlich es ist, sich auf Prozesse einzulassen und Rollen zu wechseln. Durch Erfahrungen des Rollenwechsels können Architekturschaffende und Praktizierende des Städtebaus gleichwertig in unterschiedliche Richtungen, der Administration oder der Kooperativen, arbeiten und dabei Inhalte übersetzen. Aus einer konzeptuellen Praxisperspektive fungieren Architekturschaffende und Planende als Übersetzerinnen. Das bedeutet im Transformations- oder Bauprozess eine Rolle aufzugreifen, die Verbindungen mit und zwischen unterschiedlichen sozialen Welten herstellt. Das Wissen über die Vielfältigkeit im Transformationsprozess urbaner Leere(n), in dem zu unterschiedlichen Zeitpunkten beispielsweise Bedürfnisse von Akteurinnen, rechtliche Lücken oder Möglichkeitsmomente auftreten können, legt nahe, dass in der Raumproduktion die Kooperation einerseits unter raumbezogenen Disziplinen, andererseits mit Nutzenden und der städtischen Administration notwendig ist, um anhand von Interrelationen das Spektrum an kreativen Handlungsmöglichkeiten zu erweitern.

Zwischen Praxis und Theorie

Im vielseitigen Gebiet der Stadtforschung finden sich die Disziplinen Architektur und Städtebau als ein eng an die Herausforderungen der Praxis und der Stadtentwicklung gekoppelter Bereich. Als Impuls für die Praxis aber auch für eine Grounded Theory ist die empirische Erforschung von urbanen Leere(n), bei der die in der Raumproduktion hervortretenden Widersprüche analysiert, erforscht und erklärt werden, im Rahmen der Stadtforschung unumgänglich. Als Beispiel hierfür dient die Arbeit der Mitglieder der sozialen Organisation MOI, die durch ihre Auseinandersetzung mit den prekär Wohnenden neue Impulse für Forschungen an der Architekturfakultät und sozialwissenschaftlichen Fakultät der Universidad de Buenos Aires bekommen. Durch die Interrelationen mit der Praxis an der Schnittstelle zum Alltag kann der Erkenntnishorizont der Stadtforschung, »und damit auch das Spektrum der Fragestellungen, unter denen Raum theoretisch und empirisch untersucht wird« (Breckner/Sturm 1997, 216), erweitert werden. Als Übersetzerin zwischen unterschiedlichen Bereichen kann Wissen (z. B. über Zusammenhänge im gesamtgesellschaftlichen Raum) angeeignet werden, um dann in eine kritische Praxis eingebracht zu werden. Gleichzeitig bietet das Gestalten des Zwischenraums von Praxis und Theorie die Möglichkeit, wissenschaftliches Erkenntnisinteresse an Fragen, die sich aus realweltlichen Problemstellungen ergeben, zum Beispiel in Workshopformaten, rückzukoppeln und so auch die Relevanz von Forschungsvorhaben zu überprüfen. Dabei müssen methodologische

Konzepte und Methoden innerhalb der Architektur und des Städtebaus explizit gemacht und zur Diskussion gestellt werden.

Theorie

In Bezug auf die Forschung bedeutet das Einnehmen einer konzeptuellen Praxisperspektive, dass nicht nur Auftragsarbeiten mit definierten Fragestellungen bearbeitet werden, sondern eigenständig Fragestellungen entwickelt werden. Diese müssen in Relation zu den Herausforderungen und Widersprüchen des gesamtgesellschaftlichen Raumes erforscht werden, in den architektonische und städtebauliche Gestaltungsprozesse eingebettet sind. Dieser Zugang impliziert eine Orientierung der Architekturtheorie und Stadtforschung an der (alltäglichen) Gebrauchbarkeit von Raum und eine Reflexion der Praxis von (planerischen) Aneignungsprozessen in der Raumproduktion. Die empirische Auseinandersetzung mit urbanen Leere(n) zeigt, dass die Spezifika und Eigenheiten von urbanen Phänomenen an der Schnittstelle zum Alltag und zur Planung als wichtige Ausgangspunkte dienen, um neue Herangehensweisen zur Erforschung und Bearbeitung komplexer urbaner Transformationen zu entwickeln.

Die empirischen Befunde dieser Arbeit zeigen, wie die soziale Organisation MOI aufgrund ihrer transdisziplinären Arbeitsweise auf den Alltag der prekär Wohnenden sensibilisierte Herangehensweisen entwickeln konnte. Die soziale Organisation MOI machte die Erfahrung, dass Kooperativenmitglieder sich phasenweise aufgrund von gesundheitlichen Problemen nicht auf den Bauprozess fokussieren konnten (siehe ▷UNTERKAPITEL E.1.2). Der zunächst als nicht raumrelevant betrachtete disziplinäre Hintergrund der Sozialarbeit und Psychologie mancher MOI-Mitglieder sowie die Zusammenarbeit mit den nahegelegenen psychiatrischen Krankenhäusern ermöglichte eine Sensibilisierung gegenüber der Thematik sowie schlussendlich die Gründung eines Gesundheitsbereichs innerhalb der Organisation. Anhand der Interrelationen der aus diversen Disziplinen stammenden Mitglieder der sozialen Organisation MOI mit Personen aus der Nachbarschaft entstand ein Zwischenraum, durch den die gesundheitlichen Herausforderungen der Kooperativenmitglieder in Bezug zur Wohnraumproduktion gesetzt werden konnten.

In diesem Sinn kann das Konzept des Zwischenraums an den vielzitierten Appell für mehr transdisziplinäres Arbeiten angeknüpft werden. Die in der vorliegenden Forschungsarbeit gesammelten multidisziplinären Perspektiven auf die Transformation der urbanen Leere(n) verleihen diesem Appell besonderen Nachdruck. Die Auseinandersetzung mit einer multidisziplinären Sichtweise, die das Konzept der urbanen Leere(n) vorschlägt, impliziert das Aufgreifen des Wissens anderer Disziplinen nicht im Sinne des Aufnehmens einzelner Schlagwörter oder Impulse für den Entwurf, sondern um gemeinsam innerhalb eines Zwischenraumes Probleme zu identifizieren und darauf abgestimmte Lösungsansätze zu entwickeln. Nach Susanne Hauser und Julia Weber verlangen

»[d]er Gegenstand beziehungsweise das Problem selbst [...] die Bezugnahme auf eine Vielfalt von Theorien und Methoden, die nicht aus einer Disziplin allein stammen können. Die Bearbeitung von in transdisziplinärer Perspektive gestellten Fragen hat somit das Potenzial, [...] die ›ursprüngliche Einheit der Wissenschaft‹, verstanden als ›Einheit der Rationalität, nicht der wissenschaftlichen Systeme‹ (...), wieder herzustellen und möglicherweise auch zur langfristigen Transformation der beteiligten Disziplinen beizutragen.« (Hauser/ Weber 2015, 10 f.)

Nicht zuletzt ermöglicht die transdisziplinäre Zusammenarbeit ein vertieftes Verständnis und eine Lösungskompetenz, die auf die Herausforderungen der fünf Dimensionen von Leere(n) zu reagieren vermag. »Je deutlicher die Konturen einzelner Disziplinen bestimmt sind, umso interessanter ist die Versammlung ihrer Perspektiven auf einen Gegenstand, der sich erst in der Vielfalt verschiedener fachlicher Zugriffe in seinem Aspektreichtum zeigt« (ebd., 12).

Zwischen Theorie und Ausbildung

Zu den in der empirischen Forschung identifizierten Widersprüchen gehört auch jener zwischen der in den Planungsdisziplinen vorherrschenden Sichtweise von Gebäuden oder Stadtensembles als statische Objekte und der dynamischen Raumproduktion. Letztere zeigten sich in den langen Bauprozessen an den beiden brachgefallenen Gebäuden durch die Notwendigkeit der temporären Wohnungen für Kooperativenmitglieder oder der Recyclingmöglichkeiten zur Überbrückung von Krisenzeiten (siehe ▷UNTERKAPITEL E.1.2 (2)). Gleichzeitig zeigt ein Blick auf den gesamten Transformationsprozess, wie veränderte Handlungsweisen im Bauprozess auch zu Erneuerungen führen, indem zum Beispiel statt großer nationaler Bauunternehmen Arbeitskooperativen beauftragt werden (siehe ▷UNTERKAPITEL E.1.2 (3)). In diesem Zusammenhang werden Fragen nicht nur im Bereich der Forschung sondern auch im Bereich der Architektur- und Städtebauausbildung aufgeworfen, welche in großen Teilen oft nur das fertige Produkt einer Aufgabendefinition vermitteln und in deren Rahmen Gestaltungs- sowie Handlungsmöglichkeiten während eines Bauprozesses oftmals keine Beachtung finden.

Im Zusammenhang mit der Ausbildung erscheinen eine für die Theorie und Praxis bereits reklamierte Perspektive und Herangehensweise wichtig, die historische Gegebenheiten einbeziehen, auf die zukünftige Gebrauchbarkeit von materiellen Räumen abzielen und den Prozess der Raumproduktion ins Auge fassen, anstatt Gebäude als statische, fertige Behälter zu sehen (vgl. Yaneva 2012). Als Beispiel für eine solche, aus einer kritischen Methodenreflexion resultierende Herangehensweise kann die Diagrammatik angeführt werden, die im Rahmen der RaumZeit-Karte in dieser Arbeit erfolgte und die, vergleichbar mit der Entwurfsskizze, zur Visualisierung von Erkenntnissen wie auch zur Wissensproduktion dient (siehe ▷KAPITELABSCHNITT E.2., vgl. Heßler/Mersch 2009).

In der Ausbildung erscheint es als wesentlich, Widersprüche, die sich zwischen dem abstrakten Raum eines Entwurfs und seiner Gebrauchsfähigkeit ergeben, anzusprechen, zu diskutieren oder zu kartieren. Wie dieses Kartieren und Nachzeichnen von Widersprüchen (und Möglichkeiten) der Raumproduktion funktionieren kann zeigt die RaumZeit-Karte. »Through mapping controversies, architects learn that a building is something to be scrutinised, investigated and sought. It is not ›out there‹; it is to be followed and mapped« (Yaneva 2011, 127). In der Ausbildungspraxis erfolgt im besten Fall das Nachverfolgen und Kartieren über die Fertigstellung der Gebäude hinaus, um vom alltäglichen Gebrauch, den Adaptierungen und entstehenden Nutzungslücken lernen zu können. In der Berufspraxis erfordert diese Herangehensweise dann, gegenüber Auftraggebenden die Notwendigkeit einer weiteren Dokumentation zu formulieren, Anforderungen der Nutzenden konstruktiv anzusprechen und in diesem Spannungsfeld zu lernen, in die Richtungen unterschiedlicher sozialer Welten zu kommunizieren. Ein Fokus auf diese Kompetenzen in der Ausbildung ermöglicht, dass angehende Architekturschaffende die Möglichkeiten, Grenzen und Anknüpfungspunkte ihrer eigenen disziplinären Praktiken erkennen, um in dieser Bewusstheit Transformationsprozesse in transdisziplinärer Weise mitgestalten zu können.

Ausbildung

Für die Ausbildung innerhalb der Disziplinen Architektur und Städtebau impliziert das Konzept der urbanen Leere(n) die Notwendigkeit, die soziale Welt der Architekturschaffenden als Teil eines komplexen, gesellschaftlichen Gefüges zu vermitteln[7] und dies auch in den Entwurfsstudios widerzuspiegeln. Die fünf Dimensionen der urbanen Leere(n) sind als eine Möglichkeit zu sehen, multidisziplinäre Blickrichtungen kennenzulernen und Transformationsprozesse über das einzelne Gebäude oder Bauensemble hinaus verständlich zu machen. In der Ausbildung bedeutet dies die Vermittlung und gemeinsame Erarbeitung von Wissen über und Sensibilität für die Zusammenhänge des Gebauten oder zu Bauendem mit gesellschaftlichen Dynamiken, welche auf einen ersten Blick aufgrund der im Vordergrund befindlichen Produktionszwänge unsichtbar bleiben. »Nehmen wir Strukturen und Prozesse der Raumgestaltung in Planung und Architektur genauer ins Blickfeld, so sind Praxis und universitäre Ausbildung für diese Fachrichtungen von Produktionszwängen geprägt, die ihrerseits die notwendigen Spielräume für soziale, geschichtliche, materiale und ideelle Kontextualisierungen der immer komplexer werdenden Gestaltungsaufgaben begrenzt« (Breckner/Sturm 1997, 216).

In diesem Zusammenhang ist in der Ausbildung auch die Bewusstseinsbildung über lokal spezifisches Wissen, aufgrund von Produktionszwängen limitierte oder erhöhte Gestaltungsmöglichkeiten sowie eine Reflexion über die eigene Position als zukünftige Architektin oder als zukünftiger Architekt notwendig. Wie die dichte Beschreibung, die RaumZeit-Karte und die Fotodokumentationen zeigen, bedeutet eine Reflexion der eigenen Position, sich mit dem »Hintergrund«[8] zu beschäftigen, mit der eigenen (europäischen) Perspektive und mit Fragen nach lokal spezifischen sowie disziplinären Traditionen und kulturellen Prägungen (vgl. Arkaraprasertkul 2015). Diese Reflexion kann bereits im Rahmen der Ausbildung vermittelt werden, indem Lehrveranstaltungen und Entwurfsstudios als fruchtbare Zwischenräume der Diskussion und des gegenseitigen Lernens gestaltet werden.

Die Tatsache, dass der argentinische Architekt und die anderen Mitglieder von MOI über lange Zeiträume Erfahrungen im Zusammenhang mit den Bedürfnissen von prekär Wohnenden, politischen Rahmenbedingungen und historischen Prägungen gesammelt hatten, war ausschlaggebend für die Möglichkeiten der Transformation beider Brachen. Die Fallbeispiele zeigen auch die konkrete Involvierung der Universidad de Buenos Aires in die Wohnungsbauproblematik durch die Arbeit des Architekten und anderer Mitglieder von MOI an den dortigen Fakultäten. Der dabei eröffnete Zwischenraum kann als Beispiel dafür dienen, wie sich durch die Verbindung der universitären Ausbildung mit konkreten gesellschaftlichen Herausforderungen Transformationsprozesse nachhaltig mitgestalten lassen. Universitäten in Lateinamerika bieten hierzu praxisbezogene Wahlfächer an, bei denen Studierende über längere Zeiträume hinweg mit lokalen Gemeinschaften an Projekten arbeiten, die zur Verbesserung der Lebensumstände einerseits sowie andererseits zu Fähigkeiten der Studierenden, wie reflektiertem, am Gebrauch orientiertem Entwerfen und Planen, beitragen (vgl. Connolly 2018, Leguía 2011). Bei den an lateinamerikanischen Hochschulen gelehrten und umgesetzten neuen Formen einer ethisch und sozial agierenden Praxis treten die Architekturschaffenden und Planenden in der Rolle von Mediatorinnen und Ermöglichenden auf. Mariana Leguía beschreibt diese Herangehensweise als ein »Erfassen und Interpretieren von kollektiven Imaginarien«, die von den Stadtbewohnerinnen ausgehen (Leguía 2011, 143, Übersetzung JL).

Die Reflexion über die Arbeitsbereiche der Disziplinen Architektur und Städtebau anhand der Fokussierung auf Zwischenräume zeigt auf, wie wesentlich die Interrelationen zwischen analytischer Auseinandersetzung und gestaltender Praxis für eine disziplinäre Perspektiverweiterung ist. Wie aus den Fallbeispielen sowie meinem eigenen Entwicklungsprozess während der Forschung hervorgeht, ermöglichen Erfahrungen des Durchlaufens von und Konfrontationen mit anderen Arbeitsbereichen die Entwicklung von Übersetzungsfähigkeiten und Perspektivwechseln. Letzteres erlaubt es, langfristig eingefahrene Praktiken und Prozedere des Entwerfens sowie der Bauabläufe zu reflektieren, zu modifizieren und zu transformieren. Das Konzept der urbanen Leere(n) gibt Hilfestellungen, jene Zwischenräume zu identifizieren, die zur Entstehung kreativer Handlungsweisen genutzt werden können. Dabei erscheint es ebenso wesentlich, zwischen den unterschiedlichen Arbeitsbereichen wie zwischen verschiedenen Disziplinen übersetzen zu können. Die Entwicklung dieser Übersetzungskompetenzen erfolgt durch die Fähigkeit zum Rollen- und Perspektivwechsel, deren Grundstein in der Ausbildung gelegt wird, um dann sowohl in der Praxis als auch in der Forschung trainiert und angewandt werden zu können.

F.3 Ausblick und Zukunfts-
perspektiven

Das Perspektivenwechseln und die Erkundung fruchtbarer Zwischenräume finden in jenen Projekten zur Transformationsforschung Anwendung, bei denen durch einen Wechsel zwischen disziplinären Arbeitsbereichen sowie mit Überschneidungen zu anderen raumrelevanten Disziplinen Erkenntnisse gewonnen werden können. Das in dieser Arbeit entwickelte Konzept der urbanen Leere(n) bietet vielfältige Anknüpfungspunkte für zukünftige Forschungen, die auf der Notwendigkeit von Übersetzungsfähigkeiten im transdisziplinären und transkulturellen Arbeiten basieren. Überlegungen zur Vertiefung des Konzepts der urbanen Leere(n) und zur Förderung von (disziplinären) Perspektivenerweiterungen werden unter der Berücksichtigung einer Schaffung oder Gewährleistung von fruchtbaren Zwischenräumen in drei Punkten zusammengefasst.

Die beiden Fallbeispiele veranschaulichen erstens die Potenziale der Erforschung von solchen Transformationsprozessen für den Erkenntnisgewinn im Bereich der Stadtforschung als auch für die so notwendige Erarbeitung von methodischen Grundlagen in der Architektur- und Städtebaupraxis. Durch die Charakteristik der Orte urbaner Leere(n) als Räume vielfältiger Handlungsweisen zeigen diese einerseits das Spektrum möglicher Handlungsweisen auf und bilden andererseits selbst fruchtbare Orte für die Entwicklung von neuen, kreativen Praktiken. Um die Entwicklung dieser Praktiken zu forcieren sind derzeit noch offene Fragen in weiteren Forschungen zu beantworten. Die Fragen betreffen zum Beispiel die Weiterentwicklung des Konzeptes der urbanen Leere(n) in Bezug auf seine Spezifik sowie seine Verallgemeinerbarkeit: Welche Aspekte der urbanen Leere(n) treten hervor, wenn weitere kulturelle Bereiche untersucht werden? Abgesehen von der Ausweitung der Forschung auf andere geographische Kontexte erscheint es in Bezug auf Europa relevant, die Transformation von Leere(n) nicht nur unter dem Blickwinkel der Möglichkeiten, sondern auch der exkludierenden Mechanismen von Aneignung zu untersuchen:[9] Wie zeigen sich Widersprüche und Möglichkeiten in den Dimensionen der urbanen Leere(n), wenn auf Orte fokussiert wird, die von exkludierenden Gruppen angeeignet werden? Diese Fragen zeigen die Relevanz zukünftiger Forschungen, die mit einem breit aufgestellten Sampling und komparativen Taktiken (vgl. Robinson 2016) arbeiten, um die fünf Dimensionen der Leere(n) zu überprüfen und stärker empirisch zu verankern. In einem weiteren Schritt legen die Erkenntnisse zu disziplinären Widersprüchen die Auseinandersetzung mit der Entwicklung von neuen Herangehensweisen und Methoden für die Bearbeitung von komplexen Transformationsprozessen in den Disziplinen Architektur und Städtebau nahe. Die daraus hervorgehenden, offenen Fragen widmen sich den Zwischenräumen von Theorie und Praxis: Wie können die Dimensionen der urbanen Leere(n) für die analytische und gestaltende Praxis innerhalb von konkreten Projekten nutzbar gemacht werden? Können bestehende Methoden und Instrumente dafür adaptiert werden und wenn ja wie, oder müssen neue entwickelt werden?

An diese Fragen anknüpfend sollten zukünftige Forschungen zweitens die Auseinandersetzung mit dem Thema der urbanen Leere(n) aus unterschiedlichen disziplinären Blickwinkeln vertiefen, um damit Zwischenräume, die aus der Arbeit mit einem relationalen Raumverständnis hervorgehen, analysieren und die Ergebnisse für die Praxis fruchtbar zu machen. Während in dieser Arbeit das Konzept der urbanen Leere(n) in erster Linie im Hinblick auf die Perspektivenerweiterung der Disziplinen Architektur und Städtebau entwickelt wurde, können zukünftige Forschungs- und Praxisprojekte mit multidisziplinären Teams die in dieser Arbeit skizzierten raumzeitlichen Dimensionen der urbanen Leere(n) vertiefen, kritisch reflektieren und Methoden für die Praxis entwickeln.[10] Dafür ist es notwendig, die Schnittstellen unterschiedlicher Disziplinen im Feld urbaner Leere(n) produktiv zu nutzen und anhand der Widersprüchlichkeiten als auch der disziplinären Spannungen und Grenzüberschreitungen neue wissenschaftliche und praktische Herangehensweisen zu erproben (vgl. Breckner et al. 2017, Streule 2013). Wie in vorausgegangenen Kapitelabschnitten dargelegt, sind dafür Kompetenzen des Rollenwechsels als auch der Perspektivenerweiterung notwendig. Ein transdisziplinäres Forschungsprojekt der urbanen Leere(n) setzt sich somit aus Personen aus dem Feld der Wissenschaft als auch aus jenem der Praxis zusammen und fokussiert inhaltlich nicht nur auf urbane Leere(n), sondern nimmt die notwendige Auseinandersetzung mit den disziplinären Zwischenräumen zum Ausgangspunkt. Für eine produktive Auseinandersetzung in diesen disziplinären Zwischenräumen müssen innerhalb des Projektes auch (zeitliche) Ressourcen zur Verfügung stehen, um sich einerseits zunächst mit den eigenen disziplinären Perspektiven auseinanderzusetzen und diese den anderen Projektteilnehmenden zu vermitteln und andererseits gemeinsam zwischen den unterschiedlichen disziplinären Herangehensweisen in Bezug auf die Thematik der urbanen Leere(n) zu übersetzen. So wie in den Fallbeispielen die multidisziplinären Blickrichtungen der MOI-Mitglieder zur Schaffung eines Gesundheitsbereichs innerhalb der Organisation geführt haben, können derlei angelegte Forschungsprojekte ein breites Spektrum an relevanten Fragestellungen durch sensibilisierte Perspektiven auf das Forschungsobjekt evozieren. Ziel dieser zukünftigen Forschungsprojekte wäre sodann das Konzept der urbanen Leere(n) in einer transdisziplinären Arbeit so zu entwickeln, dass es als Hilfestellung in Theorie, Praxis und Ausbildung bei der Benennung, Analyse und Lösungsfindung bezüglich gesellschaftlicher Problemstellungen im Rahmen urbaner Transformationsprozesse als auch in der Vorwegnahme von Krisen der Stadtentwicklung dient (vgl. Othengrafen 2014). In der Praxis würde sich ein solches Projekt auf die Transformation von konkreten urbanen Brachen beziehen und den Übersetzungsprozessen zwischen verschiedenen sozialen Welten (Stadtadministration, Architekturschaffende, Grundeigentümerinnen, Projektentwickelnde, Wohnungssuchende z. B. in Form von Baugruppen) einen zentralen Stellenwert einräumen. Mit der Unterstützung von Übersetzerinnen sollten routinierte oder starre Handlungsabläufe hinterfragt und zur Diskussion gestellt werden, um das Spektrum an Handlungsmöglichkeiten im Transformationsprozess aufzuzeigen und kreative Praktiken für alle Beteiligten zu ermöglichen, die sich auf die Alltagsbedürfnisse und Gebrauchswelten der Bewohnerinnen beziehen.

Als Zukunftsperspektiven führe ich drittens transkulturelle Aspekte der Erforschung der urbanen Leere(n) an. »Der fremde Blick sowie der Blick auf das Fremde können (...) für das Verstehen eigener Problemlagen von großer Bedeutung hüben wie drüben sein. Eine Konfrontation ›lokalspezifischer‹ mit ›fremden‹ Theorien im Sinne eines bilateralen interkulturellen Zugangs fördert akademische Reflexionskompetenz« (Knierbein 2011, 14). Die Erkenntnisse aus dieser Forschungsarbeit hätten ohne den aktiven Austausch mit der argentinischen Kollegschaft in unterschiedlichen Forschungsetappen und meine Auseinandersetzung mit fremden Perspektiven sowie theoretischen Sichtweisen nicht die vorliegende Tiefe erreicht. So beinhaltet das vorliegende Konzept der urbanen Leere(n) einerseits eine Analyseperspektive unter Berücksichtigung des Wissens über lokale Spezifik, andererseits eine Möglichkeit des Austausches mit in der Wissenschaft so notwendigen Übersetzungs- und Transferprozessen von ergänzenden Erkenntnissen. Transkulturelle Projekte verlangen nach einer sehr reflektierten Konzeption und einem beständigen Monitoring von Abläufen und Zwischenergebnissen, um einen wissenschaftlichen Mehrwert erzielen zu können (vgl. Juneja/Kravagna 2013). Dazu sind Kompetenzen notwendig, die bereits in der disziplinären Ausbildung erlernt und in der späteren Praxis oder Forschung trainiert werden müssen, um mit einer Sensibilität für die Spezifika kulturell unterschiedlicher Kontexte zwischen diesen zu übersetzen und den Transfer neuer Erkenntnisse zu ermöglichen. Transkulturelle Projekte zur beziehungsweise zu urbanen Leere(n) sollten die gemeinsame Erforschung von Fallbeispielen in unterschiedlichen kulturellen Kontexten zum Ziel haben, auf multilateralen Forschungsansätzen beruhen und Forschende aus verschiedenen kulturellen Bereichen involvieren. Konkret sollten solche Forschungsprojekte auf innovativen komparativen Methoden (vgl. Robinson 2016) und einem horizontalen Wissensaustausch innerhalb der Forschungsteams basieren, um das Potential für neue wissenschaftliche Perspektiven in der urbanen Transformationsforschung aufgreifen zu können (siehe hierzu das Forschungsprojekt *Urban Voids* von Breckner et al. 2017). In diesem Zusammenhang zeigen sich jedoch die ungleichen Zugänge zu Wissensproduktion und Wissensaustausch in der lateinamerikanischen und europäischen Forschung bezüglich finanzieller (Förder-)Mittel, Publikationsmöglichkeiten etc., die eine Umsetzung dieser Erfordernis erschweren und Handlungsbedarf in diesem Bereich verdeutlichen.

Die erläuterten Zukunftsperspektiven rund um urbane Leere(n) zeigen auf, welche Gestaltungs- und Kooperationsmöglichkeiten in einer Raumproduktion und -forschung liegen, die auf einer kritischen Reflexion der eigenen disziplinären Sichtweisen basieren. Gleichzeitig sind es die Widersprüche in den Transformationsprozessen, die den Ausgangspunkt für dynamische Lernprozesse innerhalb der Disziplinen Architektur und Städtebau bilden und damit nicht nur als Störungen eines geplanten (Bau-)Ablaufs gesehen werden können. Mit der Benennung von und Auseinandersetzung mit diesen Widersprüchen im kleinen Rahmen zweier Orte der urbanen Leere(n) hatte ich das Ziel, die innerdisziplinäre Diskussion anzuregen und erweiterte Perspektiven auf räumliche Transformationsprozesse zu ermöglichen. Mit der Verfolgung dieses Ziels konnte auch anhand von Zwischenräumen die Bedeutung von Übersetzerinnen in Transformationsprozessen aufgezeigt werden. Ich hoffe mit dieser Arbeit einen Beitrag dazu geleistet zu haben, dass, um auf das Eingangszitat[11] zu verweisen, »leere Häuser« nicht mehr lediglich als zu füllende Hüllen betrachtet werden, sondern als Aktanten, die in einem dynamischen Prozess der Übersetzung zwischen Alltags- und Planungswelten vielfältig denkender Menschen bedürfen.

Anhang

Endnoten

A

ZUR RELEVANZ DER LEERE

1   Interview K1_M14_01, 8 (Übersetzung Autorin)
2   Diese Arbeit beschäftigt sich u. a. mit Perspektivenvielfalt, -erweiterung und -wechsel. Ich nehme dieses Thema zum Anlass, um auch sprachlich mit einem Perspektivenwechsel zu experimentieren und verwende dort, wo geschlechtsneutrale Bezeichnungen nicht möglich sind, anstatt der gewohnten Schreib- und Leseweise des generischen Maskulinums das generische Femininum.
3   Um ein klares Verständnis und eine schnelle Nachvollziehbarkeit zu ermöglichen, wurde der iterativzyklische Forschungsprozess in vereinfachter Form linear und entlang von drei Forschungsphasen dargestellt, die mit den Forschungsaufenthalten korrelierten. Die erste Forschungsphase war gekennzeichnet von der Suche nach Bruchstellen in den Routinen der Disziplinen Architektur und Städtebau und der Identifikation der Brache als einer solchen Bruchstelle. In der zweiten Forschungsphase standen spezifischere Fragen zu der Entstehung der urbanen Leere und zu den involvierten Akteurinnen/Aktanten, der Qualität der Wirkungskräfte auf unterschiedlichen räumlichen Ebenen sowie zu den existierenden Handlungslogiken im Transformationsprozess im Fokus. Während der dritten Forschungsphase wurde, aufbauend auf den empirischen Ergebnissen und mithilfe von relationalen Raumkonzepten als strukturierenden Elementen, ein Konzept der urbanen Leere(n) entwickelt.
4   Aus der in der Empirie identifizierten Vielfältigkeit an Praktiken erklärt sich die Erweiterung des Begriffes hin zur pluralen Form urbane Leere(n).

B

DISZIPLINÄRE PERSPEKTIVENERWEITERUNG

1   In diesem Zusammenhang ist besonders ein Blick auf die allgemeine Praxis der Architekturfotografie interessant, die oft nur den kurzen Moment nach der Fertigstellung eines Gebäudes und vor der Benützung durch den Menschen festhält.
2   Siehe dazu weiterführend die postkolonialen Raumtheorien von Eduard Said, Homi Bhabha (*Third Space*), Walter Mignolo (*Border Thinking*) u. a.
3   Aufgrund dieser Funktionsräume bevorzugt Dieter Läpple »Raumkonzepte« im Plural zu verwenden, beziehungsweise mithilfe von sinnbestimmenden Adjektiven, »wie z. B. physikalisch, geographisch, sozial, ökologisch etc.« die Problemstellung anzugeben, auf die sich der jeweilige Raumbegriff bezieht (Läpple 1991,

164). Die Heterogenität von Räumen wurde auch von anderen Autoren wie Mike Crang und Nigel Thrift thematisiert, indem sie deren Vielfalt als *spaces of language, spaces of self and other, interiority and exteriority, metonymic spaces, spaces of agitation, spaces of experience, spaces of writing* usw. erfassen (Crang/Thrift 2000).
4   Michel de Certeau (1988) nennt hier auch den griechischen Begriff *Poiesis* (griech. *poiein*: schaffen, erfinden, hervorbringen).
5   Das bereits 1935 auf Deutsch erschienene Werk blieb zunächst weitgehend unbemerkt und wurde erst später durch Thomas S. Kuhns vielfach rezipierte Arbeit *Die Struktur wissenschaftlicher Revolutionen* wiederentdeckt. Für die zeitgenössische kritische Auseinandersetzung in der Wissenschaftstheorie ist in diesem Zusammenhang Bruno Latour mit seiner Akteur-Netzwerk-Theorie als ein wesentlicher Nachfolger von Ludwik Fleck zu nennen.
6   Das Konzept kann innerhalb der Wissenschaftsphilosophie mit dem später weitaus bekannterem *paradigm shift* von Thomas S. Kuhn verglichen werden.
7   Im englischen Original wird der Begriff *figure-ground concept* verwendet. In Bezug auf die Disziplinen Architektur und Städtebau möchte ich anmerken, dass der deutsche Begriff Schwarzplan als eine zweidimensionale Visualisierung der gebauten und unbebauten Flächen im Englischen als *figure-ground plan* bezeichnet wird.
8   So schreiben Leo Gabriel und Herbert Berger in dem Buch *Lateinamerikas Demokratien im Umbruch*, dass in einigen Ländern Lateinamerikas »Demokratisierungsprozesse in Gang gekommen sind, die sich von den herkömmlichen Modellen Europas und der Vereinigten Staaten ziemlich stark unterscheiden« (Gabriel/Berger 2010, 7).
9   Dies ist auch der Grund warum in diesem Buch – wie im Titel angeführt – über lateinamerikanische und europäische Perspektiven in Bezug auf die disziplinären Denkkollektive gesprochen wird und gleichzeitig ein spezifischer Ort in Lateinamerika (die Stadt Buenos Aires) für die Forschung herangezogen wurde. Im Spannungsfeld von Verallgemeinerung und Spezifik fokussiert die in diesem Buch vorgestellte Forschungsarbeit einerseits auf spezifische Fallbeispiele in Buenos Aires, andererseits werden Charakteristiken der lateinamerikanischen Städte in Bezug auf Selbstorganisation und Selbstverwaltung in das disziplinäre Blickfeld genommen, die »durchaus übertragbar auf andere postkoloniale und städtische Konstellationen und Stadtregionen« sind (Huffschmid/Wildner 2013, 18).
10 Daran anschließend rücken auch Themen der

postkolonialen Theorien in das Blickfeld. Aufgrund des Umfangs der theoretischen Zugänge des Postkolonialismus kann an dieser Stelle nicht näher darauf eingegangen werden. Die wesentlichen Aspekte postkolonialer Theorien in Bezug auf die Sichtbarmachung der Vielfalt von Perspektiven finden sich jedoch implizit im Kapitel zur methodologischen Herangehensweise wieder.

C
DISZIPLINÄRE PERSPEKTIVEN AUF DIE BRACHE
IN EUROPA UND LATEINAMERIKA: VON DER
EINFACHEN FLÄCHE ZUM RELATIONALEN RAUM

1 Dabei wird sowohl auf deutsche als auch auf spanische Begriffe mit Bezug zur Brache eingegangen, um den Konnex von Sprache und Kultur zu thematisieren (vgl. Cappai 2008, Kruse/Schmieder 2012).

2 *Concerted Action on Economic and Brownfield Regeneration Network*

3 dt. »Leeres Land in den lateinamerikanischen Städten. Die aktuelle Situation und Nutzungsvorschläge«; Übersetzung JL

4 Die Autorin gibt hier eine Fläche von 90–1600m² für Wohnbebauung und 3000–10.000m² für industriell gewidmete Flächen an. Diese spezifischen Kennzahlen beziehen sich auf Mexiko und zeigen den Einfluss lokaler Gegebenheiten bei der Charakterisierung von Brachen.

5 Zwei weitere Typen haben keine Größenangaben, sondern sind lediglich als Brachen im Industriepark und als Brachen im Eigentum unterschiedlicher staatlicher Organismen bezeichnet.

6 Der englische Begriff *urban void* (dt. urbane Leere) findet sich sowohl in der englischsprachigen als auch deutschsprachigen Literatur.

7 Ignasi de Solà-Morales Konzept des *terrain vague* gibt Ende der 1990er und Anfang 2000er Jahre den Anstoß für eine profunde Auseinandersetzung mit der Thematik der Leere und des Zwischenraumes, unter anderen im Rahmen des Europäischen Städtebau- und Architekturwettbewerbes Europan 1997–1999 (vgl. Lévesque 2013, 35).

8 Die IBA 84 (Internationale Bauaustellung) fokussierte mit dem Konzept IBA-Alt auf die Sanierung des Altbestands durch das Instrument der Behutsamen Stadterneuerung und mit der IBA-Neu auf die Kritische Rekonstruktion (vgl. Bodenschatz et al. 2010).

9 Der Titel ist in Anlehnung an Rem Koolhaas Ideen zu *cultivate urban emptiness* (vgl. Koolhaas 1995).

10 »Raumpionier (fig. Bahnbrecher, Wegbereiter), mit R. sind Personen gemeint, die Räume auf bisher nicht gekannte, oft unkonventionelle Art und Weise herstellen durch ›Wege‹ (und Sichtweisen) bereiten« (Fischer et al. 2003, 65).

11 Eine ausführliche Diskussion und durchaus relevante kritische Auseinandersetzung mit den einzelnen Projekten würde den Rahmen dieser Literaturrecherche sprengen. Weiterführende Literatur zu den Projekten findet sich bei McGuirk (2014), Aravena/Iacobelli (2012), Machado (2003) und Brillembourg/Klumpner (2013).

12 Bei dieser Art der Wiederverwertung von Stoffen erfahren diese eine Aufwertung in Form eines neuen Produktes.

13 Im Rahmen dieses Konzeptes der Ökoeffektivität wird gefordert, dass beim Entwurf und der Herstellung von Produkten die Rückführbarkeit in biologische oder technische Kreisläufe berücksichtigt wird.

14 Kontingenz bezieht sich auf die Möglichkeiten von Wirklichkeitsbereichen in ihrem Anders-Sein-Können. »Kontingent ist etwas, was weder notwendig ist noch unmöglich ist; was also so, wie es ist (war, sein wird), sein kann, aber auch anders möglich ist. Der Begriff bezeichnet mithin Gegebenes (Erfahrenes, Erwartetes, Gedachtes, Phantasiertes) im Hinblick auf ein mögliches Anderssein; er bezeichnet Gegenstände im Horizont möglicher Abwandlungen« (Luhmann 1987, 152).

D
WIE ERWEITERT DIE LEERE PERSPEKTIVEN?

1 Aufgrund dieser Funktionsräume bevorzugt Dieter Läpple »Raumkonzepte« im Plural zu verwenden beziehungsweise mithilfe von sinnbestimmenden Adjektiven, »wie z. B. physikalisch, geographisch, sozial, ökologisch etc.« die Problemstellung anzugeben, auf die sich der jeweilige Raumbegriff bezieht (Läpple 1991, 164).

2 In diesem Zusammenhang kann der Vortrag des Biologen Dr. Hans-Helmut Poppendieck im Rahmen des Symposiums Urbane Metamorphosen am 16. November 2012 in Hamburg genannt werden.

3 Im Forschungsprozess der Grounded Theory werden »in iterativ-zyklisch verlaufenden Problemlösungsprozessen die abduktiv und induktiv in Auseinandersetzung mit der empirischen Welt gewonnenen Konzepte gedankenexperimentell auf ihre voraussichtlichen Konsequenzen im praktischen Handeln« befragt (Strübing 2014, 31). In den darauf folgenden systematisch-experimentellen Schritten wird geprüft, ob und wie die Annahmen empirisch zutreffen (vgl. ebd.). Durch das sogenannte theoretische Sampling wird Theorie von Anfang an kontinuierlich und ohne festen Endpunkt gebildet (vgl. ebd.).

4 In Anlehnung an Göde Both (2015) werden in diesem Buch zusätzlich zu Diskursen auch Praktiken in der Situation als Analyseeinheit einbezogen.

5 Ebenso wie die Akteur-Netzwerk-Theorie löst sich in der Situational Analysis die Unterscheidung in Makro-, Mikro- und Mesoebenen in Anbetracht von Präsenz und Abwesenheit der Phänomene auf (vgl. Clarke 2012).

6 Diese Arbeit orientiert sich an einem Verständnis von Transdisziplinarität, bei dem »sich unterschiedliche Zugänge auf einen gemeinsamen Gegenstand [ausrichten], der disziplinäre Grenzen von vornherein in Frage stellt« (Hauser/Weber 2015, 10). Als transdisziplinär werden damit jene Forschungsprozesse verstanden, »die auf eine Erweiterung der disziplinären, multi- und interdisziplinären Formen einer problembezogenen Integration von Wissen und Methoden zielen« und »auf der Ebene des Überschneidungsbereichs dieser wissenschaftlichen Fragestellungen mit gesellschaftlichen Problemen« stattfinden (Jahn 2008, 35).

7 Auf die Problematik der Definition von Expertinnen und Experten des Alltags und »Expertenwissen« professioneller Expertinnen und Experten sowie in weiterer Folge von »Expertinneninterviews« als Instrument wird im nächsten Abschnitt eingegangen.

8 Alle Interviews und ihre Auswertung fanden in spanischer Sprache statt. Eine Reflexion zum Forschen in fremder Sprache sowie zur Übersetzung als interpretativem Akt findet sich im ▷KAPITELABSCHNITT D.3.

9 Diese Interviewart ist aufgrund der unspezifischen Definition von Expertentum umstritten, weil die Expertin beziehungsweise der Experte über eine spezifische Disziplin festgelegt wird und andere Expertisen z. B. des Alltags außer Acht lässt.

10 Der Begriff Transkulturalität wurde ursprünglich von Fernando Oritz geprägt, der kulturelle Adaptationen als Transformationsprozesse anhand der Tabak- und Zuckerindustrie in Kuba analysierte. Wolfgang Welsch (2010), vielfach als einer der Hauptvertreter des Konzeptes genannt, plädiert dafür, über ein traditionelles, statisches Kulturverständnis hinauszugehen und Verflechtungen, wie beispielsweise in Form von Gemeinsamkeiten, als zentrale Elemente eines hybriden Kulturkonzeptes in Forschungsprozesse zu integrieren. Wolfgang Welsch möchte ein Konzept bieten, das der Vieldimensionalität von kulturellem Wandel gerecht wird (vgl. ebd.).

E
EMPIRISCHE LEERE: WIDERSPRÜCHE UND MÖGLICHKEITEN IM TRANSFORMATIONS-PROZESS VON BRACHEN

1 Während der ersten Phase des Forschungsprozesses stand das Interesse für die Bruchstellen der vermeintlich kontinuierlichen Stadtentwicklung und die Suche nach urbanen Brachen als Produkt dieser Brüche vor Ort in Buenos Aires im Vordergrund.

2 Stadtforschende und Planende in Buenos Aires verwenden häufig den Begriff des »konsolidierten« Stadtgefüges oder der »konsolidierten Stadt«, um jene Gebiete von Teilen der Stadt zu unterscheiden, die nicht der vermeintlich regelmäßigen, orthogonalen Anordnung von bebauten Häuserblöcken ohne Lücken angehören.

3 Die beiden genannten Projekte sind eng mit der Restrukturierung der Stadt Buenos Aires durch den von der Militärdiktatur eingesetzten Bürgermeister Osvaldo Cacciatore in den 1970er Jahren verknüpft. Deutlich im Stadtgefüge sichtbar wird das Ausmaß der großmaßstäblichen Interventionen, die durch die Militärjunta ohne jegliche demokratische Prozesse mit weitreichenden Folgen für das Alltagsleben der Stadtbewohnerinnen gesetzt wurden. Auf nationaler Ebene verursachten die Interventionen enorme Kosten, die durch eine bis heute andauernde Auslandsverschuldung gedeckt wurden.

4 Die verstärkte Präsenz von Industriebetrieben im Süden der Stadt geht auf die Industrialisierung des Gebietes ab 1890 zurück, als sich Fabriken entlang des dort gelegenen Flusses Riachuelo ansiedelten (vgl. Ippolito-O'Donnell 2012). Diese territoriale Verteilung von Industrie im Süden der Stadt zu beiden Seiten des Riachuelo verstärkte durch den Bau mehrerer Eisenbahnlinien, durch die Rohmaterial aus den Provinzen zur Verarbeitung gebracht und fertige Produkte weitertransportiert werden konnten, die ungleiche funktionale und infrastrukturelle Zonierung in der Stadt (vgl. Alvarez de Celis 2005).

5 Die weitreichenden Transformationen des südlichen Teils von Buenos Aires seit den 1980er Jahren sind weder homogen noch betreffen sie alle südlichen Stadtviertel gleichermaßen (vgl. Herzer 2012). »Die Einzelmerkmale dieser Prozesse, die intervenierenden Akteure, die Geschwindigkeit und die Art der durchgeführten Transformationen zeigen, dass die Zukunft einerseits durch die öffentliche Politik und andererseits durch die sozio-territorialen und städtebaulichen Merkmale der Umgebung geprägt ist, welche seiner Entwicklung vorausgehen« (ebd., 20). Aus diesem Grund wird im weiteren Verlauf auf die jeweilige spezifische Transformation der beiden Stadtviertel, in denen sich die Fallbeispiele dieser Forschung befinden, eingegangen.

6 Die Stadt gliedert sich in 15 administrative Einheiten (arg. span. *comunas*), die im Jahr 2008 festgelegt wurden. Die *comunas* umfassen 48 Viertel (arg. span. *barrios*), die auf die Kirchengemeinden aus dem 19. Jahrhundert zurückgehen. Der Bevölkerungsstand von ca. 3 Millionen Einwohnerinnen ist seit 1947 nicht nennenswert angestiegen (vgl. INDEC 2012). Im Gegensatz dazu wuchs der erweiterte Ballungsraum *Area Metropolitana de Buenos Aires* (AMBA) auf ca. 13 Millionen Einwohnerinnen (vgl. ebd.).

7 Die Daten und Jahreszahlen stammen aus einem Interview mit einem Nachfahren des Gründers der Getreidemühle sowie der Homepage des Unternehmens.

8 Interview K1_N12_01, Seite 18

9 Interviews K2_N12_01, K2_N12_05, K2_N12_04, E_M14_02

10 Die Fotodokumentation läßt sich in chronologischer Abfolge in drei Teile gliedern, wobei der erste Bildteil die historischen Fotos der Mühle und der Textilfabrik zeigt. Der zweite Bildteil spiegelt die Perspektive(n) der Kooperativenmitglieder von La Fabrica und El Molino wider und stammt aus dem Fotoarchiv der Kooperativen bis zum Jahr 2012. Der dritte Bildteil dokumentiert die Feldforschung in Buenos Aires in den Jahren 2012/2014 und zeigt die Fallbeispiele aus dem Blickwinkel der Forscherin. Bei der Selektion der Fotos beziehungsweise bei der Auswahl der Fotoausschnitte wurde darauf geachtet, dass keine Personen unmittelbar identifiziert werden können. Die Fotodokumente werden durch Zitate aus den geführten Interviews ergänzt. La Fabrica und El Molino werden im Zeitverlauf abwechselnd dargestellt.

11 Nach dem Ende der Militärdiktatur im Jahr 1983 bis zum Amtsantritt von Carlos Menem fand keine Änderung in der wirtschaftsliberalen Strategie durch die gewählten Regierungen statt, auch wenn es zu großen Krisen aufgrund von Hyperinflation kam (vgl. Schvarzer 2006). Die Umsetzung der vom IWF empfohlenen Strukturanpassung durch Carlos Menem zu Beginn der 1990er Jahre war dennoch im Vergleich zur vorhergehenden Übergangsphase der importsubstituierenden Industrialisierung zum Wirtschaftsliberalismus und zu anderen lateinamerikanischen Ländern einzigartig in ihrer Radikalität.

12 Aufgrund der Wirtschaftskrise im Jahr 2001 konnten die beiden Projekte Usina de Arte und Centro Metropolitano de Diseño jedoch erst mehr als ein Jahrzehnt später umgesetzt werden und auch das Stadtentwicklungsprojekt Puerto Madero wurde erst langsam verwirklicht.

13 Im Forschungsverlauf wurde festgestellt, dass sich die beiden Fallbeispiele nur in sehr wenigen Details unterscheiden. Vielmehr stellte sich heraus, dass die gefundenen Daten mit dem jeweilig anderen Fallbeispiel vielfach übereinstimmten und eine Sättigung des Materials anzeigen. Aus diesem Grund wurde hier auch nur eine Social Worlds/Arenas Map angefertigt, da in beiden Fallbeispielen auf der Meso-Ebene (vgl. Clarke 2012) die gleichen sozialen Welten angetroffen wurden.

14 Eine dichte Beschreibung und Analyse der zentralen sozialen Welten mit ihren Handlungsweisen erfolgt im nächsten Unterkapitel mit einem Fokus auf den Transformationsprozessen ab dem Jahr 2001.

15 Wohnungseigentumsgesetz *Ley 13512 Propiedad Horizontal*

16 Argentiniens Isolation von den globalen Finanzmärkten erschwert den Zugang der Bevölkerung zu Finanzierungen in jeglicher Form und damit auch zu Mikrokrediten für Wohnungs(aus)bau,

welche nun vermehrt von internationalen Geldgebenden forciert werden (vgl. Grubbauer 2018).

17 Für diese Gruppe der Bevölkerung wird in der lateinamerikanischen Literatur der Begriff *sectores populares* verwendet, der auf Deutsch als Volkssektoren oder subalterne Klasse (vgl. Boris et al. 2008) und auf Englisch als *popular sectors* übersetzt wird. »The popular sectors consist of the disadvantaged groups in highly segmented, unequal societies. They are characterized by their limited life chances and consumption opportunities and include formal and informal sector workers, groups outside the market economy, and the peasantry« (Oxhorn 2011, 241). Die Schwierigkeiten der Übersetzung des Begriffes *popular* erörtern Anne Huffschmid und Kathrin Wildner (2013, 24) wie folgt: »Mit ›populär‹ hat dies kaum etwas zu tun, tendenziell kulturalistische Wendungen wie ›volkstümlich‹, aber auch Pop(ulär)kultur oder Volkskultur wären irreführend oder zumindest problematisch; doch auch die Übertragung als ›arm‹ oder ›Unterschichten‹ (für *Sectores populares*) käme einer ökonomischen Engführung gleich. Denn hier verschränken sich soziale mit kulturellen Zuschreibungen: Die *Cultura popular* steht der bürgerlichen ›Hochkultur‹ durchaus entgegen, geht aber doch über das hinaus, was gemein als ›Kultur der Armen‹ gilt und lässt sich womöglich am ehesten als – hier genuin städtische – Mischung aus Populär- und Armenkultur vorstellen.«

18 Das Wohnungsdefizit, welches im Kontext mit der *emergencia habitacional* genannt wird, steht dabei in großem Gegensatz zum Leerstand der Wohnungen (mit 24% aller existierenden Wohnungen in der Stadt Buenos Aires hauptsächlich in den nördlichen Stadtteilen) (vgl. Lorences 2015).

19 Die sogenannten *hoteles y pensiones* wurden in den 1990er Jahren in Reaktion auf das Wohnungsdefizit von der Stadtregierung subventioniert, um Familien leistbare Unterkünfte zu bieten. Rund um die Krise 2001 kam es zu Problemen mit der Subventionierung und es folgte eine Delogierungswelle in den *hoteles y pensiones* (vgl. Zapata 2017, 115).

20 K1_M14_01, 6

21 K2_N12_05 mit K2_N12_04, 26 f.

22 Durch die Autonomie der Stadt Buenos Aires als eigene Provinz Argentiniens 1994 ergaben sich notwendige Anpassungen der Verwaltungseinheit, mit der die Umbenennung in *Instituto de Vivienda de la Ciudad Autónoma de Buenos Aires* (IVC, dt. Wohnungsbauinstitut der Autonomen Stadt Buenos Aires) einher ging.

23 K2_N12_03, 20

24 K1_AM12_02, 2

25 Diese Aussagen kamen in den Interviews mit K1_AM12_02, K1_M14_01, K2_N12_03 vor. K2_N12_03 bezog sich dabei direkt auf die umstrittene Verbindung der sozialen Organisation mit

einer Arbeitergewerkschaft. In der Literatur zu sozialen Bewegungen in Argentinien werden die komplexen und teilweise engen Beziehungen zwischen sozialen Bewegungen, dem Staat, politischen Parteien u. a. in Bezug auf Vetternwirtschaft hervorgehoben (vgl. Ippolito-O'Donnell 2012). Dies erklärt das generelle Misstrauen der Familien gegenüber der Entscheidung, sich einer sozialen Organisation anzuschließen.

26 K1_AM12_02, 6

27 In Argentinien wird von *punteros politicos* als die Caudillos der Arbeiterviertel gesprochen, welche als verlängerter Arm des Staates in Bezug auf territoriale Macht und mittels Vetternwirtschaft agieren (vgl. Ippolito-O'Donnell 2012).

28 Siehe hierzu die gleichnahmige Publikation von Henri Lefebvre ([1968] 2016), auf dessen Konzept sich die soziale Organisation MOI bezieht.

29 Die Federación Uruguaya de Cooperativas de Vivienda por Ayuda Mutua (FUCVAM, dt. Uruguayischer Verband der Wohnungsbaugenossenschaften für gegenseitige Hilfe) ist das lateinamerikanische Referenzmodell für selbstverwaltete Wohnungsbauproduktion seit den 1970er Jahren. Wesentliche Eckpunkte des Verbands, dessen Basis in Gewerkschaften organisierte Arbeitende bilden, sind Selbstverwaltung, *ayuda mutua* (dt. gegenseitige Hilfe, wobei damit in diesem Zusammenhang die Mitarbeit der Bewohnerinnen am Konstruktionsprozess bezeichnet wird) und kollektives Eigentum (vgl. Nahoum 2008).

30 unter anderem mit den sozialen Organisationen Mutual de Desalojados de La Boca, Comedor Los Pibes und den Delegados de la ExAu3

31 E_AM12_01, E_AM12_03

32 Das Interview (E_AM12_02) mit einer Person aus der Dirección General de Administración de Bienes (dt. Abteilung zur Verwaltung von Gütern in Stadteigentum) zeigt, dass es im Grunde keine brachliegenden oder leerstehenden Gebäude in öffentlichem Eigentum gibt, die nicht besetzt werden. In den meisten Fällen werden diese Besetzungen geduldet, da keine alternativen Wohnlösungen für die Besetzenden angeboten werden können.

33 Der Entwurf und die Errichtung von sozialem Wohnungsbau war mit Ende der 1990er Jahre nur für wenige Architekturbüros eine existenzsichernde Bauaufgabe, auch wenn die Zahl der errichteten Wohnungen von Anfang bis zum Ende der 1990er Jahre stieg (vgl. Bricchetto 2006). Die staatlichen Behörden schrieben den Bau von sozialen Wohnungen in großem Maßstab für Bauunternehmen sowie Architekturbüros aus. Das Finanzierungsprogramm Fondo Nacional de la Vivienda (FONAVI, dt. Nationaler Wohnungsfonds) basierte auf der schlüsselfertigen Vergabe der errichteten Wohnungen im Eigentumstitel mit langjährigen, niedrigen Krediten an benachteiligte Bevölkerungsgruppen (vgl. Lehner 2008). Das Leistungsspektrum sah damit in erster Linie

die Bereitstellung einer adäquat großen Wohnung mit Strom, Wasser und Gasanschluss sowie die Vergabe des Eigentumtitels vor.

34 E_N12_01

35 Auf den Umstand, dass Personen nicht nur einer sozialen Welt zugeschrieben werden können, geht auch Adele Clarke (2012, 148 ff.) ein.

36 In einem Interview wird auf den *Cordobazo* hingewiesen, jenen blutigen Arbeiterinnenprotest, der 1969 in der argentinischen Stadt Cordoba stattfand und bei dem sich Studierende und Lehrende mit den streikenden Metallarbeitern solidarisierten.

37 K1_M14_01, K2_N12_03, E_N12_01

38 K1_M14_01, 4

39 Die Social Worlds/Arena Map fokussiert auf das Visualisieren des kollektiven Handelns, d. h. auf sinnstiftende soziale Gruppen und »auf Menschen, die gemeinsam etwas tun« (Clarke 2012, 147). Das kollektive Handeln verdeutlicht sich nicht nur in sprachlichen Diskursen, sondern auch in der Herstellung von nicht-menschlichen Aktanten (vgl. Both 2015) wie zum Beispiel Versammlungsräumen oder besetzten Wohnhäusern. Soziale Welten (eng. *social worlds*) als Diskursuniversen »konstituieren Diskurse und werden durch diese aufrechterhalten« (ebd., 8). Unterschiedliche Organisationen können sich innerhalb von sozialen Welten befinden, die wiederum als ein Teil oder mehrerer Arenen erfasst werden (vgl. Clarke 2012). Die wichtigsten sozialen Welten einer Situation bilden die wesentlichen Diskurse einer Arena und sind an den kollektiven Aushandlungsprozessen beteiligt (vgl. Both 2015). Die dargestellten porösen Grenzen verdeutlichen die möglichen Veränderungen und vielfältigen Perspektiven auf die Situation (vgl. Clarke 2012). Die überlappenden sozialen Welten zeigen an, dass einige Kollektive und Personen an mehr als einer sozialen Welt teilhaben (vgl. ebd.).

40 E_M14_01, 12

41 K1_N12_01, 32; E_M14_01

42 K1_AM12_02, K2_N12_05 mit K2_N12_04, 10 und K1_M14_01

43 K2_N12_01, 2

44 Auch Interview K2_N12_05 mit K2_N12_04, 12

45 K1_AM12_01, K1_AM12_02, K1_N12_02, K1_M14_01

46 K1_N12_03, 32

47 Diese Inklusion erfolgte jedoch nur über den begrenzten Zeitraum einer halben Legislaturperiode unter anderem mit einem Unterstützer sozialer Organisationen, Eduardo Jozami, als Präsident des IVC in den Jahren 2000–2002. Mit den nachfolgenden Regierungen wurde die Zusammenarbeit mit sozialen Organisationen und damit ihre Möglichkeiten zur politischen Mitgestaltung immer weiter limitiert (vgl. Zapata 2017).

48 E_N12_01

49 Zwischen 2012 und 2014 fanden mehrere Feld-

forschungsaufenthalte statt. Durch die persönlichen Beobachtungen vor Ort ergaben sich Daten, welche die historischen Erzählungen der Befragten über frühere Phasen der Transformation der urbanen Brachen komplimentierten und vertieften.

50 Die Idee der Perspektivenerweiterung durch ein erweitertes Gestaltsehen sowie das Ergründen der Figur-Grund-Konfiguration in den Disziplinen Architektur und Städtebau wurde in ▷KAPITEL B bereits ausführlich erläutert.

51 Siehe dazu die Ausführungen in ▷KAPITEL B zur »fruchtbaren Leere« (vgl. Frambach 2006) als einem Ort, an dem Polaritäten zusammenfallen und Widersprüchliches aufeinandertrifft.

52 Die Grundlagen des theoretischen Konzepts zur *autogestión* finden sich bereits im 19. Jahrhundert in anarchistischen, anarcho-syndikalistischen und syndikalistischen Bewegungen (vgl. Werke von Pierre-Joseph Proudhon), auch wenn die für die Stadtforschung relevante, raumbezogene Verwendung erst mit Henri Lefebvre und den Situationisten begann (vgl. Ronneberger 2009). Die soziale Organisation MOI beruft sich auf die Konzeptualisierung von Henri Lefebvre. So beschreibt Carla Rodriguez, Mitglied von MOI und Soziologieprofessorin, *autogestion* als theoretisches Konzept, das versucht die Entbürokratisierung von festgefahrenen staatlichen Strukturen, die Übertragung von Kompetenzen auf die ausführenden Subjekte und Beteiligung an politischen Definitionen, die derzeit ein exklusives Terrain der Bürokratie darstellen, zu erreichen (vgl. Rodriguez et al. 2007). Einen Bezug zu Facetten der urbanen Leere stellt Neil Brenner mit folgendem Zitat her: »His [Levebvre's] remarks on autogestion in the 1970s illuminate the ways in which this philosophy of praxis may be extended to include a critique of the modern capitalist state: autogestion, in this sense, is a form of grassroots political practice that ›is born spontaneously out of the void in social life that is created by the state«« (Brenner 2008, 240).

53 E_M14_01, 8

54 Zu diesem Zeitpunkt Ende der 1990er Jahre fand bereits eine weitgehende Umstrukturierung von einer Wohnungsbaupolitik des aktiven Errichtens von sozialem Wohnungsbau hin zur lediglichen Bereitstellung von staatlichen Finanzierungsmodellen für die Wohnungsbauproduktion statt. Die Verschiebung hin zu Finanzierungsstrategien, welche nicht zuletzt maßgeblich von internationalen Institutionen wie der Weltbank oder dem Internationalen Währungsfond forciert wurde, änderte nichts an den Strategien zur Lösung des Wohnungsmangels und den Diskursen zu sozialem Wohnungsbau als Behausung in Buenos Aires.

55 E_M14_01, 8

56 Originalwortlaut aus einem Interview mit einer Mitarbeiterin der Abteilung des PAVs (E_M14_01)

57 So sieht das Gesetz 964 keine Zinsen für Personen mit niedrigem Einkommen sowie eine maximale Deckelung der Kreditrate auf 20% des Einkommens des Haushaltes vor. Um die Zugangshürden für den Hypothekarkredit weiter zu senken, wurde kein Nachweis über Ersparnisse verlangt. Damit war diese Wohnungsbaufinanzierung in einem hohen Grad durch staatliche Subventionen gestützt.

58 Die Kooperativen funktionieren auf Basis der Bestimmungen und Prinzipien, die im argentinischen Gesetz für Genossenschaften (Ley 20.337 Cooperativas de la República Argentina) festgelegt sind.

59 Die Entscheidung dafür war wesentlich an den ideologischen Hintergrund der sozialen Organisation MOI und das für die Organisation richtungsweisende Beispiel der Kooperativen von FUCVAM in Uruguay geknüpft.

60 K1_M14_01, 4

61 K1_M14_01, 6

62 E_N12_01

63 K1_M14_01, 20

64 Die Vorschreibung zum Bau einer Garage bzw. zur Bereitstellung von Parkplätzen auf dem Grundstück entfiel später. Die Kooperative El Molino hielt dennoch am Bau einer Garage (mit noch offener Finanzierung) fest, um aus der Vermietung der Garagenplätze an Externe Einnahmen zu lukrieren.

65 K2_N12_01, 6

66 K2_N12_03, 18

67 K1_N12_03, 12

68 K2_N12_03, 18

69 Deutlich wird in diesem Zusammenhang die Größe der Kooperativen La Fabrica und El Molino, durch die beim kollektiven Ansparen wesentliche Summen zusammenkommen konnten. Andere, kleinere Kooperativen der sozialen Organisation MOI (Koopertive Yatay, Kooperative Peru) konnten diese Summen nicht aufbringen und wurden von den beiden größten Kooperativen der Organisation unterstützt.

70 Zusätzlich zu diesen 3000 Arbeitsstunden sind die Partizipation in den Gremien und bei Veranstaltungen sowie die regelmäßigen Zahlungen Voraussetzung für den Zugang zu einer Wohnung. Für die Evaluierung dessen, wer in die nächste fertiggestellte Etappe von El Molino einziehen darf, zählen 30% *ayuda mutua*, 40% Partizipation sowie 30% geleistete finanzielle Beiträge.

71 K2_N12_04, 20

72 K2_N12_05, 8

73 K2_N12_03, 4

74 K1_AM12_03, 14

75 Die Besonderheit des Wohnprojektes von El Molino war, dass die Wohnungen aufgrund ihrer Anzahl in vier Etappen errichtet werden sollten.

76 E_M14_01, 12

77 K1_M14_01, 12

78 »Andere« Arbeitsbedingungen finden sich auch bei den vielen freiwilligen Mitarbeiterinnen der sozialen Organisation und der interdisziplinären Teams des Programms. Diese mussten aufgrund der Verzögerungen der administrativen Formalitäten lange auf die Bezahlung ihrer Honorare warten, wobei deren tatsächlicher Arbeits- und Zeitaufwand für die Kooperativen das Honorar überstieg. Die Kooperativenmitglieder nannten in den Gesprächen eine Mehrzahl von Architekten aus dem interdisziplinären Team, die die Bauaufsicht und -leitung für die beiden Bauprojekte durchführten, aber später wieder abgaben. Einzig der Architekt und Mitbegründer von MOI betreute durchgehend die Projekte in Entwurfsfragen und übernahm schlussendlich auch die Bauaufsicht von La Fabrica, als wieder ein Kollege mit der Arbeit aufhörte.

79 K1_N12_03, 20

80 K1_M14_01, 22

81 E_N12_01, 6

82 Der erste Teil der Wohnungen in der Mühle wurde von vielen Familien temporär bewohnt, bis nach der Fertigstellung aller Wohnungen diese endgültig entsprechend den Familiengrößen und -anforderungen zugeteilt werden konnten.

83 E_M14_01, 12

84 Die intensive Gremienarbeit, die Partizipation in den Vollversammlungen der Kooperativen und die Mitarbeit am Bau über die langen Jahre des Bauprozesses wurden von vielen Kooperativenmitgliedern als sehr belastend beschrieben. Es waren mehrheitlich Frauen mit Familien, die diese Arbeit leisteten. »Es ist ein langer und schwieriger Prozess. Die Familie muss sehr stabil sein, um das auszuhalten. Mit gutem Zusammenhalt, denn hier verbringen wir viele Stunden. Wir sind nicht bei unseren Familien. Es muss einem gut gehen, in einem guten Gleichgewicht, dass einer arbeitet und der andere unterstützt, oder der eine unterstützt und der andere arbeitet. Und das sind Stunden, denn manchmal fängst du hier morgens an, weil du in den Gremien der Organisation engagiert bist. Du kommst am Abend hierher und die Besprechungen gehen weiter und um Mitternacht gehst du heim. Das heißt, da müssen die Familien stark sein.« K1_N12_02, 14

85 K1_M14_01, 24

86 K1_M14_01, 14

87 K1_M14_01, 24

88 E_M14_01, 6

89 E_N12_01, 8

90 Weiterbildungszentren als sogenannte *bacchileratos populares* entstanden in Buenos Aires insbesondere rund um die Wirtschaftskrise 2001. Die Zentren bieten, wie Volkshochschulen, Weiterbildungskurse für Kinder und Erwachsene auf Basis des Selbstverwaltungsprinzips und der Reformpädagogik unter anderem von Paulo Freire an.

91 E_N12_01, 8

92 ebd.

93 K1_N12_04, 32

94 K1_N12_03, 18

95 K1_M14_01, 6

96 E_M14_01, 10

97 E_M14_01, 16

98 Im Zeitraum der Feldforschung basierte der Großteil des Budgets für das PAV auf einer Finanzierung der Nationalregierung und nur zu einem kleinen Teil auf städtischen Geldern, während in den Anfängen des Programms städtische Gelder für die Ausführung des PAVs verwendet wurden (vgl. Zapata 2017).

99 So zum Beispiel mit der Gründung der Vereinigung Espacio de Coordinación de Cooperativas Autogestionadas (ECCA, dt. Raum der Koordinierung der selbstverwalteten Kooperativen)

100 Als weitere Reaktion auf die limitierten Umsetzungsmöglichkeiten des Gesetzes 341 innerhalb der Stadt Buenos Aires entschied sich die soziale Organisation MOI auf die nationale Ebene zu gehen und in anderen Provinzen Argentiniens das selbstverwaltete Bauen und Wohnen voranzutreiben. Damit einher ging der langwierige Versuch das Gesetz 341 als nationales Gesetz in den Nationalkongress zu bringen, welcher bis zum Abschluss der hier präsentierten Forschungsarbeit noch nicht erfolgreich war.

101 E_M14_01, 14

102 K1_M14_01, 6

103 K1_M14_01, 22

104 K1_M14_01, 14

105 Interview E_M14_01 sowie Tejido Urbano o.J.

106 Vgl. Interview E_M14_01 sowie Zapata 2017

107 K1_N12_03, 20

108 E_M14_01, 4

109 Business Improvement Districts (BID) sind ein Stadtplanungsinstrument, in dessen Rahmen bestimmten Betrieben bei Niederlassung in definierten Stadtgebieten unterschiedliche Vorteile, wie z. B. Steuerentlastungen, gewährt werden. Ziele der Strategie der Business Improvement Districts sind u. a. die Erhöhung von Produktivität, Schaffung von Arbeitsplätzen und die generelle »Aufwertung« von Stadtteilen.

110 K2_N12_01, 19

111 E_M14_01

112 K2_N12_01, 10

113 K1_M14_01, 24

114 K2_N12_04, 20

115 Siehe hierzu die Ausführungen zu Dieter Läpples Matrix-Raum als auch Gabriele Sturms Quadranten-Konzept in ▸KAPITEL D.

116 Das Quadranten-Konzept basiert (wie bereits in ▸KAPITEL D dargelegt) auf einem relationalen Raum-Zeit-Verständnis, das Raum in vier analytische Ebenen entlang einer Zeitspirale strukturiert. Gabriele Sturm benennt die vier Quadranten als »materiale Gestalt des Raumes«, »strukturierende Regulation im Raum und des

Raumes«, »historisches Konstituieren des Raumes« und »der kulturelle Ausdruck im Raum und des Raumes«.

117 Anmerkung von Prof. Ingrid Breckner im Promotionskolleg Urbane Metamorphosen

118 Siehe ▷KAPITEL C sowie zu einer Auswahl an Methoden ▷KAPITEL D.

119 Dies bezieht sich auf Gabriele Sturms dritten Quadranten des historischen Konstruierens.

120 Siehe hierzu die Auseinandersetzung Bruno Latours (1996) mit der Rolle von Alltagsgegenständen unter anderem anhand des Berliner Schlüssels und die Verbindung der Idee von nicht-menschlichen Aktanten und der Akteur-Netzwerk Theorie.

121 Vergleiche hierzu die Konferenzen in den Räumen der beiden Fallbeispiele der lateinamerikanischen Organisation SeLViP.

122 Diese Aspekte sind analog zum zweiten und dritten Raum-Quadranten nach Gabriele Sturm.

123 E_AM12_01, E_AM12_02 und E_AM12_03

124 K1_M14_01

125 Dieser Aspekt wäre für die weitere Erforschung der Transformation der urbanen Leere(n) in jedem Fall relevant.

126 Siehe hierzu das in Kapitel zur Fachliteratur angesprochene Schließen von Möglichkeitsräumen, die nicht mehr als offene, kreative Aneignungsräume fungieren (vgl. Othengrafen 2014), sondern zum Beispiel nur mehr der Entfaltung kleiner Gruppen dienen (vgl. Wolfrum 2007) oder Krisen in Planungsprozessen evozieren.

F
URBANE LEERE(N) IN LATEINAMERIKA IM MULTIDISZIPLINÄREN BLICKFELD UND IHRE RELEVANZ FÜR EUROPÄISCHE PRAKTIKEN

1 Aus der in der Empirie identifizierten Vielfältigkeit an Praktiken erklärt sich die Erweiterung des Begriffes im Plural in urbane Leere(n).

2 Zu Transkulturalität und transkulturellem Forschen siehe ▷KAPITELABSCHNITT D.3.

3 Siehe hierzu das Konzept der *care infrastructures* (vgl. McFarlane/Silver 2017).

4 Kölner Erklärung zur Städtebau-Ausbildung. Online-Zugriff unter https://www.stadtbaukunst. de/publikationen/positionspapiere/koelner-erklaerung/

5 Positionspapier zum Städtebau und zur Städtebauausbildung. Online-Zugriff unter https:// www.bauwelt.de/themen/100-STADT-2159077. html.

6 Was macht eine Fakultät für Architektur und Raumplanung aus? Online-Zugriff unter https:// ar.tuwien.ac.at/en/content/download/104012/ file/future.lab-Magazin%20%23o7.pdf.

7 Aus einem anderen Blickwinkel erscheint auch für die Nutzenden von Architektur ein Verständnis für die komplexen Wechselwirkungen in der Raumproduktion als relevant. Wie im ▷UNTER-KAPITEL E.1.2 dargelegt, durchliefen die Koopera-tivenmitglieder einen Prozess des Lernens über die komplexen Abläufe im Wohnungsbau, um im Rahmen der selbstverwalteten Raumproduktion kompetente Entscheidungen in Verhandlungen mit anderen Akteurinnen treffen zu können.

8 in Anlehnung an das Figur-Grund-Prinzip der Gestalttherapie (vgl. Perls/Hefferline/Goodman 2006)

9 Siehe hierzu die ARCH+ Ausgabe *Rechte Räume* (vgl. Kuhnert/Ngo/Uhlig 2019)

10 Die hier präsentierte Forschungsarbeit stößt dabei als individuelle Dissertation an Grenzen, deren Überwindung bei zukünftigen Forschungen notwendig wäre.

11 „Wofür (...) möchtest du ein leeres Haus? Das Haus muss voll mit Inhalt sein, mit denkenden Menschen." Interview K1_M14_01, 8.

Quellen

LITERATURVERZEICHNIS

Albrecht, Stephan und Albert Engel: *Weltagrarbericht. International Assessment of Agricultural Knowledge, Science and Technology for Development.* Hg. Deutsche Gesellschaft für Technische Zusammenarbeit (GTZ) GmbH. Hamburg 2009: Hamburg University Press, Verlag der Staats- und Universitätsbibliothek Hamburg Carl von Ossietzky.

Altrock, Uwe, et al.: »Neue Wege in der Planungspraxis und warum aktuelle Theorien unvollständig bleiben.« In: *Perspektiven der Planungstheorie*, Hg. Uwe Altrock, et al., 248–263. Berlin 2004: Leue Verlag.

Alvarez de Celis, Fernando: *El sur en la Ciudad de Buenos Aires: caracterización económica territorial de los barrios de La Boca, Barracas, Nueva Pompeya, Villa Riachuelo, Villa Soldati, Villa Lugano y Mataderos.* Buenos Aires 2005: Centro de Estudios para el Desarrollo Económico Metropolitano (CEDEM).

Amin, Ash und Nigel Thrift: *Cities: reimagining the urban.* Cambridge 2002: Polity Press.

Angst, Marc, et al.: *Zone*imaginaire: Zwischennutzungen in Industriearealen.* Zürich 2010: vdf Hochsch.-Verlag an der ETH.

Aravena, Alejandro und Andrés Iacobelli: *Elemental: manual de vivienda incremental y diseño participativo.* Ostfildern 2012: Hatje Cantz.

Arkaraprasertkul, Non: »In Praise of the ›Coffin‹: Japanese Capsule Hotel and Creative Urban Sociality.« In: *Politics and Aesthetics of Creativity City, Culture and Space in East Asia*, Hg. Heung Wah Wong, et al., 93–117. Los Angeles 2015: Bridge21 Publications.

Arlt, Peter: »Stadtplanung und Zwischennutzung.« In: *Temporäre Räume. Konzepte zur Stadtnutzung*, Hg. Florian Haydn, et al., 41–48. Basel 2006: Birkhäuser.

Auberle, Anette: Der Duden in zwölf Bänden: Das Standardwerk zur deutschen Sprache. 7. Duden – Herkunftswörterbuch: Etymologie der deutschen Sprache. Mannheim, Wien 2001: Dudenverlag.

Augé, Marc: Nicht-Orte. München 2010: C.H. Beck.

Awan, Nishat, et al.: *Spatial Agency. Other ways of doing architecture.* London / New York 2011: Routledge.

Banks, Marcus: *Using Visual Data in Qualitative Research.* Hg. Uwe Flick. London 2007: SAGE Publications.

Barbagallo, José und Carla Maria Rodriguez, Hg.: *MOI. Movimiento en movimiento: la lucha por la casa en la ciudad de Buenos Aires: una experiencia autogestionaria.* Buenos Aires 2007: MOI.

Barbagallo, José und Carla Maria Rodriguez, Hg.: *MOI. Movimiento en movimiento. Parte dos. Un Grito en la Calle.* Buenos Aires 2012: MOI.

Bärtschi, Peter: »Geschichte und Typologie industrieller Bauten.« In: *Waiting lands: Strategien*, Hg. Roman Züst, et al., 13–15. Sulgen, Zürich 2008: Niggli.

Baum, Martina: »It's all about places, people and having a vision.« In: *City as loft adaptive reuse as a resource for sustainable urban development*, Hg. Martina Baum, et al., 355–365. Zürich 2012: Gta-Verlag.

Baum, Martina und Kees Christiaanse: *City as loft adaptive reuse as a resource for sustainable urban development.* Zürich 2012: Gta-Verlag.

Beisser, Arnold: *Wozu brauche ich Flügel?* Wuppertal 1997: Peter Hammer Verlag.

Belini, Claudio: »Una época de cambios: la industria textil argentina entre dos crisis, 1914–1933.« *Estudios Ibero-Americanos* XXXIV (2), 2008: 31–48.

Bodenschatz, Harald und Cordelia Polinna (2010): »Learning from IBA – die IBA 1987 in Berlin.« Berlin: Senatsverwaltung für Stadtentwicklung Berlin. http://opus.kobv.de/zlb/volltexte/2012/13695/pdf/Learning_from_IBA.pdf [Zugriff am 18.11.2014].

Boelens, Luuk: *The Urban Connection: An Actor-relational Approach to Urban Planning.* Rotterdam 2009: 010 Publishers.

Boelens, Luuk: »Theorizing Practice and Practicing Theory: Outline for an Actor-Relational-Approach in Planning.« *Planning Theory* 9(1), 2010: 43.

Bogner, Alexander und Wolfgang Menz: »Das theoriegenerierende Experteninterview. Erkenntnisinteresse, Wissensformen, Interaktion.« In: *Das Experteninterview: Theorie, Methode, Anwendung*, Hg. Alexander Bogner, et al., 33–70. Wiesbaden 2005a: VS-Verlag.

Bogner, Alexander und Wolfgang Menz: »Expertenwissen und Forschungspraxis: die modernisierungstheoretische und die methodische Debatte um die Experten. Zur Einführung in ein unübersichtliches Problemfeld.« In: *Das Experteninterview: Theorie, Methode, Anwendung*, Hg. Alexander Bogner, et al., 7–30. Wiesbaden 2005b: VS-Verlag.

Boris, Dieter, et al., Hg.: *Sozialstrukturen in Lateinamerika: Ein Überblick.* Wiesbaden 2008: VS-Verlag.

Borret, Kristiaan: »The »Void« as a Productive Concept for Urban Public Space.« In: *The Urban Condition: Space, Community, and Self in the Contemporary Metropolis*, Hg. Dirk De Meyer, et al., 236–251. Rotterdam 1999: 010 Publishers.

Borries, Friedrich von, et al.: *Glossar der Interventionen.* Hg. Friedrich von Borries, *Urbane Interventionen.* Berlin 2012: Merve.

Borries, Friedrich von, et al.: *Urbane Interventionen Hamburg.* Hg. Friedrich von Borries, *Urbane Interventionen.* Berlin 2013: Merve.

Both, Göde: »Praktiken kartografieren. Was bringt Clarkes Situational Analysis für Praxeografien?« In: *Methoden einer soziologie der Praxis*, Hg. Franka Schäfer, et al., 197–214. Bielefeld 2015: transcript.

Breckner, Ingrid: »Die Produktion suburbaner Räume und die Rolle der räumlichen Planung.« In: *Praxis der Stadt- und Regionalentwicklung. Analysen, Erfahrungen, Folgerungen, Planung neu denken*, Hg. Klaus Selle, 438–449. Dortmund 2006: Rohn Verlag.

Breckner, Ingrid, et al., Hg.: ¿Urban Voids? Buenos Aires - Hamburg. Report of the international workshop in Buenos Aires, March 2017. Hamburg 2017: HafenCity Universität Hamburg.

Breckner, Ingrid und Gabriele Sturm: »Raum-Bildung. Übungen zu einem gesellschaftlich begründeten Raum-Verstehen.« In: *Raumbildung Bildungsräume: Über die Verräumlichung sozialer Prozesse*, Hg. Jutta Ecarius, et al., 213–236. Wiesbaden 1997: VS-Verlag.

Breckner, Roswitha: *Sozialtheorie des Bildes. Zur interpretativen Analyse von Bildern und Fotografien.* Bielefeld 2010: transcript.

Breckner, Roswitha: »Bildwahrnehmung - Bildinterpretation. Segmentanalyse als methodischer Zugang zur Erschließung bildlichen Sinns.« Österreichische Zeitschrift für Soziologie 37, 2012: 143–164.

Brenner, Neil: »Henri Lefebvre's critique of state productivism.« In: *Space, Difference, Everyday Life. Reading Henri Lefebvre*, Hg. Kanishka Goonewardena, et al., 231–249. New York 2008: Routledge.

Brenner, Neil (2015): Is »Tactical Urbanism« an Alternative to Neoliberal Urbanism? http://post. at.moma.org/content_items/587-is-tactical-urbanism-an-alternative-to-neoliberal-urbanism [Zugriff am 19.10.2015].

Bricchetto, Nora: »Política de vivienda en la Argentina (1989–1999).« In: *Hacia la Gestión de un Hábitat Sostenible*, Hg. Olga Wainstein-Krasuk, et al., 147–182. Buenos Aires 2006: nobuko.

Brighenti, Andrea Mubi: *Urban Interstices: The Aesthetics and the Politics of the In-between.* Farnham 2013: Ashgate.

Brillembourg, Alfredo und Hubert Klumpner: *Torre David. Informal Vertical Communities.* Zürich 2013: Lars Müller Publishers.

Burckhardt, Lucius: »Spaziergangswissenschaft.« In: *Warum ist Landschaft schön? Die Spaziergangswissenschaft*, Hg. Markus Ritter, et al., 257–300. Kassel 2006: Schmitz Verlag.

Buttenberg, Lisa, et al., Hg.: *Raumunternehmen: Wie Nutzer selbst Räume entwickeln.* Berlin 2014: Jovis.

Callon, Michel: »Die Sozio-Logik der Übersetzung: Auseinandersetzungen und Verhandlungen zur Bestimmung von Problematischem und Unproblematischem.« In: *ANThology: ein einführendes Handbuch zur Akteur-Netzwerk-Theorie*, Hg. Andréa Belliger, et al., 51–74. Bielefeld 2006: transcript.

Cappai, Gabriele: Forschen unter Bedingungen kultureller Fremdheit. Wiesbaden 2008: VS Verlag.

Careri, Francesco: *Walkscapes: Walking as an Aesthetic Practice.* Barcelona 2002: Editorial Gustavo Gili, S.L.

Chaline, Claude: *La régénération urbaine, Que sais-je?* Paris 1999: Presses Universitaires de France.

Christiaanse, Kees: »Traces of the City as Loft.« In: *City as loft adaptive reuse as a resource for sustainable urban development*, Hg. Martina Baum, et al., 14–24. Zürich 2012: Gta-Verlag.

Clarke, Adele: *Situationsanalyse: Grounded Theory nach dem Postmodern Turn.* Wiesbaden 2012: VS-Verlag.

Clarke, Adele, et al., Hg.: *Situational Analysis in Practice. Mapping Research with Grounded Theory.* Walnut Creek, California 2015: Left Coast Press.

Clarke, Adele und Susan Leigh Star: »The Social Worlds Framework: A Theory/Methods Package.« In: *The Handbook of Science and Technology Studies*, Hg. Edward J. Hackett, et al., 113–137. Cambridge, Mass. 2008: MIT Press.

Clichevsky, Nora: *Tierra Vacante en Ciudades Latinoamericanas.* Cambridge, Mass. 2002: Lincoln Institute of Land Policy.

Clichevsky, Nora: »La tierra vacante ›revisitada‹. Elementos explicativos y potencialidades de utilización.« *Cuaderno Urbano* 6, 2007a: 195–220.

Clichevsky, Nora: »La tierra vacante en América Latina.« In: *Perspectivas urbanas. Temas críticos en políticas de suelo en América Latina*, Hg. Martim O. Smolka, et al., 274–277. Cambridge, Mass. 2007b: Lincoln Institute of Land Policy.

CNBB: »Solo Urbano e Ação Pastoral. Documento da XX Assembléia Geral da Conferência Nacional dos Bispos do Brasil.« XX Assembléia Geral da Conferência Nacional dos Bispos do Brasil, São Paulo, 1982.

Connolly, Priscilla: »The practice of urban theory in Latin America.« In: *Across Theory and Practice. Thinking Through Urban Research*, Hg. Monika Grubbauer, et al., 149–159. Berlin 2018: Jovis.

Crang, Mike und Nigel Thrift: *Thinking Space.* London 2000: Routledge.

Cross, Nigel: *Designerly Ways of Knowing.* Basel 2007: Birkhäuser.

Cuenya, Beatriz: »Grandes proyectos urbanos, cambios en la centralidad urbana y conflictos de intereses. Notas sobre la experiencia argentina.« In: *Grandes proyectos urbanos: miradas críticas sobre la experiencia argentina y brasileña*, Hg. Beatriz Cuenya, et al., 27–66. Buenos Aires 2012: Editorial Café de las Ciudades.

Cuenya, Beatriz und Manuela Corral: »Empresarialismo, economía del suelo y grandes proyectos urbanos: el modelo de Puerto Madero en Buenos Aires.« *EURE. Revista Latinoamericana de Estudios Urbano Regionales* 37 (111), 2011: 25–45.

Cullen, Gordon: *The consice townscape.* Oxford 1971: The Architectural Press.

Cupers, Kenny und Markus Miessen, Hg.: *Spaces of Uncertainty.* Basel 2018: Birkhäuser.

Davy, Benjamin: Raumplanung ohne Präservativ. *PNDonline* 1, 2007: 1–12. http://www.planung-neu-denken.de/images/stories/pnd/dokumente/davy i%7C2007.pdf [Zugriff am 19.6.2019].

De Araujo Larangeira, Adriana: *Tierra Vacante en las ciudades de America Latina: Desafíos y Oportunidades*. Cambridge, Mass. 2004: Lincoln Institute of Land Policy.

de Certeau, Michel: *Die Kunst des Handelns*. Berlin 1988: Merve.

De Landa, Manuel: *A new philosophy of society: assemblage theory and social complexity*. London 2013: Bloomsbury Publishing Plc.

De Meyer, Dirk und Kristiaan Versluys: *The Urban Condition: Space, Community, and Self in the Contemporary Metropolis*. Rotterdam 1999: 010 Publishers.

Deleuze, Gilles und Félix Guattari: *Rhizom, Internationale marxistische Diskussion*. Berlin 1977: Merve.

Deleuze, Gilles und Félix Guattari: *Tausend Plateaus, Kapitalismus und Schizophrenie [2]*. Berlin 1992: Merve.

Delgado, Manuel: *Sociedades movedizas: pasos hacia una antropología de las calles*. Barcelona 2007: Anagrama.

Delitz, Heike: »Jenseits von Krise und Repräsentation.« *Arch + 204*, 2011: 22–23.

Dell, Christopher: »Die Performanz des Raums.« *Arch+ 183*, 2007: 8.

Dell, Christopher: *Das Urbane. Wohnen. Leben. Produzieren*. Berlin 2014: Jovis.

Di Virgilio, María Mercedes, et al.: »La vivienda un problema persistente: Las condiciones habitacionales en el área Metropolitana de Buenos Aires, 1991–2010.« *Revista CIS* (20), 2016: 21–48.

Dieterich, Hartmut: »Typische Problemsituationen von Industrie- und Gewerbebrachen.« *Informationen zur Raumentwicklung* 10/11, 1984: 977–993.

Diez, Fernando: »Tácticas de infiltración. Diez años de experimentación en Buenos Aires.« *summa+* 107, 2010: 34–39.

Dissmann, Christine: *Die Gestaltung der Leere zum Umgang mit einer neuen städtischen Wirklichkeit*. Bielefeld 2011: transcript.

Doßmann, Axel, et al.: *Architektur auf Zeit. Baracken, Pavillons, Container, metroZones*. Berlin 2006: b_books.

Doucet, Isabelle und Nel Janssens, Hg.: *Transdisciplinary Knowledge Production in Architecture and Urbanism: Towards Hybrid Modes of Inquiry*. Dordrecht 2011: Springer Science+Business Media.

DRAE (2001): »Diccionario de la lengua española.«. Real Academia Española http://lema.rae.es [Zugriff am 13.5.2014].

Dransfeld, Egbert, et al.: *Aktivierung von Brachflächen als Nutzungspotential für eine aktive Bauland- und Freiflächenpolitik*. Dortmund 2002: Enquetekommission »Zukunft der Städte in NRW« des Landtags Nordrhein-Westfalen

Düllo, Thomas: *Kultur als Transformation: Eine Kulturwissenschaft des Performativen und des Crossover, cultural studies*. Bielefeld 2014: transcript.

Dünne, Jörg und Stephan Günzel, Hg.: *Raumtheorie. Grundlagentexte aus Philosophie und Kulturwissenschaften*. Frankfurt am Main 2006: Suhrkamp.

EAH: Encuesta Anual de Hogares de la Ciudad de Buenos Aires 2016. Buenos Aires 2017: Dirección General de Estadística y Cencos. Ministerio de Hacienda.

Eckardt, Frank: *Stadtforschung: Gegenstand und Methoden*. Wiesbaden 2014: Springer VS.

Eisinger, Angelus: *Die Stadt der Architekten: Anatomie einer Selbstdemontage, Bauwelt Fundamente*. Basel 2005: Birkhäuser.

Eisinger, Angelus: »Zwischen Strukturwandel und urbaner Aktivierung.« In: *Waiting lands: Strategien für Industriebrachen*, Hg. Roman Züst, et al., 39–44. Sulgen 2008: Niggli.

Eisinger, Angelus: »The social value of transformation.« In: *City as loft adaptive reuse as a resource for sustainable urban development*, Hg. Martina Baum, et al., 67–72. Zürich 2012: Gta-Verl.

Eisinger, Angelus und Jörg Seifert: *urbanRESET: Freilegen immanenter Potenziale städtischer Räume. How to Activate Immanent Potentials of Urban Spaces*. Basel 2012: Birkhäuser.

Elias, Norbert: Über den Prozeß der Zivilisation: soziogenetische und psychogenetische Untersuchungen. Erster Band. Wandlungen des Verhaltens in den weltlichen Oberschichten des Abendlandes. Frankfurt am Main 1997: Suhrkamp.

Elias, Norbert: Über den Prozeß der Zivilisation: soziogenetische und psychogenetische Untersuchungen. 2. Wandlungen der Gesellschaft: Entwurf zu einer Theorie der Zivilisation. Frankfurt am Main 1999: Suhrkamp.

Färber, Alexa: »Greifbarkeit der Stadt: Überlegungen zu einer stadt- und wissensanthropologischen Erforschung städträumlicher Aneignungspraktiken.« *dérive* Okt-Dez 2010 (40/41), 2010: 100–105.

Färber, Alexa: »Potenziale freisetzen: Akteur-Netzwerk-Theorie und Assemblageforschung in der interdisziplinären kritischen Stadtforschung.« *s u b \ u r b a n. zeitschrift für kritische stadtforschung* 2 (1), 2014: 95–103.

Farías, Ignacio: »Introduction: decentring the object of urban studies.« In: *Urban Assemblages: How Actor-Network Theory Changes Urban Studies*, Hg. Ignacio Farías, et al., 1–24. New York 2010: Routledge.

Farías, Ignacio und Thomas Bender: *Urban Assemblages: How Actor-Network Theory Changes Urban Studies*. New York 2010: Routledge.

Fattinger, Peter: »Design-Build-Studio: Rahmenbedingungen, Prozesse und Potentiale von Design-Build-Projekten in der Architekturausbildung.« Dr. techn., Fakultät für Architektur und Raumplanung, Institut für Architektur u. Entwerfen, Technische Universität Wien, 2011.

Fausto-Brito, Adriana: »Conceptos relacionados con los espacios vacantes en la ciudad.« *Revista Geografía y Gestión Territorial* 5 (11–12), 2005: 19–26.

Fausto-Brito, Adriana und Jesús Rábago: » ¿Vacíos urbanos o vacíos de poder metropolitano?« *Ciudades, Red Nacional de Investigación Urbana* (49), 2001: 33–43.

Ferber, Uwe, et al.: *Sustainable Brownfield Regeneration: CABERNET Network Report*. Nottingham 2006: University of Nottingham.

Feuerstein, Christiane und Angelika Fitz: *Wann begann temporär? Frühe Stadtinterventionen und sanfte Stadterneuerung in Wien*. Wien 2009: Springer-Verlag.

Fezer, Jesko und Mathias Heyden: *Hier Entsteht: Strategien Partizipativer Architektur Und Räumlicher Aneignung*. Hg. Jochen Becker, et al., metroZones. Berlin 2007: b_books.

Fingerhuth, Carl: »Mehr als die Summe der Teile.« *archithese* (4.2014), 2014: 54–57.

Fischer, J., et al.: »Slo-Mo-Wörterbuch.« Arch+ 166, 2003: 64–65.

Fleck, Ludwik: *Entstehung und Entwicklung einer wissenschaftlichen Tatsache Einführung in die Lehre vom Denkstil und Denkkollektiv*. 9. Aufl. ed, Suhrkamp-Taschenbuch Wissenschaft. Frankfurt am Main 2012: Suhrkamp.

Frambach, Ludwig: »Das weltenschwangere Nichts: Salomo Friedlaenders ›Schöpferische Indifferenz‹.« In: *Die Kunst der Gestalttherapie: Eine schöpferische Wechselbeziehung*, Hg. Margherita Spagnuolo Lobb, et al., 129–144. Wien 2006: Springer Verlag.

Franz, Martin: *Brachflächenentwicklung und die institutionelle Dimension von Nachhaltigkeit: das Beispiel Oberschlesien*. Münster 2008: Lit-Verlag.

Freund, Bodo: »Sozialbrache – Zur Wirkungsgeschichte eines Begriffs.« *Erdkunde* 47, 1993: 12–24.

Furtado, Fernanda und Fabricio Leal de Oliveira: »Tierra vacante en Rio de Janeiro: Aproximación a la situación actual y bases para la formulación de una política.« In: *Tierra Vacante en Ciudades Latinoamericanas*, Hg. Nora Clichevsky, 13–46. Cambridge, Mass. 2002: Lincoln Institute of Land Policy.

Gabriel, Leo und Herbert Berger: *Lateinamerikas Demokratien im Umbruch*. Wien 2010: Mandelbaum-Verlag.

Gardiner, Michael E.: *Critiques of everyday life*. Abingdon, Oxon 2000: Routledge.

Gausa, Manuel: *The Metapolis Dictionary of Advanced Architecture: City, Technology and Society in the Information Age*. Barcelona 2003: Actar.

Gazzoli, Rubén: *Vivienda social: investigaciones, ensayos y entrevistas*. Buenos Aires 2007: nobuko.

Geertz, Clifford. *Spurenlesen: der Ethnologe und das Entgleiten der Fakten*. München 1997: H.C. Beck.

Geertz, Clifford: *Dichte Beschreibung: Beiträge zum Verstehen kultureller Systeme*. Frankfurt am Main 2006: Suhrkamp.

Genske, Dieter D. und Susanne Hauser: *Die Brache als Chance. Ein transdisziplinärer Dialog über verbrauchte Flächen, Geowissenschaften + Umwelt*. Berlin u. a. 2003: Springer.

Gerber, Andri: »Weshalb ein Methodenhandbuch.« In: *Methodenhandbuch für das Entwerfen in Architektur und Städtebau*, Hg. Departement Architektur Institut Urban Landscape, Gestaltung und Bauingenieurwesen, ZHAW, 9–25. Zürich 2017: Triest Verlag.

Gerscovich, Alicia und Judith Lehner: »Vacíos Urbanos como potenciales territorios de inclusión social y espacial. El macro proyecto urbano de la Ex Autopista AU3, Buenos Aires, Argentina.« 2° Congreso Latinoamericano de Estudios Urbanos, Mexico D.F. 2015.

Gibson, Barry und Jan Hartman: *Rediscovering Grounded Theory*. London 2014: Sage Publications.

Glaser, B.G. und A.L. Strauss: *Grounded Theory: Strategien qualitativer Forschung*. Bern 2010: Huber.

Goodman, Percival und Paul Goodman: *Communitas. Means of Livelihood and Ways of Life*. New York 1960: Vintage Books.

Gorelik, Adrian: *Miradas sobre Buenos Aires*. Buenos Aires 2004: Siglo Veintiuno.

Gregorio, Roberto de: *La casa criolla. Popularmente llamada la casa chorizo*. Buenos Aires 2006: nobuko.

Gremmler-Fuhr, Martina: »Grundkonzepte und Modelle der Gestalttherapie.« In: *Handbuch der Gestalttherapie*, Hg. Fuhr. Göttingen 2001: Hogrefe Verlag.

Grubbauer, Monika: »Housing microfinance and the financialisation of housing in Latin America and beyond: an agenda for future research.« *International Journal of Housing Policy*: 1–11, 2018. doi: 10.1080/19491247.2018.1448155.

Grubbauer, Monika und Kate Shaw: *Across Theory and Practice. Thinking Through Urban Research*. Berlin 2018: Jovis.

Güthling, Mathias: *Innerstädtische Brachflächen: Untersuchungen zur Umgestaltung von innerstädtischen Bahnflächen am Beispiel des Reichsbahnausbesserungswerkes Potsdam*. Hg. Institut für Stadt- und Regionalplanung, *Arbeitshefte Forum Stadt- und Regionalplanung*. Berlin 2009: Universitätsverlag der Technischen Universität Berlin.

Habraken, N. John: *The Structure of the Ordinary: Form and Control in the Built Environment*. Hg. Jonathan Teicher. Cambridge, Mass. 2000: MIT Press.

Hahn, Karola: *Die Internationalisierung der deutschen Hochschulen: Kontext, Kernprozesse, Konzepte und Strategien*. Wiesbaden 2004: VS Verlag.

Hartke, Wolfgang: »Die ›Sozialbrache‹ als Phänomen der geographischen Differenzierung der Landschaft.« *Erdkunde* 10, 1956: 257–269.

Hauser, Susanne: *Metamorphosen des Abfalls: Konzepte für alte Industrieareale*. Frankfurt u. a. 2001: Campus-Verlag.

Hauser, Susanne: »Ästhetik der Revitalisierung.« In: *Die Brache als Chance. Ein transdisziplinärer Dialog über verbrauchte Flächen*, Hg. Dieter D. Genske, et al., 3–26. Berlin u. a. 2003: Springer.

Hauser, Susanne und Julia Weber: *Architektur in transdisziplinärer Perspektive. Von Philosophie bis Tanz. Aktuelle Zugänge und Positionen*. Bielefeld 2015: transcript.

Haydn, Florian: »Am besonderen Ort.« In: *Second hand spaces Über das Recyceln von Orten im städtischen Wandel*, Hg. Michael Ziehl, et al., 127–136. Berlin 2012: Jovis.

Haydn, Florian und Robert Temel: *Temporäre Räume: Konzepte zur Stadtnutzung*. Basel 2006: Birkhäuser.

Helfferich, Cornelia: *Qualität qualitativer Daten. Manual zur Durchführung qualitativer Einzelinterviews*. Wiesbaden 2009: VS-Verlag.

Henckel, Dietrich (2004): »Grundbegriffe der Zeitpolitik. Taktgeber / Taktnehmer.« http://www.zeitpolitik.de/pdfs/zeit-glossar.pdf [Zugriff am 13.5.2014].

Hertzsch, Wencke, et al.: *Perspektive Leerstand*. Hg. Stadtentwicklung Wien. Magistratsabteilung 18, *Werkstattberichte*. Wien 2013: Stadtentwicklung Wien, Magistratsabteilung 18.

Herzer, Hilda, Hg.: *Barrios al sur. Renovación y pobreza en la ciudad de Buenos Aires*. Buenos Aires 2012: Café de la Ciudades.

Heßler, Martina und Dieter Mersch: *Logik des Bildlichen: Zur Kritik der ikonischen Vernunft*. Bielefeld 2009: transcript.

Highmore, Ben: *The Everyday Life Reader*. London 2002: Routledge.

Hilger, Christina: *Vernetzte Räume: Plädoyer für den Spatial Turn in der Architektur*. Bielefeld 2011: transcript.

Hollander, Justin, et al.: *Principles of Brownfield Regeneration: Cleanup, Design, and Reuse of Derelict Land*. Washington D.C. 2010: Island Press.

Hopf, Christel: »Qualitative Interviews – ein Überblick.« In: *Qualitative Forschung. Ein Hanbuch*, Hg. Uwe Flick, 349–360. Hamburg 2007: Reinbeck.

Huber, Sonja und Klaus Overmeyer: *Räume kreativer Nutzungen. Potenziale für Wien*. Nürnberg 2014: Verl. für Moderne Kunst Nürnberg.

Huffschmid, Anne und Kathrin Wildner: *Stadtforschung aus Lateinamerika: Neue urbane Szenarien: Öffentlichkeit - Territorialität - Imaginarios*. Bielefeld 2013: transcript.

INDEC (2012): *National Population, Households and Housing Census*. Buenos Aires: Instituto Nacional de Estadística y Censos. http://www.indec.gob.ar/ftp/cuadros/poblacion/censo2010_tom01.pdf [Zugriff am 13.5.2014].

Ippolito-O'Donnell, Gabriela: *The right to the city: Popular contention in contemporary Buenos Aires*. Notre Dame, Indiana 2012: University of Notre Dame Press.

Jacobs, Jane: *The death and life of great American cities*. New York 1992: Vintage Books.

Jahn, Thomas: »Transdisziplinarität als Forschungspraxis.« In: *Transdisziplinäre Forschung: integrative Forschungsprozesse verstehen und bewerten*, Hg. Matthias; Bergmann, et al. Frankfurt u. a. 2008: Campus.

Janoschka, Michael: *Wohlstand hinter Mauern: private Urbanisierung in Buenos Aires*. Wien 2002: Verlag der Österreichischen Akademie der Wissenschaften.

Juneja, Monica und Christian Kravagna: »Understanding Transculturalism.« In: *Transcultural Modernisms*, Hg. Model House Research Group. Wien 2013: Sternberg Press.

Kahnert, Rainer: »Städtebau und gewerbliche Wirtschaft, Forschungsfeld, Forschungsstand und Forschungsfragen für den Experimentellen Wohnungs- und Städtebau.« In: Städtebau und gewerbliche Wirtschaft, Hg. Bundesforschungsanstalt für Landeskunde und Raumordnung. Bonn 1988.

Karow-Kluge, Daniela: »Einführung zu RAUMaufZEIT.« In: *RAUMaufZEIT: Temporäre Interventionen im öffentlichen Raum. Band 2*., Hg. Willem-Jan Beeren, et al., 10–26. Aachen 2014: Beeren, Berding, Kluge.

Kessler, Gabriel und María Mercedes Di Virgilio: »›Neue Armut‹ und Mittelschichten in Lateinamerika und Argentinien.« In: *Sozialstrukturen in Lateinamerika*, Hg. Dieter Boris, et al., 95–119. Wiesbaden 2008: VS-Verlag.

Kluge, Friedrich: *Etymologisches Wörterbuch der deutschen Sprache*. Berlin 2002: de Gruyter.

Knierbein, Sabine: »Stadtpolitik in Lateinamerika. Staatliche Steuerung im Kontext zunehmender sozialräumlicher Disparitäten und ihre Reflexion in der deutschsprachigen Stadtforschung.« In: *Lateinamerikanische Städte im Wandel. Zwischen lokaler Stadtgesellschaft und globalem Einfluss* Hg. Paola Alfaro d'Alencon, et al., 11–16. Berlin 2011: LIT Verlag.

Kniess, Bernd: »On UdN-Hotel? Wilhelmsburg.« In: *Performative Urbanism. Generating and Designing Urban Space*, Hg. Sophie Wolfrum, et al., 111–116. Berlin 2015: Jovis.

Kniess, Bernd und Ben Pohl: »Why should one care about such a shack and its final five years?« *Field Journal* 6 (1), 2014: 55–78.

Kohoutek, Rudolf und Christa Kamleithner: »Temporäre Nutzungen, Deregulierung und Urbanität.« In: *Temporäre Räume. Konzepte zur Stadtnutzung*, Hg. Florian Haydn, et al., 25–40. Basel 2006: Birkhäuser.

Koll-Schretzenmayr, Martina: *Strategien zur Umnutzung von Industrie- und Gewerbebrachen*. Zürich 2000: vdf Hochsch.-Verlag an der ETH Zürich.

Koolhaas, Rem und Bruce Mau: S, M, L, XL: *[small, Medium, Large, Extra-large]*. Hg. Jennifer Sigler. Rotterdam 1995: 010 Publishers.

Kraft, Sabine, et al.: »Politische Empirie Globalisierung, Verstädterung, Wohnverhältnisse.« *Arch+* 206/207, 2012: 148.

Kraft, Sabine, et al., Hg.: Think Global, Build Social. *Arch+* 211/212, 2013.

Krasny, Elke: »Narrativer Urbanismus oder die Kunst des City-Telling.« In: *Urbanografien: Stadtforschung in Kunst, Architektur und Theorie*, Hg. Elke Krasny, et al., 29–44. Berlin 2008: Reimer.

Krünitz, Johann Georg (2013): »Oekonomische Encyklopädie (Elektronische Version).« http://www.kruenitz1.uni-trier.de/ [Zugriff am 5.5.2014].

Kruse, Jan: *Qualitative Interviewforschung. Ein integrativer Ansatz*. Weinheim, Basel 2015: Beltz Juventa.

Kruse, Jan, et al.: »In und mit fremden Sprachen forschen. Eine empirische Bestandsaufnahme zu Erfahrungs- und Handlungswissen von Forschenden.« In: *Qualitative Interviewforschung in und mit fremden Sprachen*, Hg. Jan Kruse, et al., 27–68. Weinheim & Basel 2012: Beltz Juventa.

Kruse, Jan und Christian Schmieder: »In fremden Gewässern. Ein integratives Basisverfahren als sensibilisierendes Programm für rekonstruktive Analyseprozesse im Kontext fremder Sprachen.« In: *Qualitative Interviewforschung in und mit fremden Sprachen*, Hg. Jan Kruse, et al., 248–295. Weinheim & Basel 2012: Beltz Juventa.

Kuhnert, Nikolaus, et al.: »Legislating Architecture – Gesetze gestalten!« *Arch+* 225, 2016.

Kuhnert, Nikolaus, et al.: »Situativer Urbanismus.« *Arch+* 183, 2007.

Kuhnert, Nikolaus, et al.: »Rechte Räume: Bericht Einer Europareise.« *Arch+* 235, 2019.

Kuhnert, Nikolaus und Susanne Schindler: »Off-Architektur.« *Arch+* 166, 2003 (Off Architektur 1: Szenen).

Kurath, Stefan: »Städtebauliche Praxis - konzeptioneller Städtebau.« In: *Methodenhandbuch für das Entwerfen in Architektur und Städtebau*, Hg. Departement Architektur Institut Urban Landscape, Gestaltung und Bauingenieurwesen, ZHAW, 43–57. Zürich 2017: Triest Verlag.

Kusenbach, Margarethe: »Street phenomenology. The go-along as ethnographic research tool.« *Ethnography* 4 (3), 2003: 455–485.

Lacarrieu, Mónica: »Kulturerbe, Materialität und die Frage nach dem Städtischen.« In: *Stadtforschung aus Lateinamerika: Neue urbane Szenarien: Öffentlichkeit - Territorialität - Imaginarios*, Hg. Anne Huffschmid, et al., 419–440. Bielefeld 2013: transcript.

Läpple, Dieter: »Essay über den Raum: für ein gesellschaftswissenschaftliches Raumkonzept.« In: *Stadt und Raum. Soziologische Analysen*, Hg. Hartmut Häußermann, et al., 157–207. Pfaffenweiler 1991: Centaurus-Verlag.

Latour, Bruno: *Der Berliner Schlüssel: Erkundungen eines Liebhabers der Wissenschaften*. Berlin 1996: Akad.-Verlag.

Latour, Bruno: *Reassembling the social: an introduction to actor-network-theory*. Oxford u. a. 2005: Oxford Univ. Press.

Latour, Bruno: »Über den Rückruf der ANT.« In: *ANThology: ein einführendes Handbuch zur Akteur-Netzwerk-Theorie*, Hg. Andréa Belliger, et al., 461–571. Bielefeld 2006: transcript.

Latour, Bruno und Albena Yaneva: »Give me a Gun and I will Make All Buildings Move: An ANT's View of Architecture.« In: *Explorations in Architecture: Teaching, Design, Research*, Hg. Reto Geiser, 80–89. Basel 2008: Birkhäuser.

Law, John: »Notizen zur Akteur-Netzwerk-Theorie: Ordnung, Strategie und Heterogenität.« In: *ANThology: ein einführendes Handbuch zur Akteur-Netzwerk-Theorie*, Hg. Andréa Belliger, et al., 429–446. Bielefeld 2006: transcript.

Lecke-Lopatta, Tom: »Von der Brache als Problem zur Ressource für kreative Stadtentwicklung.«

In: *Second hand spaces Über das Recyceln von Orten im städtischen Wandel*, Hg. Michael Ziehl, et al., 37–44. Berlin 2012: Jovis.

Lee, Pamela M.: »On the Holes of History: Gordon Matta-Clark's Work in Paris.« *October* 85, 1998: 65–89.

Lefaivre, Liane: *Aldo van Eyck: the playgrounds and the city*. Amsterdam 2002: NAi Publishers / Stedelijk Museum.

Lefebvre, Henri: *The Production of Space*. Oxford 1992: Blackwell Publishers Ltd.

Lefebvre, Henri: *Das Recht auf Stadt*. Hamburg 2016: Edition Nautilus.

Leguía, Mariana: »University as Mediators. The cases of Buenos Aires, Lima, México and São Paulo.« *Architectural Design* Latin America at the Crossroads (03/profile 211), 2011: 134–149.

Lehner, Judith: »L341. Wohnbaukonzept für Kooperativen in Buenos Aires.« Diplomarbeit, Institut für Städtebau, Technische Universität Wien, 2008.

Lehner, Judith und Alicia Gerscovich: »Strategie und Ort. Zur Transformation von Stadtbrachen in Buenos Aires | Estrategia y lugar. Transformación de Vacíos Urbanos en Buenos Aires.« In: *Vacíos Urbanos. Prácticas de inclusión social: Buenos Aires–Viena. Stadtbrachen. Werkzeuge zur sozialen Inklusion: Buenos Aires–Wien*, Hg. Alicia Gerscovich, et al., 93–101. Wien 2015: Technische Universität Wien.

Lepik, Andreas: *Small Scale, Big Change: New Architectures of Social Engagement*. New York 2010: The Museum of Modern Art.

Lévesque, Luc: »Trajectories of Interstitial Landscapeness: A Conceptual Framework for Territorial Imagination and Action.« In: *Urban Interstices: The Aesthetics and the Politics of the In-between*, Hg. Andrea Mubi Brighenti, 21–63. Farnham 2013: Ashgate.

Lindner, Rolf: »Die Angst des Forschers vor dem Feld. Überlegungen zur teilnehmenden Beobachtung als Interaktionsprozeß.« *Zeitschrift für Volkskunde* (77), 1981: 51–66.

Lindner, Rolf: *Walks on the wild side: eine Geschichte der Stadtforschung*. Frankfurt u. a. 2004: Campus.

Lippert, Hans-Georg, et al.: *Un/planbar. Agora und Void. die Funktion der Mitte in Architektur und Städtebau*. Dresden 2013: w.e.b., Universitätsverlag- und Buchhandel.

Lorences, Alejandro: La situación habitacional en la Ciudad Autónoma de Buenos Aires. Buenos Aires 2015: Defensoría del Pueblo de la Ciudad Autónoma de Buenos Aires.

Löw, Martina: *Raumsoziologie*. Frankfurt am Main 2001: Suhrkamp.

Löw, Martina und Gabriele Sturm: »Raumsoziologie.« In: *Handbuch Sozialraum*, Hg. Fabian Kessl, et al., 31–48. Wiesbaden 2005: VS-Verlag.

Luhmann, Niklas: *Soziale Systeme: Grundriss einer allgemeinen Theorie*. Frankfurt am Main 1987: Suhrkamp.

Lynch, Kevin: »The Openness of Open Space.« In: *City Sense and City Design: Writings and Projects of Ke-*

vin Lynch, Hg. Tridib Banerjee, et al. Cambridge, Mass.; 1990: MIT Press.

Machado, Rodolfo: *The Favela-Bairro Project: Jorge Mario Jáuregui Architects*. Cambridge, Mass. 2003: Harvard U, Graduate School of Design.

Marcús, Juliana und Diego Vazquez: Vaciar, llenar, resistir. Conflictos y tensiones en la producción de »vacíos urbanos«. In *Ciudad viva*, Hg. Juliana Marcús. Buenos Aires 2017: teseo press.

Martin, Reinhold: »Das Gespenst der Utopie Architektur und Postmoderne.« Arch+ 204 (Krise der Repräsentation), 2011: 54–61.

Massey, Doreen: *For Space*. London 2005: SAGE Publications.

May, Jon und Nigel Thrift: *TimeSpace: geographies of temporality, Critical geographies*. London; New York 2001: Routledge.

McFarlane, Colin: »Assemblage and critical urbanism.« City 15 (2), 2011a: 204–224.

McFarlane, Colin: »The city as assemblage: dwelling and urban space.« *Environment and Planning D: Society and Space* 29 (4), 2011b: 649–671.

McFarlane, Colin und Jonathan Silver: »Navigating the city: dialectics of everyday urbanism.« *Transactions of the Institute of British Geographers* 42 (3), 2017: 458–471. doi: 10.1111/tran.12175.

McGuirk, Justin: *Radical Cities: Across Latin America in Search of a New Architecture*. London, New York 2014: Verso.

Meadows, Dennis, et al.: *Die Grenzen des Wachstums: Bericht des Club of Rome zur Lage der Menschheit*. München 1972: Deutsche Verlags-Anstalt.

Meuser, Michael und Ulrike Nagel: »ExpertInneninterviews - vielfach erprobt, wenig bedacht. Ein Beitrag zur qualitativen Methodendiskussion.« In: *Das Experteninterview: Theorie, Methode, Anwendung*, Hg. Alexander Bogner, et al., 71–94. Wiesbaden 2005: VS-Verlag.

Misselwitz, Philipp, et al.: »Open-Source Urbanismus. Vom Inselurbanismus zur Urbanität der Zwischenräume.« Arch+ 183, 2007: 8.

Mitchell, Don: »Tent Cities: Interstitial Spaces of Survival.« In: *Urban Interstices: The Aesthetics and the Politics of the In-between*, Hg. Andrea Mubi Brighenti, 65–118. Farnham 2013: Ashgate.

Mogilevich, Mariana: »From Terrain Vague to the Tyranny of Place.« In: *Spaces of Uncertainty. Berlin Revisited*, Hg. Kenny Cupers, et al., 50–58. Basel 2018: Birkhäuser.

Munizaga, Gustavo: *Diseño urbano: Teoría y Método, Textos Universitarios*. Santiago de Chile 2014: Ediciones Universidad Católica de Chile.

Nahoum, Benjamín, Hg.: *Una historia con quince mil protagonistas. Las Cooperativas de Vivienda por Ayuda Mutua uruguayas*. Montevideo 2008: Junta de Andalucia, Consejería de Obras Públicas y Transportes, Embajada de España-Agencia Española de Cooperación Internacional para el Desarrollo (AECID) y Intendencia Municipal de Montevideo.

Oppenheimer Dean, Andrea und Timothy Hursley: *Rural Studio: Samuel Mockbee and an Architecture of Decency*. New York 2004: Princeton Architectural Press.

Oswalt, Philipp: *Shrinking Cities: International research*. Berlin 2005a: Hatje Cantz.

Oswalt, Philipp: *Shrinking Cities: Interventions*. Berlin 2005b: Hatje Cantz.

Oswalt, Philipp, et al.: *Urban Catalyst: The Power of Temporary Use*. Berlin 2013: DOM Publishers.

Oswalt, Philipp und Tim Rieniets: *Atlas der Schrumpfenden Städte*. Berlin 2006: Hatje Cantz.

Othengrafen, Frank: »Vorhersebare Krisen‹ und die Konsequenzen für die (öffentliche) Stadtentwicklung in Hamburg.« In: *Die Anpassungsfähigkeit von Städten. Zwischen Resilienz, Krisenreaktion und Zukunftsorientierung*, Hg. Uwe Altrock, et al., 363–382. Berlin 2014: Planungsrundschau.

Oxhorn, Philip: *Sustaining Civil Society: Economic Change, Democracy, and the Social Construction of Citizenship in Latin America*. University Park, PA 2011: Pennsylvania State University Press.

Paech, Niko und Annika Rehm: »second hand spaces – Möglichkeitsräume für urbane Subsistenz.« In: *Second hand spaces Über das Recyceln von Orten im städtischen Wandel*, Hg. Michael Ziehl, et al., 221–229. Berlin 2012: Jovis.

Pelazas, Myriam: »Verwandlungen der ›Königin des Plata‹. Aktuelle Formen von Kampf und Demokratie in Buenos Aires.« In: City of COOP Ersatzökonomien und städtische Bewegungen in Rio de Janeiro und Buenos Aires, Hg. Stephan Lanz, 207–218. Berlin 2004: b_books.

Perls, Frederick S.: *Gestalt therapy verbatim*. Lafayette, Calif. 1969: Real People Press.

Perls, Frederick S., et al.: *Gestalttherapie: Grundlagen der Lebensfreude und Persönlichkeitsentfaltung*. Stuttgart 2006: Klett-Cotta.

Prigge, Walter: *Zeit, Raum und Architektur, Politik und Planung*. Köln u. a. 1986: Deutscher Gemeindeverlag und Verlag W. Kohlhammer GmbH.

Prigge, Walter: *Die Materialität des Städtischen: Stadtentwicklung und Urbanität im gesellschaftlichen Umbruch*. Hg. Hellmut Wollmann, et al., Stadtforschung aktuell. Basel 1987: Birkhäuser.

Rau, Susanne: *Räume: Konzepte, Wahrnehmungen, Nutzungen*. Frankfurt am Main 2013: Campus Verlag.

RESCUE (2004) »Regeneration of European Sites in Cities and Urban Environments.« http://www.rescue-europe.com/download/reports/4_Guidance - Sustainable land use and urban design.pdf [Zugriff am 13.5.2014].

Rietveld, Ronald und Erik Rietveld: *Vacancy Studies: Experiments & Strategic Interventions in Architecture*. Rotterdam 2014: nai010 publishers/uitgevers.

Rivas, Elsa: »Mercado y submercado de vivienda (alquiler de habitación).« In: *Inquilinatos y hoteles*, Hg. Rubén Gazzoli, 33–46. Buenos Aires 1991: Centro Editor de América Latina.

Robinson, Jennifer: »Thinking cities through elsewhere: Comparative tactics for a more global urban studies.« *Progress in Human Geography* 40 (1), 2016: 3–29.

Rodriguez, Carla Maria, et al.: *Políticas del hábitat, desigualdad y segregación socioespacial en el área metropolitana de Buenos Aires*. Buenos Aires 2007: Eigenverlag.

Rodriguez, Carla Maria, et al.: La ciudad de Buenos Aires inquilinizada. Un análisis acerca del mercado formal e informal de alquiler como estrategia de acceso a la vivienda en la CABA. Buenos Aires: Consejo Económico y Social de la Ciudad de Buenos Aires.

Ronneberger, Klaus: »Henri Lefebvre and the Question of Autogestion.« In: *Autogestion, or Henri Lefebvre in New Belgrade*, Hg. Sabine Bitter, et al. Vancouver, Berlin 2009: Sternberg Press.

Rossi, Aldo: *Die Architektur der Stadt: Skizze Zu Einer Grundlegenden Theorie Des Urbanen*. Düsseldorf 1973: Bertelsmann.

Rowe, Colin und Fred Koetter: *Collage City*. Basel 2009: Birkhäuser.

Rudofsky, Bernard: *Architecture Without Architects: A Short Introduction to Non-pedigreed Architecture*. Albuquerque, NM 1964: University of New Mexico Press.

Schröder, Uwe: »Raumlehre.« *der architekt* 03/08, 2008: 69–75.

Schroer, Markus: »Soziologie.« In: *Raumwissenschaften*, Hg. Stephan Günzel, 354–369. Frankfurt am Main 2009: Suhrkamp.

Schurk, Holger: »Entwerfen und Forschen: Über die Bedeutung der Methodik.« In: *Methodenhandbuch für das Entwerfen in Architektur und Städtebau*, Hg. Departement Architektur Institut Urban Landscape, Gestaltung und Bauingenieurwesen, ZHAW, 27–41. Zürich 2017: Triest Verlag.

Schvarzer, Jorge: »La industria argentina en la perspectiva de la historia.« In: *La historia económica argentina en la encrucijada*, Hg. Jorge Gelman, 333–350. Buenos Aires 2006: Prometeo Libros.

Sieverts, Boris: »Stadt als Wildnis.« In: *Die Brache als Chance. Ein transdisziplinärer Dialog über verbrauchte Flächen*, Hg. Dieter D. Genske, et al., 205–232. Berlin u. a. 2003: Springer.

Smithson, Alison und Peter Smithson: *The Charged Void: Urbanism*. New York 2005: The Monacelli Press.

Solà-Morales, Ignasi: »Terrain Vague.« In: *Naturaleza y artificio: El ideal pintoresco en la arquitectura y el paisajismo contemporáneos*, Hg. Iñaki Ábalos, 122–132. Barcelona 2009: Editorial Gustavo Gili, S.L.

Strauss, Anselm und Juliet Corbin: *Grounded Theory: Grundlagen Qualitativer Sozialforschung*. Weinheim 1996: Psychologie Verlags Union.

Streule, Monika: Trend zur Transdisziplinarität – Kritische Einordnung einer ambivalenten Praxis qualitativer Stadtforschung. *Forum Qualitative Sozialforschung / Forum: Qualitative Social Research* 15 (1), 2013. http://nbn-resolving.de/urn:nbn:de:0114-fqs1401175 [Zugriff am 8.2.2017].

Strübing, Jörg: *Grounded Theory: zur sozialtheoretischen und epistemologischen Fundierung eines*

pragmatistischen Forschungsstils, *Qualitative Sozialforschung*. Wiesbaden 2014: Springer VS.

Sturm, Gabriele: *Wege zum Raum methodologische Annäherungen an ein Basiskonzept raumbezogener Wissenschaften*. Opladen 2000: Leske + Budrich.

Szymczak, Katja: »Transformierte Stadträume / Transforming Urban Spaces.« In: acting in public, 49–51. Berlin 2008: Jovis.

Temel, Robert: »Das Temporäre in der Stadt.« In: *Temporäre Räume: Konzepte zur Stadtnutzung*, Hg. Florian Haydn, et al., 59–67. Basel 2006: Birkhäuser.

Trancik, Roger: Finding Lost Space. New York 1986: John Wiley & Sons.

Trivelli, Pablo: »Accesibilidad al suelo urbano y la vivienda por parte de los sectores de menos ingresos en America Latina.« Revista EURE IX (26), 1982: 7–32.

Turner, John F.C.: *Housing by People: Towards Autonomy in Building Environments*. London 1976: Marion Boyars.

Urban Pioneers, Senatsverwaltung für Stadtentwicklung: *Urban pioneers Berlin: Stadtentwicklung durch Zwischennutzung*. Berlin 2007: Jovis.

Vera Belli, Leandro: »La comisión inmobiliaria a cargo del propietario. Análisis descriptivo respecto a las discusiones y regulaciones recientes del mercado de vivienda en alquiler.« *QUID. Revista del Área de Estudios Urbanos* 16 (9 Jun-Nov 2018), 2018: 197–213.

Vignau, Leonardo: *El ›Pintador‹ de Puerta Abierta*. Buenos Aires 2005: Editorial Dunken.

Völker, Kai: *Die Architektur der Abwesenheit. Über die Kunst eine Ruine zu bauen*. Berlin 2009: Parthas Verlag.

von Hauff, Michael und Alexandro Kleine: *Nachhaltige Entwicklung: Grundlagen und Umsetzung*. München 2009: Oldenbourg Wissenschaftsverlag.

Wainstein-Krasuk, Olga, et al., Hg.: *Hacia la Gestión de un Hábitat Sostenible*. Buenos Aires 2006: nobuko.

Welch Guerra, Max: *Buenos Aires a la deriva: transformaciones urbanas recientes*. Buenos Aires 2005: Biblos.

Welsch, Wolfgang: »Was ist eigentlich Transkulturalität?« In: *Hochschule als Transkultureller Raum? Kultur, Bildung und Differenz in der Universität*, Hg. Lucyna Darowsky, et al., 39–66. Bielfeld 2010: transcript.

Wiegandt, Claus-Christian: »Erfolgsbedingungen und Hemmnisse bei der Wiedernutzung von Gewerbebrachen – Erfahrungen aus dem Experimentellen Wohnungs- und Städtebau.« In: *Stadtentwicklung rückwärts! - Brachen als Chance?: Aufgaben, Strategien, Projekte ; eine Textsammlung für Praxis und Studium*, Hg. Heidi Müller, et al., 92–101. Dortmund 2003: Dortmunder Vertrieb für Bau- und Planungsliteratur.

Wildner, Kathrin und Sergio Tamayo: »Möglichkeiten der Kartierung in Kultur- und Sozialwissenschaften. Forschungsausschnitte aus Mexiko Stadt.« In: *Mapping a City*, Hg. Nina Möntmann, 104–117. Ostfildern 2004: Hatje Cantz.

Winkler, Bärbel und Lutz Kriebel: »Strategien zur Vermeidung zukünftiger Gewerbebrachen. Materialien zur Raumentwicklung.« In: *Materialien zur Raumentwicklung*, Hg. Bundesforschungsanstalt für Landeskunde und Raumordnung. Bonn 1992.

Wolfrum, Sophie: »Möglichkeitsräume: der edle Wilde in der urban land scape.« In: *Orte öffentlichen Lebens in der Stadtregion*, Hg. Thorsten Bürklin, et al., 41–52. Frankfurt am Main 2007: IKO - Verlag für interkulturelle Kommunikation.

Wolfrum, Sophie: »urban void_un|planbar.« In: *Un/planbar. Agora und Void. die Funktion der Mitte in Architektur und Städtebau*, Hg. Hans-Georg Lippert, et al., 149–158. Dresden 2013: w.e.b., Universitätsverlag- und Buchandel.

Wolfrum, Sophie: »Performative Urbanism. Generating and Designing Urban Space.« In: *Performative Urbanism. Generating and Designing Urban Space*, Hg. Sophie Wolfrum, et al., 11–16. Berlin 2015: Jovis.

Wolter, Jens: »Buenos Aires – Fallstudie.« *Arch+* 225 (Legislating Architecture – Gesetze gestalten!), 2016: 52–55.

Yaneva, Albena: »From Reflecting-in-Action Towards Mapping of the Real.« In: *Transdisciplinary Knowledge Production in Architecture and Urbanism. Urban and Landscape Perspectives,* Hg. I. Doucet, et al., 117–128. Dordrecht 2011: Springer.

Yaneva, Albena: *Mapping Controversies in Architecture.* Farnham 2012: Ashgate.

Yiftachel, Oren: »Theoretical Notes On ›Gray Cities‹: the Coming of Urban Apartheid?« *Planning Theory* 8 (1), 2009: 88–100.

Zapata, María Cecilia: *La política habitacional porteña bajo la lupa: de los programas llave en mano a la autogestión del hábitat.* Buenos Aires 2017: TeseoPress.

Zibechi, Raúl: *Territorien des Widerstands: Eine politische Kartografie der urbanen Peripherien Lateinamerikas.* Berlin 2011: Assoziation A.

Ziehl, Michael, et al.: *Second hand spaces Über das Recyceln von Orten im städtischen Wandel.* Berlin 2012: Jovis.

Zukin, Sharon: *Loft Living: Culture and Capital in Urban Change.* New Brunswick, NJ 1989: Rutgers University Press.

ABBILDUNGSVERZEICHNIS

Abb. 1: Judith M. Lehner (2019) auf Basis einer Karte von ©OpenStreetMap-Mitwirkende

Abb. 2.1–2.4: Tomás Badino, Molino Argentino S.A. (2014)

Abb. 3.1–3.3: Confederación Argentina de Industrias Textiles (1934). La industria textil argentina. Buenos Aires: Edición Extraordinaria de Revista Textil.

Abb. 4: Judith M. Lehner (2019)

Abb. 5–15: Cooperativa de Vivienda La Fabrica (Movimiento de Ocupantes e Inquilinos)

Abb. 16–28: Cooperativa de Vivienda El Molino (Movimiento de Ocupantes e Inquilinos)

Abb. 29–47: Judith M. Lehner (2012/2014)

Abb. 48: Alicia Gerscovich (2010)

Abb. 49–62: Judith M. Lehner (2012/2014)

Abb. 63: Alicia Gerscovich (2010)

Abb. 64–66: Judith M. Lehner (2012/2014)

Abb. 67: Judith M. Lehner (2019), Collagematerial Fotos v.l.n.r. Zwei historische Fotos Mühle: Tomás Badino, Molino Argentino S.A. (2014). Historisches Foto Textilfabrik: Confederación Argentina de Industrias Textiles (1934) La industria textil argentina. Buenos Aires: Edición Extraordinaria de Revista Textil. Logo FUCVAM. Ex-PADELAI: Judith M. Lehner (2014). Verkaufsschild Verlagsgebäude: Catrelsa (Catastros y Relevamientos S.A.) (18.2.1997). Verkaufsschild Mühle: Catrelsa (Catastros y Relevamientos S.A.) (20.2.2002). Logo MOI. Logo SeLViP. Casa Base MOI: Judith M. Lehner (2012). Runder Tisch Legislatura: Judith M. Lehner (2012). Cooperativa de Vivienda La Fabrica: Judith M. Lehner (2012). Verkauf Verlagsgebäude - Schlüsselübergabe: Cooperativa de Vivienda La Fabrica. Wandbemalung MOI: Judith M. Lehner (2012). Anschaffung von 15.000 Ziegeln: Cooperativa de Vivienda La Fabrica. Kindergarten: Alicia Gerscovich (2010). Fassade Kindergarten Mühle: Judith M. Lehner (2012). Plakat Kongress SeLViP: Judith M. Lehner (2012). Baustelle Rohbau La Fabrica: Judith M. Lehner (2012). Baustelle Deckenschalung: Cooperativa de Vivienda La Fabrica. Protest Congreso por el Derecho a la Vivienda: Judith M. Lehner (2012). Plakat Aufruf zum Protest: Judith M. Lehner (2012). Fassade ehem. Textilfabrik: Judith M. Lehner (2012)

Danksagung

Dieses Buch ist das Resultat zahlreicher Begegnungen in Europa und Lateinamerika. Ich bedanke mich bei allen, die mich unterstützt haben, ganz besonders bei den Mitgliedern der Kooperativen El Molino und La Fabrica sowie der sozialen Organisation MOI.

Die Autorin

Judith M. Lehner arbeitet an den Schnittstellen von Theorie und Praxis in den Bereichen Architektur und Städtebau. Als promovierte Stadtplanerin setzt sie sich mit urbanen Transformationsprozessen im Kontext von gesellschaftlichen Krisen auseinander und erforscht kollektive Räume des Wohnens und der sozialen Infrastruktur. Ihr Interesse gilt der kritischen Reflexion von disziplinären Praktiken und Routinen der Raumproduktion.

Impressum

© 2021 by jovis Verlag GmbH
Das Copyright für die Texte liegt bei der Autorin.
Das Copyright für die Abbildungen liegt bei den
Fotograf*innen/Inhaber*innen der Bildrechte.

Diese Arbeit wurde als Doktorarbeit an der HafenCity
Universität Hamburg, Promotionskolleg Urbane
Metamorphosen, eingereicht.
Betreuung: Prof. Dr. Ingrid Breckner

Veröffentlicht mit der freundlichen Unterstützung der
ZEIT-Stiftung Ebelin und Gerd Bucerius, Hamburg.

ZEIT-Stiftung
Ebelin und Gerd
Bucerius

Umschlagmotiv: Cooperativa de Vivienda La Fabrica
(Movimiento de Ocupantes e Inquilinos)

Lektorat: Anna Weisser
Gestaltung und Satz: Felix Holler, Stoffers Graphik-Design
Lithografie: Stefan Rolle, Stoffers Graphik-Design
Gedruckt in der Europäischen Union

Bibliografische Information der Deutschen Nationalbibliothek
Die Deutsche Nationalbibliothek verzeichnet diese
Publikation in der Deutschen Nationalbibliografie; detaillierte
bibliografische Daten sind im Internet über http://dnb.d-nb.de
abrufbar.

jovis Verlag GmbH
Lützowstraße 33
10785 Berlin

www.jovis.de

jovis-Bücher sind weltweit im ausgewählten Buchhandel
erhältlich. Informationen zu unserem internationalen Vertrieb
erhalten Sie von Ihrem Buchhändler oder unter www.jovis.de.

ISBN 978-3-86859-660-1 (Softcover)
ISBN 978-3-86859-971-8 (PDF)